KB083552

소중한 마음을 가득 담아서

＿＿＿＿＿＿＿＿＿＿ 님께 드립니다.

〈일러두기〉

※ 인명과 기업명은 신상과 기업 보호를 위해 가명으로 처리했다.

※ 영업사례에서는 거래선을 보호하기 위해 회사명, 이름, 날짜 등을 ●(또는 ㅇ, *) 표시하여 정보의 일부를 가렸다.

지은이 **강대훈**

기업, 협회, 정부를 대상으로 글로벌 전략을 코칭하는 마케팅 전문가이다. 25년 동안 회사를 경영하면서
제조, 무역, 컨설팅 부문의 사업을 했다. 수출마케터로서 ICT, 바이오, 화학, 플랜트 등 산업 전반의 제품
을 다루었으며, 지구촌 곳곳에 수백 종류의 제품을 수출했다. 한국무역협회 컨설턴트로서 7만 회원사를
대상으로 무역 현장 활동을 지원했다. 스타트업을 위해 '현장형 창업 캠프'를 만들어 광저우, 홍콩, 오사
카 등 해외 도시에서 프로그램을 운영했다. 저자의 중국 상해 사무소가 서울시 SBA(서울산업진흥원)의
민간해외무역사무소로 지정된 것을 비롯하여 주요 국가에 통상 네트워크를 구축했다.
대통령 직속 북방경제협력위원회 전문위원을 역임했다. 『실패는 성공의 어머니가 아니다』 『기술창업 이
렇게 한다』 두 권의 책을 공동집필했다.

· WalkintoKorea 대표이사
· 해외한인경제인협동조합 이사장
· 화동무역 대표(전)
· 한국무역협회 현장지원단 컨설턴트(전)
· 코트라 서비스 자문위원(전)

★★★ 해외영업 ★ 오디세이 ★★★

수출기업을 위한
글로벌 마케팅 필살기

살아야 판다

강대훈 지음

STiCK

수출기업을 위한 글로벌 마케팅 필살기

살아야 판다

초판 1쇄 인쇄 2021년 7월 26일
초판 1쇄 발행 2021년 8월 2일
지은이 강대훈

발행인 임영묵 | **발행처** 스틱(STICKPUB) | **출판등록** 2014년 2월 17일 제2014-000196호
주소 411-863 경기도 고양시 일산서구 일중로 17, 201-3호 (일산동, 포오스프라자)
전화 070-4200-5668 | **팩스** (031) 8038-4587 | **이메일** stickbond@naver.com
ISBN 979-11-87197-38-6 13320

[원고투고] stickbond@naver.com
출간 아이디어 및 집필원고를 보내주시면 정성스럽게 검토 후 연락드립니다. 저자소개, 제목, 출간의도, 핵심내용 및 특
징, 목차, 원고샘플(또는 전체원고), 연락처 등을 이메일로 보내주세요. 문은 언제나 열려 있습니다. 주저하지 말고 힘차
게 들어오세요. 출간의 길도 활짝 열립니다.

[모니터링] 도서 모니터링 요원을 수시로 모십니다. '[모니터링 신청]' 제목만 적어 이메일을 보내주시면 접수 완료됩니다.
도서관심분야, 나이 및 성별, 연락처 등을 함께 보내주시면 선정 시 큰 도움이 됩니다.

• Amazing book!

Conceptualizes a Korean perspective regarding attaining success within the modern world market, and is a must-read to gain insight into marketing and business. Detailing how one man took limitations and turned them into a winning strategy based upon networking and exceptional observations, this text provides a viewpoint that can help business owners gain ideas and motivation. Whether a startup or current management, this book offers some insight for everyone. A recommended read, particularly if you consider engaging in the Korean, or similar export-oriented business ecosystem.

(마케팅과 비즈니스에 대한 통찰력을 얻기 위해 반드시 읽어야 할 책으로, 현대 세계시장에서의 성공 달성에 관한 한국적 관점을 개념화했다. 한 사람이 어떻게 한계가 있음에도 네트워킹과 예외적인 관찰에 근거해 승리전략으로 변모시켰는지를 설명한다. 이 글은 사업주들이 아이디어와 동기를 얻는데 도움을 주는 관점을 제공한다. 스타트업이든 현 경영진이든 이 책은 모든 사람에게 통찰력을 제공한다. 특히 한국 또는 이와 유사한 수출 지향적 비즈니스 생태계에 종사하는 것을 고려한다면 읽기를 권장한다.)

_ Joseph Iesue, President of Tru Group, Educator, Advocate, Researcher

• 希望以多种语言出版!

姜大薰先生是我的好夥伴及好朋友，他是一個很有活力且熱心的人，和他交談總是能夠學習到很多，非常恭喜他出這本書！姜先生具25年豐富的貿易經驗，這次出書十分的難得。書中將他深刻的經驗以及知識分享給大家，並以案例生動的說明。我衷心期望姜先生的書能夠在世界不同的角落以不同的語言出版，讓更多人能夠吸取到姜先生的經驗！

(강대훈 선생님은 좋은 동료이자 좋은 친구로, 매우 활기차고 열정적인 분이다. 그와 이야기할 때 항상 많은 공부를 할 수 있었다. 강 선생님은 25년 동안 풍부한 무역 경험이 있는데, 출판이 되어서 좋다. 이 책은 그의 깊은 경험과 지식을 여러분에게 공유하고, 생생한 사례를 설명하고 있다. 이 책이 세계 곳곳에서 다양한 언어로 출간되어 강 선생님의 경험이 더 많은 사람에게 받아들일 수 있기를 기대한다.)

_ 深国暉, Founder & CEO, 北京創願雲端科技有限公司

• ビジネスは、自由競争という名の「戦争」です。

ゆえに、貿易商社にとって、その「戦場」は世界各地に存在し、著者は そんな戦場で自ら考え、行動し、戦い続けてきました。空虚な言葉を並べ たてる評論家とは異なり、25年もの間、グローバル・ビジネスの「戦場」で、 果敢に戦い続けた1人の「勇士」の「言葉」から学ぶべきことは無限に存在 します。立場を越えて、人生の「羅針盤」となり得る1冊が、ここに誕生し たのです。

(비즈니스는 자유경쟁이라는 이름의 전쟁이다. 그 때문에 무역상사에게 그 '전쟁터'는 세계각지에 존재한다. 저자는 그런 전장에서 스스로 생각하고 행동하면서 싸워왔다. 공허한 말을 늘어놓는 평론가와는 달리 25년 동안 글로벌 비즈니스의 '전쟁터'에서 과감하게 싸운 한 '용사'의 '말'에서 배워야 할 것은 무한하다. 처지를 뛰어넘어 인생의 나침반이 될 수 있는 한 권이 바로 여기에 탄생했다.)

_ 呉 実, ファイブ・イー・ライフ株式会社 代表取締役

• 원고를 받고 앉은 자리에서 한숨에 읽게 된 책!

저자가 지구촌 곳곳을 누비면서 해외시장을 개척한 노하우를 담고 있다. 과거에 머물지 않고 다양한 트렌드를 제시하면서 앞으로 나아갈 방향도 제시하고 있다. 인터넷 검색을 해보면 파편화된 지식과 경험담을 많이 볼 수 있지만, 무엇인가 정리되지 않은 느낌을 받고는 한다. 반면 이 책은 현장전문가의 깊이 있는 노하우를 재미있으면서 실용적으로 엮어냈다. 해외시장을 개척하고자 하는 기업과 개인에게 큰 도움을 줄 것이다.

_ 은종성, 주식회사 비즈웹코리아 대표이사, 『마케팅의 정석』 저자

• 산문으로 쉽게 풀어낸 해외시장 개척에 대한 종합 해법세!

한국 전체 기업 가운데 수출기업은 2.1%에 불과하다. 그 2.1은 두려움을 상징하는 숫자다. 모두가 힘들다며 코로나19를 탓하지만, 실상 그 어려움은 미지에 대한 두려움 때문에 나온다. 저자는 칠흑같이 어두운 세상에서 온몸으로 그려낸 139장의 항해 지도를 아낌없이 내놓았다. 그 지도는 순탄한 길들이 아니다. 이어지지 않는 길을 잇고 부서진 길을 복구해서 또 다른 세상으로 가는 천기누설이다. 이 책의 주인공 오디세우스는 바로 강·대·훈 프로 수출마케터다. 그는 '세계는 초선형으로 연결될 수 있다.'라고 말한다. 간적 없지만 길을 내는 방법과 가려진 길은 드러내고, 끊어진 곳은 잇는 방법을 담았다. 두려움을 뚫고 저 큰 세상으로 나가는 방법을 차지게 일러준다. 책을 펼치는 순간부터 읽기를 멈출 수가 없었다. 오디세우스와 함께 값진 길을 찾는 묘미에 흠뻑 빠져들었다. 두려움을 박차고 나갈 힘이 솟구친다.

_ 이순석, 디지털 건축가, 한국전자통신연구원(ETRI)

• 해외시장 개척을 위한 나침반 같은 책!

세계시장 개척에 대한 본질적 접근을 하면서도 현장감이 있다. 누가 읽어도 이해가 쉽게 되고 영감을 얻을 수 있다. 포스트 코로나 시대, 기업환경이 변했어도 우리나라는 여전히 수출이 중요하다. 비대면 시대에도 사업은 더욱 글로벌화하고 있다. 한국의 젊은 스타트업들은 '온라인에서의 세계화'는 선배 기업인들보다 익숙하지만, 정작 시장개척에 관한 경험과 지식은 빈

약하다. 따라서 25년 이상 글로벌 현장에서 일한 강대훈 수출전문가의 책은 스타트업과 예비창업자에게 해외시장 개척을 위한 나침반이 될 것이다.

_ CEO 멘토 박정용, K-ICT 창업멘토링센터

• "다른 결과를 원하면서 같은 행동을 반복해선 안 된다!"

기업(Company)이란 무엇일까? '컴(com)'과 '퍼니(pany)'의 합성어로서 함께 빵을 먹는다는 뜻이다. 기업은 함께 밥을 먹으며 목적을 추구하는 집단이다.

나는 민간 외국인 투자기업 기술연구소에서 자동차소재를 개발했고, 경기테크노파크에 입사해서는 중소벤처기업의 창업, 기술개발과 사업화를 지원하고 있다. 그런데 2008년 서브프라임모기지 사태 이후 급격히 경제가 위축되더니 급기야 코로나19까지 터져서 국민의 생계까지 위태로운 지경이 되었다. 이 위기를 어떻게 극복하고 대처해야 할지 그 누구도 유일한 대안을 줄 수 없다. 그러나 문제를 해결하는 방법은 아인슈타인의 말처럼 다른 결과를 원하면서 같은 행동을 반복해선 안 된다는 것이다.

기업들이 개발한 제품을 20피트, 40피트 컨테이너에 실어 바다 건너 나라로 수출하는 것은 가슴 벅찬 일이다. 내가 존재하고, 이바지하고 있다는 것이 증명되는 순간이기 때문이다. 강대훈 대표를 만난 건 십여 년 전 어느 세미나에서였다. 그전부터 해외마케팅으로 유명한 분이라 꼭 만나고 싶었었다. 인상은 사진에서 봤던 소탈한 모습 그대로였다.

해외마케팅을 바닥부터 경험한 분의 이야기로 강연장은 후끈 달아올랐다. 피가 되고 살이 되는 내용이었다. 그는 시원한 에어컨 밑 책상에서, 전화로, 메일로만 상품을 파는 사람이 아니었다. '이분을 잡아야 한다.'라는 생각밖에 없었다. 눈에 보이지 않을지 모르겠지만, 공공기관 사이에서는 유능한 전문가를 확보하기 위한 엄청난 경쟁이 있다. 특별한 전문가로 인해 지원사업의 성과가 확연하게 달라지기 때문이다. 나는 강 대표께 정중하게 전문가등록을 요청했다. 그 이후, 해외마케팅 컨설팅, 시장개척단 사업을 통해 지금까지 인연을 이어가고 있다.

저자는 산업생태계에서는 강한 자가 생존하는 것이 아니라, 살아남는 자가 강자라고 말한다. 아주 깊이 공감한다. 아무리 기술력이 탁월하더라도 생존할 수 없으면 기술도 떠나간다. 해외진출을 희망하는 많은 기업에서는 유능한 전문가라면 몇 개월 만에 수출컨테이너를 보낼 수 있을 거라고 믿는다. 그러나 수출은 신뢰관계가 쌓이고, 거래로 성사되기까지 최소 몇 년이 걸린다. 조바심에 욕심내다 보면 재앙이 되기도 하는 것이 해외마케팅이다. 제품에 클레임이 걸리면, 십수 년을 거래했어도 그동안의 수익이 날아가고, 기업의 생존조차 위태로워질 수 있다. 그날 강 대표의 말 한마디가 아직도 잊히지 않는다.

"해외에서 사업하면서 받았던 불안, 두려움, 피로가 심장에 바늘처럼 꽂혀있어요."

이 책은 해외마케팅만을 위한 책이 아니다. 기업대표와 영업과 마케팅을 하는 사람이라면 눈이 아닌 가슴으로 읽어보길 강력히 추천한다.

_ 김태균. 안산정보산업진흥센터장. 대통령상 수상자. 『다시 창업하라』 저자

• 모든 영업인의 필독서!

25년 동안 저자가 수출 최일선에서 겪은 다양한 경험, 관찰, 지혜가 녹아있다. 이 책 한 권으로도 대한민국 수출전사의 전투역량은 몇 단계 오를 수 있다고 확신한다. 이 책을 다 읽고 덮을 때, 자신도 모르게 세계시장 개척에 대한 자신감이 충만할 것이다. 해외마케팅에 대한 기념비적인 서적이다.

_ 이금룡. (사)도전과 나눔 이사장. 코글로닷컴 회장. (전)옥션 대표이사

살아남아야
강자가 된다

코로나19가 세상을 덮쳤다. 하늘길이 닫히고 바닷길이 막혔다. IMF 시절에도 겪지 않았던 일들이 벌어져 해외시장과 함께 살아온 나에게 일이 사라져버렸다. 오지도 가지도 못하는 상황에서도 경영비용은 발생하고, 생활은 해야 한다. 다시 한 번 고난의 행군이 시작되는 것 같아서 마음이 착잡하고, 미래가 두렵다. 언젠가 사태는 진정되겠지만 붕괴한 산업, 없어진 일자리가 회복될 수 있을까?

세계질서도 변하고 있다.

미국의 고고도미사일(THAAD)의 한국 배치로 중국은 경제보복을 했다. 일본은 강제징용 판결을 이유로 한국을 백색국가에서 제외했다. 번영을 이끌던 나라 사이의 묵계인 정치, 경제분리원칙이 깨진 것이다. 이렇게 한국이 거인들에게 이쪽저쪽에서 한 방씩 맞으며 휘청거리는데, 미국과 중국은 세계패권을 두고 경제전쟁을 시작했다.

국내사정도 심각하다.

저출산, 노령화로 경제활력이 떨어지고 중산층과 지방이 소멸하고 있다. 균열한 지각에서 사람들의 비명이 새고 있다. 창업한 스타트업, 기술

개발에 몰두하는 벤처기업, 그리고 글로벌 공룡과 싸워야 하는 우리 기업이 살 방법은 무엇인가?

한국은 자원이 없고 분단이라는 고비용 조건 속에서도 세계수출 6위를 달성한 괴력의 국가다. 세계최초로 5G 광통신을 상용화했으며 화학, 조선, 자동차분야 선진국이며 ICT 인프라 대국이다. 한국의 온라인 마켓플레이스(Online Marketplace)는 알리바바보다 빨랐으며, 페이스북 이전에도 천리안과 싸이월드를 만들어 소통했다. 이렇게 우리는 영민한 강점이 있다. 경쟁이 격화되고 불안한 시대를 돌파하는 방법은 장점을 강화하고 확대하는 것이다. 디지털을 새 수단으로 삼아 우리 자체를 세계로 확산하는 것이다.

컨설턴트로서 종종 위기에 빠진 회사를 찾아 상담할 때가 잦다. 모든 것이 팽창하며 경기가 좋던 시절에 우리 경제는 특수를 누렸다. 그러나 기술과 시장, 자본을 다 가진 중국이 부상한 이후 한국 산업계는 그동안 경험하지 못한 환경과 마주하고 있다. 13억 중국 인민은 빨리 만들며, 엄청나게 생산하고, 더 싸게 공급해 시장을 점유한다. 인도, 멕시코, 브라질 등 신흥국도 젊고 맹렬하다. 이에 대응하는 미국은 성을 열고 자유무역을 하는 것이 아니라 장벽을 높이고, 국내산업을 보호하는 쪽으로 가고 있다.

기업경영과 가계생활의 '피'는 돈이다.

'자본'이 부족한 위기에는 무엇을 해야 하는가? 바로 '영업'에 집중해야 한다. 현금흐름을 되살리는 유일한 길은 고객을 만나고, 시장을 여는 것이다. 시장전략을 세우고 마케팅을 시작해야 한다. 국내외 거래처를 늘려 놓아야 한다. IMF 외환위기를 맞았던 20여 년 전, 나는 제조에서 무역으로 사업을 전환했다. 첫 항차를 기다리던 평택항 부두에서는 앞이 막막했다. 하지만 수출현장에서 만 시간을 보내고 또 만 시간 그렇게 해외시장을 개척하면서 사업영역을 넓혀나갔다. 천여 기업을 만나고 수백 가지

품목을 지구촌 곳곳에 보냈다. 수출전문가가 되었으며 글로벌시장에서 사업을 설계하는 컨설턴트가 되어 있었다.

돌이켜 보면 좋은 성과만 있었던 것은 아니었다. 고객의뢰를 받고도 바이어를 찾지 못해 망신을 당하기도 했다. 해당 국가의 상이한 검역조건으로 수출상품을 외국의 소각장에서 불에 태워야만 했던 적도 있었고, 회사가 보낸 상품이 별건의 사건으로 외국 공안에 압류되기도 했다. 신용이 땅에 떨어지고, 시비에 휘말리기도 했다. 여러 갈등, 복잡한 관계 속에서 회사는 침몰하려는 배와 같이 흔들렸다. 하루하루 이어지는 고단함이 지겨워 사업을 날려 버리고 싶었지만, 방법을 찾아야 했다.

이러한 가운데 그동안 거래했거나 컨설팅을 제공했던 회사 가운데 수출로 대박을 터트린 곳이 나왔다. 해외진출로 기업가치가 상승해서 M&A에 성공했다. 반면 많은 기업이 도산하면서 경영자는 파산했으며, 노동자는 일터를 잃었다. 기술이 강하고 자본이 많은 기업은 유리했다. 영업이 세고 마케팅이 강한 기업이 살아남았다. 생태계에서는 강한 자가 생존하는 것이 아니라, 살아남는 자가 강자가 된다.

학습지 사업부터 정수기, 태양광, 건설까지 신화를 쓰며 승승장구했던 그룹의 부도로 충격을 준 적이 있다. 그 회사의 좌절은 바닥에서 시작해 성공하고 행복해지는 신화가 필요한 우리 시대를 안타깝게 했다. 그런데 몇 년 후 어느 날, 기억에서 소실되는 시점에 그 사람들이 다시 나타났다. 오디세우스의 생환과 같이 회생한 것이다. 이카로스처럼 태양을 향해 날다가 추락했지만, 백과사전 세일즈부터 시작했던 창업주가 심었던 영업 DNA로 회생할 수 있었다. 성공보다 더 큰 위로는 죽다 살아나는 것이다.

코스피와 코스닥에 상장된 3,000여 기업에 영업과 마케팅은 필사의 과제이다. 중견기업도 속을 들여다 보면 삼성, 현대, SK, LG, 포스코 등에는 납품하고 있지만, 세계시장을 대상으로 영업다운 영업을 한 경험이 빈

약하다. 공장을 세우고 설비를 들여 제품을 만드는 것에는 돈을 쓰지만, 마케팅에는 이렇다 할 자원을 투여하지 않는다. 영어 잘하는 사람을 선발하고 전시회 참가에는 열심이지만, 글로벌 역량이 무엇인지를 정의하지 못하고 있다. 그 회사의 그 기술에 영업과 마케팅을 붙이면 세계적인 기업이 될 수 있는데도 말이다.

이 책은 제품과 서비스를 만들어 결국은 세계시장에서 승부를 봐야 하는 기업, 열악한 환경에서 일해야 하는 장그래(기업드라마인 〈미생〉의 주인공) 같은 사원, 실적에 분투하는 오 과장, 명퇴 후 창업을 준비하는 김 부장과 같은 이들을 위해 쓴 일기다. 회사를 살리려는 사모와 임원의 눈물겨운 경영 이야기다. 미완의 과제를 가지고 인생을 다시 시작하는 재창업자와 정년이 와도 생계를 위해 일을 놓을 수 없는 현역을 위한 노트다. 함께 일해준 동료, 불편함을 참아준 협력사, 오늘도 고군분투하는 고객들에게 이 책을 바친다.

갈채를 받는 무대에는 성공만이 보인다.

그러나 하늘에 오르려는 비상만큼 수많은 이들은 추락한다.

추락한다고 다 죽는 것만은 아니다. 동체착륙으로 지상에 내려오기도 하고, 불시착했지만 살아 돌아온 비행사도 있다. 후유증이 크고 고통스럽지만, 인생의 분기에서 절망하지 않았으면 좋겠다. 수명이 늘어난 시대에는 두 번, 세 번의 인생을 살기 때문이다. 두 번째는 처음보다, 세 번째는 지난번보다 잘할 수 있다. 우리는 살아야 이룰 수 있는 소망으로 귀향하는 오디세우스다. 지구촌 시대, 글로벌 격전지에서 회사와 나를 살리는 '생존기술'이 필요하다. 국가도, 기업도 마케팅이 강해야 일류가 되며, 영업이 강해야 회사가 산다.

강대훈

제6장   해외 비즈니스, 영어가 아니다

제7장   라이프스타일이 무대를 바꾼다

제8장　비대면시대, 영업대표를 위한 디지털 플랫폼

제9장　천기누설, 어떻게 바이어를 찾는가?

제10장　몰두하고 즐기는 출장의 전략

제14장 당신을 노리는 해외사업의 저격수

제1장

글로벌 마케팅,
해외영업을 해야 산다

팔지 못하면 의미가 없다.

비용만 증가시킬 뿐이다.

위기에 빠진 회사, 무거운 시간이 흘러가고 있다. 해답은 없는 것일까?

마케팅 전략을 다시 짜고 영업을 시작해야 한다.

국내외 거래선을 늘려 놓아야 한다.

영업만 잘해도
회사는 산다

매출 2,000억대에서 1,000억으로 급감,
다시 700억이 무너진 강소기업

한 코스닥기업, T사의 회의실에 앉았다. 이 회사는 강화글라스, 메탈스티커, 아크릴 윈도 등을 제조해 휴대전화를 생산하는 S사에 납품하고 있었다. 그러나 세계경기 침체와 샤오미, TCL을 비롯한 중국산 저가공세에 밀려 판매부진이라는 직격탄을 맞았다.

매출이 2,000억대에서 1,000억대로 곤두박질쳤다. 같은 부품을 생산하는 경쟁사들 가운데 서너 곳은 이미 부도가 났다. 1,000억으로 줄어든 매출은 이마저도 700억대를 버티지 못하고 무너져버렸다. 2년 전까지만 하더라도 2만 원이 넘었던 주가가 5,000원 아래로 밀리다가 일시반등했지만, 지금은 1,400원대로 떨어져 바닥을 치고 있다. 매도시기를 놓쳐버린 소액주주들의 원성은 하늘을 찌르고 있다. 천여 명의 직원들은 남아있지만 백여 명 단위로 해고가 이어지고 있다. 한때 시장을 선도하며 잘 나가던 회사가 불과 2년 사이에 왜 이렇게 망가진 것일까?

사원과 간부를 면담하고 정황을 살펴보니, 이 회사가 벼랑에 선 이유를 발견할 수 있었다. 첫째, 대기업인 S사 중심으로 거래했다. 한 회사에 대한 거래비중이 7할 이상을 차지했다. 죽고 사는 것이 시장위험이 아닌 단 한 곳의 거래처에 달려있었다. 기업은 한 곳만을 대상으로 장사하면 안 된다. 거래선을 세계시장으로 다변화해야 한다. 둘째, 그동안의 거래는 주문에 의한 납품이었지 시장개척과 영업이라는 개념이 없었다. 셋째, R&D와 설비에는 투자했지만, 마케팅에는 의미 있는 비용을 쓰지 않았다.

거제, 군산, 여천 산업단지는 세계적인 경쟁력을 가지고 있다고 했지만, 특정산업에 계열화된 기업들은 직격탄을 맞았다. 조선업의 불황으로 H중공업의 주가는 1/3 토막이 났고, 천 명 단위로 일자리가 사라지는 사업장이 발생했다. 부도위기에 몰린 D해양조선이 입주한 거제에는 배 짓는 소리가 아닌 곡소리가 나고 있다. 자동차부품 기업도 한때 호황은 지난날이 되었다. 미·중 무역전쟁이 확대되고 있는 가운데 현대차 중국 1호 공장인 베이징 공장은 가동을 중단했으며, GM의 군산 공장도 문을 닫았다. 그동안 한국성장을 이끌었던 전자, 반도체산업은 한 번도 겪어보지 못한 위험에 처해있다. 일본이 자국의 강점인 부품, 소재를 무기로 한국을 화이트리스트에서 제외하면서 경제전쟁을 선포한 것이다.

한국에 있는 1,033개 산업단지에는 8만여 개 기업이 입주해 있고, 200만 명이 일하고 있다. 이들과 함께 일하는 협력업체의 부양가족은 1,200만 명 이상이며 이 기업들이 생산한 부가가치가 한국을 먹여 살려왔다. 내 고객도 이곳에 있다. 최근 산업단지를 방문하면 폐업했거나 가동을 줄여 생산라인을 멈춰세운 빈 공장들이 눈에 띄게 많다. 우리는 어떻게 해야 하는가?

영업의 정석

돈은 있을 때 빌려 놓는 것이고
영업은 잘될 때 하는 것

앞서 말한 T사는 위기탈출의 살길을 해외시장으로 정했다. 부랴부랴 해외영업팀을 꾸리고 대책회의를 시작했다. 초빙한 컨설턴트인 내게 구매자들(Buyers) 명단을 요구했지만, 그 구매자들은 T사의 경쟁사와 거래하는 기업들이다. 명단을 주면 안 된다. 만약 명단을 확보했다고 하더라도 중간에 제3자가 불쑥 끼어들어 성사되는 거래는 흔치 않다. 해외에서 발주처를 만든다는 것은 벼락치기 공부처럼 되지 않는다.

이와 대조적인 회사도 있다. H전자는 초박형 부저를 생산하는 기업이다. 매출 100억 원대의 작은 기업이지만 거래선을 살펴보면 놀랍다. 삼성전자, LG, KT와 같은 국내기업뿐 아니라 중국의 TCL, 레노버, 샤오미, 일본의 파나소닉, CACIO, 덴소, 미국의 블루버드, 애플, 스타마이크로닉스까지 다양했다. 본사에서는 글로벌 영업을 총괄하고 필리핀 공장에서는 연간 5,000만 개 이상의 마이크로 버저를 생산한다. 세계시장을 늘 관찰하며 쉬지 않은 영업, 지속적인 마케팅 덕분에 하나에 몇 센트(Cent)에 불과한 제품으로 격변하는 전자업계에서 30년 이상 생존했다.

영업의 적기는 돈을 빌리는 때와 같다. 회사가 잘 나갈 때는 은행 지점장이 찾아와 선물을 주고 밥도 사면서 돈을 빌려 가 달라고 부탁한다. 이자는 일반대출보다 낮고 그것조차도 더 좋은 우대로 협상할 수 있다. 그러나 재무상태가 나빠져 정작 자금이 필요할 때는 신용도에 따라 금리를 올리고 담보를 요구하고 보증을 세운다. 어제까지만 해도 '갑' 대우를 받았지만, 갑자기 '을'이 되어 버린다. 돈을 빌려야 하는 속 타는 심정과 지급에 쫓기는 표정은 숨겨지지 않는다. 사정이 절박할수록 대출은 어렵다. 그래서 자금은 여유로울 때 비축해 놓는 것이다.

영업도 마찬가지다. 사업이 잘될 때는 높은 시장평가를 가지고 좋은 거래처들을 확보할 수 있다. 잘 팔리는 제품과 잘 나가는 기업은 어떤 사람에게도 관심을 끌어 시세보다 좋은 조건으로 거래할 수 있다. 그러나 사업이 잘되지 않을 때는 정반대다. 선수들은 어려워진 기업의 궁색한 활동을 직감적으로 안다. 시장은 약육강식의 비정한 정글이다. 누가 기울어지는 회사와 거래하려 하겠는가?

영업에는 비용이 발생한다. 자금에 쫓기면 오고 가는 차비도 밥값도 여의치 않다. 그래서 영업은 빵빵한 거래처를 물었을 때 더 해놓는 것이며, 실적이 좋을 때 영업팀을 강화하고 거래선을 해외로 확대해야 한다.

위기에 빠진 회의실에서 무거운 시간이 흘러가고 있었다. 해답은 없는 것일까? 영업을 시작해야 한다. 현금흐름을 되살릴 수 있는 유일한 길, 늦었지만 시작해야 한다. 전문가 자문을 받아 마케팅 전략을 다시 짜고 영업에 집중해야 한다. 국내외 협력사를 늘려 놓아야 한다.

기업활동은 비용과의 전쟁,
돈 먹는 하마와 피바다 시장

마케팅은 사업 시작 전부터,
영업은 잘 나갈 때 더 해놓는 것

　　　　　　　　　　직원 300여 명이 일하는 한 코스닥 회사의 조직도를 보자. 경영지원본부에 재무, 인사팀이 있으며 제조본부에는 생산, 시설, 장비, 안전팀이 있다. 기술본부에는 기술가공, 기술성장팀과 연구소에는 연구기획, 연구개발팀이 있으며 C/S 본부에는 구매, 품질관리팀과 영업, 마케팅팀이 있다.

　　모두 회사경영에 필요한 조직이다. 사원 모두는 협동과 단결을 통해 이익을 창출해야 한다. 그러나 현금흐름을 중심에 놓고 보면 인사, 시설, 장비, 환경, 구매, R&D는 모두 현금을 먹는 하마다.

　　회사경영은 비용과의 전쟁이다. 자재와 부자재 구입, 시설과 장비의 유지, 보수에 끊임없이 돈이 들어간다. 연구개발에 투여되는 돈 역시 한도 끝도 없다. 인건비, 4대보험과 세금은 회사수익과 관계없이 발생한다. 경기가 좋고 실적이 받쳐주면 이러한 비용은 투자행위가 되지만, 매출이 떨어져 생산품이 재고로 쌓이는 순간부터 비용은 더 늘어난다. 기업은 비용을 감내하지 못할 때 망한다.

　　팔지 못하면 연구개발(R&D)도 의미가 없다. 영업은 판매로 가는 길이며 회사를 먹여 살리는 활동이다. 회사가 살려면 영업이 강해야 한다. 그동안 저세상으로 사라진 기업을 수없이 보았다. 얼마 전 한 경영자가 자살했다. 무너진 회사에서는 노동자 투쟁도 지속할 수 없다. 일자리를 잃은 사람 몇몇은 치킨집을 열었지만, 과당 경쟁의 피바다에서 요절이 났다.

경력단절녀(女)의 수출영업

아내가 영업을 시작했다

S글로벌은 자동차부품을 생산하는 중소기업이다. 창업자는 오랫동안 철을 가공하는 단조 쪽에서 일한 사람이었다. 제품을 만들어 대기업에 납품했지만 단가는 해마다 깎였다. 이마저도 시장상황이 나빠져서 물량이 줄었고 경영은 어려워져만 갔다.

이때 회사를 살리는 구사대로 나선 사람이 사장의 아내, 50대 초반의 최 여사였다. 전업주부로 아이 키우며 회사경영을 지켜보았다. 생산에는 남편과 외국인 노동자가 일해 어렵지 않았지만, 영업과 마케팅이 문제였다.

천안 외곽에 있는 공장까지 젊은 사람은 오려 하지 않았고, 어렵게 채용한 지역의 대학 출신 청년들은 몇 달을 못 버티고 회사를 나갔다. 이렇게 사람을 구하는데 애먹고 속을 썩였다. 다른 방도가 없어 최 여사는 팔을 걷어붙이고 회사로 출근했다.

그녀는 생산에 바쁜 남편을 대신하여 무역협회교육, 코트라수출상담회, 중소기업진흥공단의 수출지원설명회에 빠지지 않고 참석했다. 경제통상진흥원, 테크노파크에서 주관하는 무역사절단에도 참가하여 남미 3개국을 방문하였다. 이런 기회를 통해 최 여사는 최선을 다해 회사를 알리고 바이어를 만났다.

그녀의 영어수준은 서툰 왕초보! 그러나 수출은 영어회화로 하는 것이 아니다. 무역은 제품을 놓고 서류로 한다. 교신하는 영문 메일은 사전을 찾고 번역기의 도움을 받아 해독할 수 있었다. 바이어가 회사를 방문하면 여성의 화사함으로 응대했다. 어느 날 이탈리아 바이어가 상담을 마치고, 식당에 재킷을 벗어놓고 귀국했다. 그녀는 바이어의 옷을 세탁해서 잘 보관했다. 이 옷을 지키고 있는 4년 동안 가끔 메일로 안부를 물었고 그 사람이 다시 한국을 방문하여 자신의 재킷을 찾았다. 이것이 무역을 전공한 것도 아니고 영문과 출신도 아니며 회사 경험도 없었던 최 여사가 한 해외영업이다. 처음에는 수출이 낯설고 어려운 일들이었지만 거래패턴을 이해하고 그 패턴을 반복하니 일에 익숙해졌고 고객을 관리하고 발굴하는 영업과 마케팅을 알게 되었다.

Odyssey 5

60대 김 사장과
30대 주 대리의 임무교대

회사가 젊어졌다. 바이어가 젊어졌다

　　　　　　　　주 대리에게 이번이 두 번째 직장이다. 서울에 있었던 첫 직장은 섬유를 수입, 판매하는 회사였다. 3년 남짓 일했는데 회사는 그만 경영난으로 문을 닫았다. 일자리를 잃고 헤매던 즈음 고향인 지방도시에서 칫솔을 생산하는 기업이 있어 지원했다.

　사장은 60대 후반으로 자수성가한 분이었다. 그러나 40년 동안 그와 함께 일했던 해외 파트너들은 죽거나 은퇴를 했다. 새로운 구매자들은 제품가격이 싼 중국, 인도로 거래선을 옮기고 있었다. 위기를 느낀 사장은 몇 년 동안 바이어상담회, 시장개척단에 참가했지만, 이렇다 할 성과는 없었다. 번창했던 회사는 매년 쪼그라들어 주 대리의 월급도 가끔 몇 주씩 뒤로 밀리다가 지급되었다. 주 대리는 일 년 동안 근무한 회사를 분석해 보았다. 이 회사에서는 마케팅에 대한 개념과 체계적인 영업이 없었다. 사장 인맥이 영업이었다. 사장이 전시회에 참가하고 바이어를 만난 이후에 이것을 회사에 전달하는 시스템이 엉성했다. 싸게 생산하던 시절에 만난 바이어와는 거래가 되어서 성장했지만, 그 시절은 갔다.

중국, 인도, 멕시코의 저가공세에 밀려 시장을 내준 지는 오래전이다. 칠순을 바라보는 사장이 일했던 시절과 지금은 시장이 다르다. 주 대리와 나이 차이도 30년 이상이 난다. 현재 업계를 움직이는 젊은 바이어들과 사장은 인연이 없다.

주 대리는 중급 수준의 영어독해와 초급회화가 가능하다. 일 욕심이 있고 컴퓨터 OS 사용이 능숙하며 문서작성이 빠르다. 주 대리의 장점은 전 직장에서 얻은 업무경험이 있다는 것이다. 섬유업계는 일 속도가 빠르고 경쟁이 치열하다. 주 대리는 학습을 시작했다. 무역협회에서 실시하는 무역아카데미를 수강했다. 이 회사에서 일한 지는 일 년밖에 되지 않았지만, 아저씨뻘 사장과 직접 소통할 수 있는 환경에 있다. 주 대리는 배운 것처럼 해외영업과 마케팅을 해보고 싶어졌다. 한국에서 열리는 바이어 상담회에 집중했다. 상담신청을 했고, 사전에 배부된 바이어 정보를 토대로 시장조사를 했다. 상품소개서를 중소기업벤처부와 한국무역협회에서 운영하는 통번역 센터를 통해 번역해놓았다. 견본과 가격표를 준비했다. 열심히 일하는 주 대리 모습이 사장 눈에 들어왔다. 사장은 이 젊은이에게 힘을 실어주었다. 들어오는 해외 문의(Inquiry)는 주 대리가 전담하게 되었다.

그녀는 회사를 대표해 해외전시회에도 참가하였다. 해외에서 얼굴을 익힌 바이어가 오면 공항에 마중을 가고 회사안내를 했다. 사장이 없어도 상담을 하고 일지를 작성하고 후속조치를 했다. 글로벌시장을 두고 뛰는 주전선수가 노장인 사장에서 신인으로 자연스럽게 바뀌었다. 새로운 거래선들이 생겼다. 젊은 담당자는 새로운 영업 인프라를 만들어 놓았다.

무대책 건조 김치와 GE 엔지니어링

전국체전과 올림픽, 목표가 다르면 차원이 달라진다

브라질 상파울로에서 열리는 '아누 푸드 브라질'은 B2B 전문 전시회로서 남미시장을 공략하는 식품, 음료의 생산업자, 제조업자, 수출입업자들이 대거 방문하는 전시회다.

이 전시회에 참가한 6개사 한국기업 가운데 건조 김치를 가지고 온 오십 후반의 여자 사장이 있었다. 비용을 아낀다고 주최 측이 추천하는 전시장 근처 호텔에 묵지 않고 가격비교 사이트에서 찾은 모텔에 숙박했다. 그녀는 전시회 기간 사흘을 출퇴근 50분 이상 택시를 타고 다녔다.

그러나 전시회장에서만큼은 곱게 옷을 차려입고 꽃단장하고 적극적으로 자신의 제품을 시식하게 했다. 식품을 수출하려면 각종 검사, 증명, 허가 등 힘겨운 고개를 넘어야 한다. 생산공장도 국제적인 위생기준과 시설을 갖추어야 한다. 인체 속으로 들어가는 식품은 일반 공산품보다 법적 규제가 많고 검역 통관이 어렵다. 유통기간이 정해져 있어 일정기간이 지나면 폐기해야 한다. 그래서 많은 사람이 웃으며 왔다가 울며 떠난다. 한국관을 함께 사용하는 다른 기업들은 최소한 두세 명이 팀으로 왔다. 그러나 이분은 비용을 아낀다고 혼자 와서 전시장치를 하고, 통역도 없이 현장 영업을 하고 있었다. 브라질은 영어도, 스페인어도 아닌 포르투갈어를 쓰는 나라이다. 나는 걱정되었다. 최소한 통역 서비스를 받을 것을 권했다.

"어휴 ~ 통역도 다 돈이에요."

"제품이 좋으면 바이어는 알아봅니다."

그녀는 이런 식의 무모한(?) 도전으로 일본과 독일 바이어를 잡았다. 말린 김치를 팔기 위해 여자 혼자서 25시간 동안 비행기를 타고 와서 해외시장에 도전하는 용기가 장했다. 벤처기업을 대상으로 UN 조달시장 진출 안내 세미나를 했다. 수강자 가운데 수처리 플랜트를 하는 기업이 있었다. 그 회사는 박사 임원들과 부설연구소도 있었지만, 국내 사업만 하고 있어서 아쉬웠다. 그래서 수자원을 다루는 글로벌 엔지니어링 기업과 인연이 되었으면 좋겠다는 바람으로 말했다.

"귀사의 플랜트를 GE나 지멘스, 엣킨스(ATKINS) 같은 회사에 거래제안을 하세요."
"회사소개와 아이템, 실적을 영·중·일어로 번역해 놓는 것이 필요합니다."
"글로벌기업과의 거래도 삼성이나 현대, 두산을 협력사로 등록하는 것과 같습니다."
"수자원을 다루는 국제적인 학회에 가입해서 회사를 알리고 산업계 동향을 파악해 보세요."

행사를 마치고 그 회사 대표가 내게 왔다.
"국내시장도 벅찬데 하시는 말씀이 가슴에 와 닿지 않습니다."라고 했다. 그날 '진심과 다르게 전달되는 내 표현에 문제가 있구나!'라고 반성하게 되었다. 그러나 한국전력과 거래를 하는 수준이면 세계시장에 진출하지 못할 이유가 없다. 안타까운 것은 기술력이 있지만, 글로벌회사와 거래하는 것에 엄두를 내지 못하는 기업이 많다는 것이다. 전국체전에 나갔다면 올림픽을 꿈꾸어 볼 일이다.

알리바바보다 빨랐던
한국의 온라인 마켓플레이스

'하늘과 땅' 차이를 벌린 것은
글로벌전략

알리바바는 11월 11일 광군절 단 하루 세일에서 44조 원의 매출을 돌파했다(2019년). 한국의 유통강자인 신세계가 같은 해, 일 년 매출이 7조 규모인 것으로 볼 때 믿기 어려운 현상이다. 이만큼 온라인은 오프라인을 압도한다. 중국의 전자상거래 기업 알리바바가 전 세계 232개국을 대상으로 한 마켓플레이스다.

한국의 EC21이나 EC PLAZA는 알리바바보다 십 년 이상 앞서 인터넷비즈니스를 시작했지만, 그 차이는 너무 벌어졌다. 새롬기술의 다이얼패드도 세계최대의 인터넷전화인 스카이프(Skype)보다 앞섰고, 판도라 TV 역시도 유튜브보다 먼저 동영상 서비스를 시작했지만, 유니콘 기업(단기간에 1조 원 가치를 넘는 스타트업)이 되지 못했다. 처음부터 세계시장을 노리는 전략이 판을 가르는 것이다. 내가 좋아하는 백지영의 노래도 레이디가가 못지않지만, 국내선수와 세계선수권 대표는 차원이 다르다.

오늘날 초연결 시대에 시장이 통합되는 속도는 생각보다 빠르다. 국내와 해외시장의 구분도 없어졌다. 대기업도 내수에 머문다면 세계시장의 대리점 수준으로 존재하다가 글로벌기업의 공세 속에 사라질 것이다. 우리가 먼저 시작했고 혁신기술에 품질도 좋았지만 놓치는 것이 많았다.

한국의 코스피, 코스닥 기업들의 문제는 몇몇 기업을 제외하고는 대기업에 수직계열화되어 있다는 것이다. 삼성과 LG, SK, 현대와 거래한 기업은 애플과 지멘스, 테슬라와 거래할 기술력을 갖추었지만, 하청을 주고 있는 대기업의 우산을 걷어내면 작아지고 약해진다. 스스로 해외시장을 개척한 경험이 없기 때문이다. 제조기업뿐 아니라 금융, 서비스, 지자체의 도시 마케팅도 마찬가지다. 시장에서 생존하는 핵심은 국내외 가릴 것 없는 영업과 마케팅력이다. 박사 연구원은 있지만, 임원 가슴에 세계지도가 없다면 장래는 어둡다. 올림픽을 목표로 하는 선수와 국내리그에서 만족하는 선수는 정신과 자세와 일과가 다르다. 야구, 축구, 빙상 경기조차도 국내우승만으로 생계가 보장되는 선수가 어디 있는가?

The Korean Table과 버진그룹 리처드 브랜슨의 초대

명동에서 확인하는 글로벌 인바운드(In bound)

　　　　　　　　　　도쿄 도심부 아카사카에서 요리교실을 운영하는 정태경 여사는 60대 초반이다. 단아한 모습에 말씀을 조용조용히 하신다. 남편을 따라 일본에 오게 되었는데 주일 한국대사관에서 행사가 있으면 김치를 담고 음식 만드는 봉사를 했다. 우연히 NHK 요리프로그램에 출연하게 되었고, 키코만 식품의 요리강사가 되었다. 정 여사의 수강생 가운데 데브라 사뮐스(Debra Samuels)라는 백인 여성이 있었는데, 그녀가 저명한 요리평론가라는 것을 나중에 알게 되었다.

미국으로 돌아간 사뮐스 씨는 한국 요리책을 내자고 제안했다. 이렇게 『The Korean Table: From Barbecue to Bibimbap 100 Easy-To-

Prepare Recipes』이 뉴욕에서 출판되었다. 음식사진에 길지 않은 해설을 단 화보였다. 평론가의 호평이 쏟아졌다. 한식에 관한 이야기는 많지만, 영문소개는 없었기 때문이었다. 번역가의 도움을 받은 이 책으로 정 여사의 활동이 달라졌다. 한류 붐과 함께 할리우드 스타의 관심을 받기 시작했다. 엉뚱한 기행과 우주선 개발로 유명한 영국 버진그룹 리처드 브랜슨 회장이 자신의 섬에 정 여사를 초대했다. 세계적 명사들이 모이는 파티였다. 한국음식을 좋아하는 버락 오바마의 영부인인 미셸 오바마가 만나고 싶어 하는 명단에 『The Korean Table』의 저자, 정 여사가 있다.

가끔 명동에 간다. 서울 명동은 화장품, 옷 가게, 떡볶이를 파는 가판에서도 영어, 중국어, 일본어로 상품표기를 한다. 점원은 다국어로 세일을 한다. 내국인에게도 팔고 중국인, 일본인, 히잡을 두른 무슬림 등등 지구촌 어떤 사람에게도 장사한다. 명동의 상품은 한국의 어떤 지역에서도 판매하지만, 글로벌 명동에 오면 이것들은 날개를 단다. 명동은 홈경기에서 승리를 거두는 글로벌 인바운드(In bound) 전략이 구현되는 곳이다.

제2장

스타트업, 벤처, 코스닥 기업 마케팅

화려한 무대에서 IR, 억만장자의 성공사례, 뜨거운 갈채로 창업이 한 편의 드라마같이 진행되고 있다.

그러나 사업은 쇼가 아니다.

시장과 영업을 모르는 거품창업에는 피눈물이 난다.

1,000억을 넘기는 강소기업은 상무 아내도 영업한다.

세계시장에 진출하고 일류가 되면 차원이 달라진다.

거품창업,
현실을 모르면 피눈물 난다

추락하는 자에게
구원은 없다

창업열풍이 한국을 달구고 있다. 대학생창업, 청년창업, 연구소창업, 교수창업, 여성창업과 고교생이 등장하는 학생창업까지 생겼다. 연구와 창업은 다르다. 연구가 발견과 발명에 초점이 맞추어진 깨달음 같은 것이라면, 창업은 시장을 발견한 사람이 인생을 걸고 하는 모험이다. 창업자에게는 기술개발뿐 아니라 자금, 인사, 조직운영, 시장개척, 법적 문제 등 수없는 난제가 기다리고 있다.

'사업은 낭만이 아니다.'
'사업가에게 아기자기한 생활은 없다.'

사업에 한발 잘못 디디면 신용불량과 빚더미의 나락으로 떨어진다. 은행, 보험사, 카드사, 세무서에서 재산압류 통지서가 날아온다. 그들은 나보다 수천 배 힘이 세고, 유능한 변호사를 고용하고 있다. 변제가 어려운 채무는 이자에 이자가 할증되고 가산되어 원금은 눈덩이처럼 불어나버린다. 소송이라는 것을 경험하게 되고, 제3자가 인수한 채권이 협박을 시작한다. 이 스트레스를 견디지 못하는 가정은 깨지고 사업자는 버려진다. 추락하는 자에게 구원은 없다. 천 년에 두세 번 정도 일어나는 혁명 말고는 저항할 방법이 없다.

국가도 지자체도 대학도 연구소도 창업을 부추기고 있다. 시대가 변하고 산업이 바뀌는 오늘날 딱히 일자리의 대책이 없기 때문이다. 오늘도 여러 창업지원정책이 쏟아졌다. 거의 모든 대학에 창업지원센터가 생겼고, 국책연구소도 창업 인큐베이터를 설립하고 있다. 창업센터들은 강의실, 세미나실, 창작공간과 보육시설을 갖춘 멋진 현대식 건물이다. 실리콘밸리나 중관촌의 어느 공간이 옮겨온 것 같은 느낌이 든다. 그곳에 있으면 모두에게 우대받는 공주와 왕자가 되는 것 같고 '창업'이란 무엇인가 폼 나고 멋져 보인다. 그러나 불편한 삶을 위한 선택은 공주병 여성과 결혼하는 것이며, 왕자가 지옥으로 가는 길은 창업하는 것이다.

창업지원 내용을 살펴보면 현실적이지 않는 게 한두 가지가 아니다. 학생, 연구소, 교수창업을 위한 강의도 너무 일률적으로 표준화되어 있다. 지역 환경과 산업이 서로 다른데도 각 기관이 운영하는 프로그램에 차이가 없다. 전국의 창업보육공간들도 비슷비슷하게 규격화되어 있다. 예산은 정해진 것이니 실험적인 사업은 운영하기 어렵고, 시간당 비용에 맞게 강사는 한정되어 있다. 창업지원을 하는 보직자는 사업을 해보지 않았던 박사들, 교수들이 많다. 한국의 창업교육은 사변적(思辨的)이며 온실에서 화초를 키우는 식이다. 종종 대학생 창업자를 볼 기회가 있다. 어디에 가장 많은 시간을 쓰는지 물었다. 한 학생은 공모전에서 1억 가까운 지원금을 받았는데, 서류를 작성하는 일이라고 했다. 서류작성, 증빙자료를 갖춰서 심사받고, 여러 보고를 하는데 현장에 나갈 시간과 연구·개발할 시간이 없다고 했다. 이처럼 시제품과 새로운 서비스를 만들어야 할 때 서류를 만들고, 서류로 지원금을 받고, 서류로 사업하며, 서류로 사업을 마감한다. 청년이 사업을 서류로 배우고 있다.

한 지자체가 주관하는 글로벌 창업캠프에 다녀왔다. 주최단체는 고액을 주고 핀란드, 미국에서 성공을 거둔 창업스타들을 초대했다. 방송사들의 카메라가 좌석 전면을 메웠고 멋진 무대에서 전문 MC의 진행이 돋보였다. 시장의 인사말, 국회의원과 시의원, 귀빈의 축사가 이어졌지만, 인터넷에서만 볼 수 있었던 글로벌 스타의 강연에서는 썰물처럼 사람들이 빠져나갔다. 함께 따라왔던 실·국장도 시장을 따라 가버렸다. 몇 사람이 빈 의자를 보면서 IR(Investor Relations)을 했다. 적어도 관계자들은 넥타이 풀고 머리를 맞대고 해답을 찾아야 했는데, 한 편의 쇼가 지나간 공간은 드라마 세트장 같았다.

한국의 창업환경은 호사스럽다. 무엇인가 겉멋이 들어있다. 창고에서 사업을 시작하는 젊은이, 낡은 건물에서 밤을 새우며 무섭게 집중하는 미국과 중국 청년과는 야성에 차이가 있다. 사업은 인터넷 검색과 사업계획서로 되는 것이 아니다. 기업가정신이 타인의 성공사례와 강의에서 얻어지는 것도 아니다. 시장에 자신을 던지고 몰입해야 한다. 자신이 개발한 제품을 시장에 파는 것이 사업검증이다. 며칠 서류작업으로 지원금을 받는 것에 익숙한 사람은 시장으로 나가지 않는다. 바이어를 찾지 않는다. 알리바바나 아마존에 올려 판매반응도 보지 않는다. 스타트업이 집중해야 하는 것은 시장에 침투하는 영업이다. 실제의 판매, 마케팅이 없는 창업교육은 강도 바다도 번거로워서 강의실에서 하는 수영교실과 같다.

한 경영자 단체에 초대받았다. 행사를 마치고 식사에 술잔이 돌았다. 그런데 몇몇 사장은 서로 장군이라고 부르는 것이 아닌가? 가만히 들어보면 군 장성 출신은 아니었다. 그들은 감옥을 다녀온 것으로 별을 붙여 한 번은 준장, 두 번은 소장, 세 번은 중장 식으로 부르는 농담이었다. 공장 증축을 하다가 산림법 위반, 외국으로 송금하다가 그만 외환관리법 위반, 경영악화로 급여를 해결하지 못해 노동법 위반으로 장군이 된 사장들이었다. 이것이 현실이라는 암초 사이를 항해하는 경영현실이다.

애플이 시가총액 1조 달러를 돌파했다(2018년). 천조 원 돌파의 신기원을 어떻게 달성할 수 있었을까? 그들은 창고에서 시작했다. 국가기관이

나 연구소에서 고가의 대형컴퓨터를 사용하던 시절에 스티브 잡스와 스티브 위즈니악은 개인용 컴퓨터를 만들고자 했다. 잡스가 아버지 차고(車庫)를 빌려 밤낮없이 일했다. 마침내 'apple1'을 선보였다. 그다음 단계는? 판매하는 것이다. 잡스는 입력장치도 모니터도 없는 이 컴퓨터 본체를 들고 전자부품을 판매하는 BYTE SHOP에 찾아갔다. 50대를 예약판매했다. 이십 대 히피청년이 완제품이 나오기도 전에 고객을 찾았고, 설득했고, 첫 계약을 따냈다. 이것이 바로 벤처, 창업기업(Startup)의 영업이다.

Odyssey 2

광고마케팅에 수조 원 쓰는
S전자와 같을 수 없는 전략

뱁새가 황새 따라 하다
가랑이 찢어진 마케팅

P사는 내 세대가 허리에 차고 다녔던 무선호출기 '삐삐'로 시작해 스마트폰을 출시하는 기업으로 매출 2조 신화를 창조했다. 소기업으로 시작해 중소기업으로, 다시 중견기업에서 대기업 문턱까지 성장을 거듭한 코스닥시장의 기린아였다. 그러나 어느 날 돌아온 220억 원 채권상환을 막지 못해 법정관리로 넘어갔다. 이 사태에 직격탄을 맞은 것은 4,000명이 넘는 직원, 550여 협력사, 8만 노동자와 그 가족들이었다. 그 회사 마케팅 팀장으로 일했던 친구와 만났다.

"허 팀장 도대체 어떤 일이 생긴 겁니까?"

이 질문에 취기가 오른 허 팀장은 자신이 겪고 본 것들을 털어놓았다.

"나는 마케팅 마케팅이라고 말하는 사람들을 좋아하지 않아요."
"디자인을 하는 사람은 자신이 마케팅을 한다고 했고, 대리점 관리부서도 마
  케팅을 한다고 했으며 자문교수들도 마케팅을 한다고 했는데, 도대체 무엇
  이 마케팅인지? 그들의 전략은 현장에 침투되지 않았어요."
"회의를 하면 S전자에서 영입되어온 임원들은 광고비용을 200억에서 300억
  원으로 늘리자고 했습니다. 우리가 경쟁사에 밀리는 것을 비용으로 해결할
  수 있다고 주장했지요."

그들의 마케팅 본보기는 세계 초우량 기업인 S전자였다. 글로벌기업
이 세계 곳곳의 거리와 공항에 걸어 놓는 걸개, 광고판의 운영비는 단위
당 천만 원, 이천만 원이 넘고 광고의 기본단위는 억대를 넘긴다. 이런 식
으로 수십억, 수백억, 수천억씩 천문학적인 돈을 쏟아 부으며, 광고로 수
조 원을 집행했던 사람들이 소기업에서부터 성장한 기업을 대상으로 대
기업 방식의 마케팅 전략을 적용하려 했던 것이 무리였다.

P사의 창업자는 몇억, 몇십억에서부터 조 단위까지 사업을 키워온 입
지전적인 인물이었다. 사업이 커지자 S전자에서 전략을 다루던 사람들을
임원으로 영입했다. 그들은 규모의 경제를 풀어가는 전략적 경영에는 익
숙했지만, 바닥에서 필사적으로 살아온 기업생리에 대한 이해가 부족했
다. 무엇보다도 현장영업에 대한 경험이 없었다. 물량공세로 시장을 쓸어
가는 초일류기업이 하는 전략이 아닌 자신만의 길을 찾았어야 했다. P사
가 한국에서 벤처신화를 쓸 때, 스마트폰 수요가 몰리는 인도나 멕시코
같은 지역에서 영업을 시작했어야 했다. 뭄바이(봄베이)나 푸네, 멕시코시
티의 핸드폰 대리점을 한 곳 한 곳 방문하면서 경쟁사를 파악하고 고객의

소리를 청취하고, 내 제품을 받아주는 인센티브 정책을 만들어야 했다.

코스닥(중소, 벤처기업을 위한 증권시장, 1,208개 기업이 상장되어 있다.) 기업들의 사정은 밝지 않다. 영업이 아닌 납품거래를 해왔기 때문이다. 삼성, LG, 현대 같은 대기업 한 곳과의 거래로 상장한 회사도 많다. 대기업과 수직거래를 하는 회사들은 글로벌산업 생태계에 관한 지식과 정보, 감각이 떨어진다. 마케팅 담당자와 이야기하면 전략도 없고, 영업답게 영업한 경험도 없다. 거래선 관리는 사장이 하고 자신들은 시키는 대로 일할 뿐이다.

로열 더치쉘이나 BP, 가즈프롬 같은 석유회사들이 유전을 채굴할 때 사용하는 장치의 유압밸브를 수출하는 KS무역의 심 사장은 현장에 강한 1인 기업가이다. 그는 연간 20여 차례의 출장을 소화하며, 채굴현장을 찾아 인도네시아 밀림으로 들어간다. 폭염도, 밀림의 왕 모기도 문제가 되지 않는다. 현지 노동자 숙소에서 먹고 자며 현장에서 문제점을 찾는다. 그에게도 불황은 있지만 결국은 살아남는다.

Odyssey 3
글로칼(Glocal),
시골에서 만드는 글로벌기업

구글도 네슬레도 지방에 있다

서울은 인재와 돈이 몰려 있고 혁신이 지속되는 거대한 도시이다. 대기업 본사는 서울에 몰려 있고 글로벌기업의 한국지사도 서울에 있다. 그러나 글로벌 마케팅과 투자를 유치하는 회사가 지방에 있다고 해도 문제가 될 것은 없다.

고속전철(KTX)은 물리적인 거리를 시간개념으로 환치했다. 마포에서 강남까지 차로 가는 시간과 대전역에서 KTX를 타고 서울역에 내려 지하철로 가는 시간에는 큰 차이가 없다. 글로컬(Glocal)은 지역적이지만, 세계적으로 활동할 수 있다는 것이다. 오늘날 우리는 인터넷, 무선통신의 발달로 거리가 소멸하면서 국경을 넘어 시장이 통합되는 시대에 살고 있다. 농촌에서도 어촌에서도 얼마든지 글로벌 비즈니스를 할 수 있다.

중국인 친구 위(衛) 선생은 상해에서 알리바바 본사가 있는 항저우를 오고 가며 일하고 있다. 상해도 항저우도 중국의 수도가 아니다. 워싱턴에 사는 알렉산더도 뉴욕 패션워크로 하루 출장을 소화한다. 화동의 일본 지사장 마쓰다도 쓰쿠바에서 출발하여 도쿄에서 열리는 투자유치 세미나에 참가했다. 이들은 인천에서 열린 투자포럼이 있어 함께 모였다. 많은 이들이 이렇게 지역과 지역을 오가며 국경을 넘어 일하고 있다.

오늘날 ICT 기업들이 몰려있는 실리콘밸리는 샌프란시스코 외곽 변두리였다. 구글 본사는 이 지역에서도 한적한 마운틴뷰에 있다. 네슬레는 1866년 앙리 네슬레가 창업하여 150년 이상 성장하는 기업이다. 연매출 100조 이상의 놀라운 실적을 내는 이 회사의 본사는 스위스 수도인 베른도 아니고, 최대 도시인 취리히도 아니다. 인구 2만이 되지 않는 레만 호숫가의 브베에 본사가 있다. 조용한 시골이 오히려 경쟁력이 있다.

내가 일하는 곳도 지방 도시다. 수도권보다 집값과 임대료가 싸다. 주차 스트레스도 덜 받는다. 도로 정체와 광대역 이동에 걸리는 시간을 고려한다면 서울 시민보다 한 시간 정도 잠을 더 잘 수 있다. 이것은 얼마나 큰 축복인가? 지방에 있어도 글로벌회사를 만들 수 있다. 시골에 있지만, 세계적으로 활동할 수 있다. (Be in local, act globally.)

앙골라 출신 코피 씨,
회사흐름을 바꾸다

다문화는 글로벌 마케팅이 가능한 자산

지방산업단지에서 달걀 자동선별기를 제작하는 E사가 있다. 양계는 중동, 아프리카, 아시아 개발도상국의 주요산업이다. E사는 주문제작 형태로 달걀선별기를 공급한다. 대당 수출가격은 크기에 따라 오천만에서 수억 원을 넘긴다. 이런 사업은 업계 평판과 바이어 소통이 중요하다.

이 회사 창업자, 60대 사장의 제작기술은 뛰어났지만 영어가 서툴렀다. 해외영업을 맡아줄 인재가 절실했다. 외국어가 가능한 젊은이들은 지방공단에서 일하려 하지 않았고 어렵게 구한 인재도 몇 개월 만에 이직해 버렸다. 이렇게 속 썩고 있는데 앙골라 출신 코피(Kopi) 씨가 입사했다. 한국에 유학 왔다가 한국이 좋아 눌러 앉은 사람이다. 콩고어, 초퀘어, 움분두어를 말할 수 있고 포르투갈어와 영어가 능숙하다. 사무실에서 해외문의를 처리하면서 현장에 내려와 틈틈이 기계조립을 돕는다. 자신의 고국과 아프리카 여러 나라는 이런 설비의 수요처다. E사의 수출은 증가했다.

막강한 해외영업부,
1,000억을 넘긴 이유

김 상무의 하루,
강철은 어떻게 단련되는가?

글로벌 강소기업 평가위원으로 S섬유를 평가하러 갔다가 오히려 많이 배우고 왔다. S섬유는 섬유가공을 주력으로 글로벌 패션그룹인 빅토리아 시크릿, 알렉산더 왕, GAP 등과 거래한다. 1억 달러 수출탑을 수상했으며 매출은 1,200억을 넘긴다.

다음은 이 회사의 영업 마케팅 담당 김 상무의 일과이다.

(1) 업계동향 탐지와 위기대응

오늘날 중국을 염두에 두지 않는 사업이란 존재하지 않는다. 한국기업이 세계시장에서 중국과 격돌하는 동안 중국제품들이 국내시장을 잠식하고 있었다. 섬유산업계에서 원가 경쟁력은 절대적이다. 무엇보다 면, 모, 실크 따위의 원재료를 싸게 사야 한다. 김 상무는 스마트폰을 통해 오늘 인도와 중국에서 원사가격이 올랐다는 문자를 받았다. 당분간 원사가 계속 오를 것 같다는 특별한 느낌이 왔다. 업계에 삼십 년 이상 있다 보면 이런 느낌을 받는 날이 있다. 아침회의에서 구매부서에 원사를 바로 비축하도록 지시했다. 비축의 다른 말은 돈이 되는 한 닥치는 대로 사재기를 한다는 것이다. 그는 늘 시장동향을 예의주시한다. 원자재 동향 리포트를 정기적으로 구독하며, 모바일을 통해 수시로 확인한다. 6개월 단위로 원사를 구매 비축하지만, 오늘처럼 비상적으로 확보하는 때를 놓쳐서는 안 된다.

(2) 강철교육

김 상무는 같은 지시를 두 번 하지 않는다. 지나가는 말로 '출장 예정지 비자를 받아 두어라.'라고 말하고 출장 하루나 이틀 전 불시에 데리고 간다. '회사는 준비하는 사람과 일하는 것이 아니라, 준비된 자와 일한다.'라는 것을 알려주는 것이다.

삼성에 위탁교육을 받게 한다. 삼성에 관한 책이 나오면 읽게 한다. 한국에 초일류 기업이 있다는 것은 행운이다. 일등에게 배워야 한다. 패스트패션(Fast fashion)을 선도하는 유니클로의 경영자인 야나이 다다시의 책 100권을 구매하여 모든 직원이 읽게 했다. 독후감을 받고 내용이 좋은 것은 회장께 건의하여 상품권을 수여했다. 교육과 출장을 다녀오면 반드시 보고서를 쓰게 한다. 교육은 그 자체로 그쳐서는 안 된다. 회삿돈으로 배운 내용은 동료에게 전달하고 조직에 침투시켜야 한다.

신입사원이 들어오면 3개월 동안 김 상무가 직접 교육한다. 신입사원에게는 5년 후의 인생을 그리게 한다. 사장 같은 사원을 기르는 것이 교육목표이다. 사직서 쓰는 법과 회사를 고르는 법도 가르친다. 회사와 맞지 않은 사원이 있다면 외국계 회사에 추천하여 이직을 돕는다. 이렇게 이직한 사람들이 자신이 몸담았던 S섬유에 발주한다.

(3) 해외출장

금요일 아침 출근을 해서 업무점검을 하고, 오후 하노이행 비행기를 탔다. 현지에 도착해서는 공장을 순회했고, 현장간부들과 술 한잔을 했다. 월요일 새벽 밤 비행기를 타고, 오전 6시 인천공항에 도착했다. 공항에서 회사로 바로 출근했다. 타부서 사람들은 출장을 다녀왔는지도 모른다.

영업부서의 해외출장은 특별한 것이 아닌 일상적인 업무이다. 출장보고서에는 밥집, 술집, 바이어 용모, 취향… 모든 것을 기입한다. 이것을 사내 인트라넷에 올려 회사 마케팅 자산으로 활용한다. 국정원 보고서 이상이 되도록 철저히 기록하도록 한다.

⑷ 직감적 예측은 업계에 깊숙이 몸담고 열정을 다한 사람에게 주는 선물

맹추위가 엄습했다. 오리털, 거위털 같은 것들이 유행할 것 같은 생각이 들었다. 바로 내몽골로 날아갔다. 거위, 오리 업자를 찾아서 보이는 대로 수매했다. 이것이 대박을 쳤다. 섬유산업계에 근무하는 사람은 광저우, 도쿄, 파리의 상황을 꿰뚫고 있어야 한다. RSS(웹사이트를 방문하지 않고 관련정보를 자동 수집하는 인터넷 서비스 기능) 통해 최신정보를 실시간으로 받는다.

⑸ 07시에서 23시 40분까지, 김 상무의 하루

'그날 일을 그날에 마친다!'

일본 바이어가 회사에 왔다. 술자리를 갖고 저녁 9시 40분경 회사에 다시 들어와서 마저 마무리하지 않은 일을 마쳤다. 그는 가장 먼저 출근하고, 가장 늦게 퇴근하는 사원이다. 오전 7시에 회사 문을 여는 것으로 하루를 시작한다. 어제 작성한 업무목록을 살펴본 이후, 회사 근처 헬스클럽에 가서 숨이 턱에 차도록 달렸다. 이렇게 땀을 흠뻑 빼고, 다시 회사로 돌아와서 일을 시작한다. 미국이 일을 시작하는 밤 11시에 메일을 받고, 이것을 각 담당자에게 배분하면 밤 11시 40분 정도 된다. 퇴근한다.

⑹ 프로는 고수에게 배운다. 김 상무의 벤치마킹

'기업의 혼은 열정이다!'

김 상무도 배우는 조직이 있다. 패션 리테일링으로 7조 원 매출을 올리는 E그룹의 마케팅팀이다. 이 조직은 자사 R&D팀과 사업전략팀을 하나로 묶어 3개월 동안 13개국을 여행했다. 여러 도시에서 경쟁사를 확인

하고 분석하며 거리에서 트렌드를 예측했다. 그 결과 특수레이온을 개발하는 데 성공했다. 이 아이템으로 한 해 6,000억 넘는 사업이 탄생했다.

(7) 상무 부인도 선수, 감동의 김치 마케팅

아내는 회사 일을 열심히 돕는다. 회사가 문을 닫지 말아야 아이들을 키울 수 있다는 것을 알고 있다. 손님 접대에 적극적이다. 바이어가 한국에 올 때에는 부인과 오도록 한다. 남자들이 일을 볼 때 부인들끼리 동대문에서 쇼핑한다. 저녁식사는 집으로 초대를 한다. 요리를 좋아하는 아내는 김치 담는 것을 보여주고 밀폐용기에 넣어 선물한다. 직접 담은 이 수제 김치에 이방인들은 크게 감동한다.

(8) 술집 직원까지 챙기는 상무의 연하장

주소록에 등록된 해외관계자는 6,000여 명이다. 이들에게 연하장을 보낸다. 손으로 연하장을 쓰기 위해서는 7월부터 다섯 달이 걸린다. 먼저 명단을 정리하고 속지 내용을 작성한 다음, 자신의 아이들 손을 빌려 대필하도록 한다. 아이들은 공임으로 한 장에 200원을 받으니까 1,000매에 20만 원의 아르바이트가 되는 셈이다. 서명은 김 상무가 직접 한다.

연하장 명단 가운데는 협력사도 있지만 길에서 만났던 사람들, 식당 종업원도 있다. 매년 이 작업을 반복한다. 해외 어떤 도시도 다시 방문하면 이들에게 연락하고, 반갑게 다시 만난다. 이렇게 만든 우정은 현지공장을 운영할 때 큰 도움이 되었다.

(9) 위대한 족장이 부르는 Brother Mr Kim

회사 휴일, 아랍에서 온 족장이 회사를 방문했다. 그동안 김 상무는 족장의 애경사를 챙겨왔다. 중동에서는 한국에서 온 미스터 김과 브라더 김과는 차원이 다르다. 비즈니스는 관계로 이루어진다. 상품을 파는 셀러(Seller)는 세상에 많고 많다. 거래가 시작되면 이 가운데 몇 사람은 친구가 된다. 그러나 친구를 넘어 형제로 맺어지면, 비즈니스 차원이 달라진다.

시리아에서 거래처 사장과 브라더(Brother)가 되었다. 브라더 압둘라는 전 계열사 사장을 모아놓고 김 상무를 소개했다. 한국, 일본, 중국 사람은 옷을 입어보고 평가한다. 미국은 부착된 태그를 보고 평가하고, 그 태그와 상품과 차이가 있으면 소송을 한다. 아랍인들은 형제의 소개로 평가한다.

⑽ 미국시장 석권, 1,000억이 넘는 이유

회장과 상무의 '충성'

S섬유는 일본기업의 하청을 받으면서 일본의 치밀함과 섬세함을 배웠다. 거래처의 클레임과 반품을 통해 품질은 향상되었고, 회사역량은 단련되었다. 삼성 같은 일등기업에게 배우려는 노력을 쉬지 않았다. 영업과 마케팅을 강화했다. 회사의 포부와 기준을 높여 글로벌기업에 거래제안을 했다. 밤낮없이 일하던 어느 날 드디어 섬유가공 부분에서 미국시장을 석권하게 되었다. 현재 모시는 칠순이 넘는 회장님을 존경한다. 짧은 학력이지만 인생을 바쳐 사업을 만들고 업계를 이끌었다. 회장은 사업에, 나는 회사에 충성을 다했다.

매출 1조,
마케팅이 먼저냐? 영업이 먼저냐?

현장을 탐문한다. 추적한다.
이기는 전략을 만든다.

한 제약사로부터 시장확대를 위한
컨설팅 요청을 받았다. 매출 1조를 넘긴 회사다. 수출팀장과 마주 앉았다.

"우리 회사의 대표상품인 B○○○을 남미에 진출시키려면 어떻게 해야 하나요?"

B○○○은 한국인이 즐겨마시는 기능성음료다.

내가 제시하는 솔루션은 원론적이며 간단했다. 시장조사를 한다. 조사를 직접 해야 한다. 그래도 부족한 느낌이 들면 전문적인 컨설팅 회사에 위탁한다. 그 보고서를 가지고 현지 확인을 한다. 남미에 진출하려면 남미팀을 꾸린다. 먼저 한 나라를 선정한다. 이억 명, 일억 명 이상 시장 인구를 가진 브라질이나 멕시코가 좋겠다. 당신이 인솔해서 상파울루로 또는 멕시코시티에 들어간다. 와이파이가 잘 터지고 조식이 제공되는 레지던스를 빌려 베이스캠프로 삼는다. 현지에서 건강음료를 취급하는 수입자, 유통상들을 방문하고 인터뷰한다. 수사관이 사건을 다루듯이 하나하나 촘촘히 시장조사를 한다. 이 과정을 통해 경쟁사를 파악하고 협력사를 발굴하게 된다.

미국 NBC가 제작한 형사 콜롬보(Columbo)는 살인사건을 추적하는 서스펜스 TV 드라마이다. 콜롬보는 늘 시가를 입에 물고 사시사철 낡은 레인코트를 입고 다니지만, 현장에서 추리하고 추적하고 질문하면서 수사를 진행한다. 총으로 머리통을 날리거나 추격전으로 차량을 뒤집지 않아도, 여러 가설을 세우고 정황을 좁히면서 범인을 잡는다.

마케터 역시도 LA 경찰청의 강력계 형사 콜롬보와 같다. 시장침투에 대한 여러 모델을 세우고 판매채널을 검토한다. 수사관이 기관의 협조를 받는 것처럼 시장조사를 하는 동안 현지기관의 검역, 인허가를 해결한다. 파트너를 만들어 월마트(Walmart), 크로거(Kroger), **코스트코**(Costco) 같은 매장에서 시음하게 한다. 판촉 이벤트를 통해 얻은 고객반응과 시장데이터를 분석한다. 현지 유통망에 대한 경쟁사의 인센티브 정책을 확인하고, 더 좋은 방법을 궁리한다.

그 제약사의 사옥은 안락했다. 멋진 그림도 벽에 걸려 있었다. SWOT 분석, STP 전략, 4P 전략과 같은 시장전략은 목표시장과 18,330km나 떨어진 안락한 빌딩의 회의실에서 그리는 것이 아니다. 현지에서 발품을 팔아 완성하는 것이다. 이렇게 조사하고 확인해서 전략이 나오면 광고를 집행한다. 크리스토퍼 콜럼버스가 신대륙을 발견했던 것은 가족과 떨어져 항해했기 때문이었다. 몸을 대양에 던졌기 때문이었다. 해외담당인 수출팀장, 당신부터 가족과 떨어져 몸을 던진다면 회사는 성장할 것이다.

참고 | 마케팅 전략

- SWOT 분석은 강점(Strength), 약점(Weakness), 기회(Opportunity), 위협(Threat)의 요소를 가지고 경영전략을 수립하는 도구다.
- STP 전략이란 시장세분화(Segment), 목표시장설정(Targeting), 포지셔닝(Positioning)을 통해 소비자에게 다가가는 과정이자 전략이다.
- 4P 전략은 Product(제품), Price(가격), Place(판매장소), Promotion(마케팅)의 마케팅믹스를 통해 시장에 침투하는 전략이다.

글로벌 체질강화, 현장과 바닥영업

코스피 기업, 영업 타고 세계시장으로 가자

한국 유가증권시장에 상장한 코스피(KOSPI)와 코스닥(KOSDAQ) 전체 기업수는 2,303개 사이며, 매출액은 약 2,006조 원이다(2019년 기준). 남북분단이라는 군사적 위험성을 극복하고 정치·사회적 갈등을 조절하면서 시가총액 10조, 100조, 300조 기업들을 탄생시킨 것은 한국인 모두가 쓴 신화다. 지구촌 곳곳에서 한류 브랜드를 심고 있는 우리 기업의 상품이나 광고를 만나면 가슴이 뜨거워진다. 기업을 대상으로 강의하기 전에 그 회사의 사원, 간부와 이야기를 나누며 질문을 한다.

'당신이 싸우고 있는 일판(세계)을 명확히 알고 있나요?'

큰 기업조차도 일부 임원은 자신의 산업생태계(Value Chain)를 명확히 인식하지 못하는 경우가 있다. 글로벌 경쟁사가 어떤 전략으로 자신을 노리는지 알지 못하는 간부도 있다. 대체적으로 기술, 생산 쪽 사람들이 그랬다. 전쟁으로 치면 전쟁의 구조, 전선과 전황을 알지 못한 것과 같다. 매출이 억 대에서 백억, 천억, 조 단위로 상승하면, 세상을 보는 시각과 시장을 다루는 전략이 달라야 한다. 브랜드는 강해져야 하고 전략적인 영업을 해야 하며, M&A를 통해 자신을 방어하고 업계를 지배해야 한다. 한국시장에서는 일등이자 지배적인 사업자이지만, 세계무대에서는 초라한 모습이 적지 않다.

한국에서 L그룹은 호텔의 대명사이다. 그러나 힐튼, 인터콘티넨탈, 메리어트 같은 글로벌 체인을 만들지 못했다. 매출 삼십조 원을 넘기는 한국 일등 보험사 S는 AXA, 푸르덴셜, 알리안츠 같은 글로벌 금융보험사로 성장해야 한다. '감자칩'만 해도 세계일등을 하면 조 단위로 판매할 수 있다. 스낵 프링글스는 140여 개국에서 15억 달러의 매출을 올리고 있다. 한국에서도 조 단위 매출을 기록하는 식품회사가 스무 개가 넘는다. 그런데 왜 크래프트(Kraft), 다논(Danone), 캘로그(Kellogg) 같은 글로벌기업으로 발전하지 못했던 것일까? 한국에서 일조, 십조 한다는 것은 제품과 기업품질을 검증받았다는 것이다. 삼성전자는 반도체 일등, LG화학은 전기배터리에서 세계일등을 하고 있으니 말이다.

철강생산을 주력으로 하는 P사는 거대한 집단이다. 창립회장은 제철보국(製鐵報國)의 신념으로 한국에 철강산업을 일으킨 분이다. 이 회사 연구소에서 강의하게 되었다. 이런 인연으로 몇 임직원과 알고 지내기 때문에 회사 돌아가는 것을 느낄 수 있다. 이 회사는 룩셈부르크-인도의 아르셀로미탈과 신일철주금(NSSMC), 중국의 허베이, 바오스틸그룹과 세계시장을 놓고 격돌하고 있다. 그런데 연구원들은 회사가 치르고 있는 철강전쟁에 대해 별 관심이 없었다. 소재연구를 할 뿐이었다. 월드컵 시즌이 되면 축구는 예선에서부터 국민응원을 시작한다. 그런데 자신의 생존, 회사의 존망, 나라의 미래를 두고 하는 전쟁에는 무관심했다.

오늘날 세계를 지배하는 기업들은 M&A 통해 시장을 통합하고 재편하면서 산업계를 지배해왔다. 늘 먹고 먹히는 산업전쟁을 하고 있는 것이다. 전쟁은 본사만 하는 것이 아니다. 모든 사원은 회사의 전황을 알아야 한다. 전쟁은 말단 조직, 모든 임직원과 협력사까지 함께하는 것이다.

한국 일등기업들이 글로벌 16강에 들고 8강, 4강, 준결승에 가서 결승하려면 본사 임원이 팀장이 되어 현지에 뛰어들어야 한다. 전쟁은 영업마케팅 부서에서만 치르는 게임이 아니다. 생산, R&D, 전략, 재무, 관리 모든 부분이 함께하는 총력전이다.

미궁(迷宮)을 빠져나온
테세우스와 스타탄생

영업이 주는 삶의 변화,
해외진출을 하면 팔자가 바뀐다

대한민국은 세계 6위의 수출대국이다. 수출로 먹고 사는 나라에서 수출이라는 말은 늘 듣고 살지만, 막상 수출하는 사람은 많지 않다. 전국 사업체 402만 회사 가운데 수출을 하는 기업은 8만 7천 개 사로 2.1% 정도밖에 되지 않는다. 그만큼 해외시장 진출은 어렵다. 그러나 당신(회사)이 2.1% 안에 들어가면 생활(Life Style)에 변화가 생긴다.

눈에 띄는 변화는 밥값 걱정에 관한 것이었다. 밥걱정! 이 현실적이고 원초적인 고민이 사람을 웃기게 했다. IMF 시절에도 국내에서는 밥걱정은 하지 않았다. 전화하면 점심을 살 친구도, 저녁에 소주 한잔을 할 선후배가 있었기 때문이었다. 그러나 그 시절, 해외에서는 사정이 달랐다. 시장 개척을 위해 거점을 정한 도시들에서는 한 끼 한 끼를 걱정했다. 환율은 치명적이었다. IMF 이전까지만 해도 달러-원 환율은 800원 선이었지만 이후 걷잡을 수 없이 상승하여 1,962원까지 올랐다.

한국 돈을 바꾸어도 쓸 만큼이 되지 않았다. 열심히 거래선을 찾고 바이어를 방문하는 영업활동을 했으나, 일 년 동안 한 건의 주문도 받지 못했다. 하루하루 경비가 축나고 정말 밥값 걱정에 우울해졌었다. 혼자라면 민박집에서 라면을 먹으며 버틸 수 있지만, 상담이 길어져 식사시간이 다가오면 난처해졌다. 밥을 먹자고 하면 그 값을 누가 내야 할까? 혹시 비싼 곳으로 가면 어떡하지? 이런 갈등으로 고객과 고객수준에 맞는 식사를 할 여유가 없었다. 그러니 영업이 제대로 될 리가 있었겠는가?

산업계에서는 수출하는 사람이 국회의원보다 존경받는 것 같다. 그만큼 해외시장 진출은 어렵다. 국내매출도 힘겨운데 세계시장은 막막하고 해외영업은 고단하다. 제품이든, 기술이든 해외에 판매하고 돈을 받아 오는 것은 언어, 법률, 문화가 다른 시장에 자신의 가치를 전이하는 것이다.

이것은 사람을 재물로 받는 괴물을 처치하고 미궁(迷宮)을 빠져나오는 테세우스의 도전과 같다. 지하 미로(迷路)에는 저작권, 등록, 허가, 검역, 사업 외적 요구 같은 세밀한 복병이 기다리고 있다. 미노타우로스를 처단한 테세우스는 미궁에서 출구를 찾지 못하면 죽는다. 당신은 외국어로 된 서류를 읽어야 하고 원산지 증명을 해야 한다. 상대 마음을 움직이고 내 나라가 아닌 국가에서 품질과 시설에 대한 허가를 받아야 한다.

기업들은 해외시장 진출을 희망하고 있다. 벤처와 기세 좋은 스타트업은 해외투자를 받고 싶어 한다. 당신이 한 번만이라도 해외판매를 통해 수출면장에 이름을 올렸다면, 한국 모든 기업 가운데 수출자 2.1%가 된다. 그 2.1이 되고 실적이 쌓이면, 수출을 원하는 기업뿐만이 아니라 자신의 작품이나 공연, 영화로 해외진출을 하고 싶은 사람, 협회, 단체가 당신을 만찬에 초대한다. 당신의 이야기를 듣는다.

Odyssey 9

해외시장 개척이 처지를 바꾼다

갑질사회, 을도 아니다. 투명인간 취급당하는 '병'

내수를 하면서 겪는 설움은 당해보지 않은 사람은 알 수가 없다. 어느 사회나 갑은 있지만 갑과 을 밑에 '병'

이 있다. 고약한 갑질은 신체학대나 언어폭력이지만, 최악은 인격을 투명화시키는 무시이다. 먹이사슬에서 바닥에 있는 납품업자의 인격은 다른 세상에 존재한다.

약용식물로 만든 입욕제 수출을 위탁받았다. 해외판매 전에는 국내시장 테스트가 필요하다. 창업기업이었고 브랜드가 없는 제품이기에 편의점 같은 유통보다는 약사 추천으로 판매 가능한 약국을 목표채널로 정했다. 아파트 지구에 눈에 띄게 큰 간판을 단 약국이 보였다. 세상의 모든 약을 파는 것처럼 규모가 컸다. 여러 명의 약사가 있었고 당연히 그 약국의 대장 약사를 여러 번 찾아갔다. 그러나 상담시간을 내주지 않았다. 맞은편 카페에서 그 약국을 지켜보며 한가로워지는 시간, 그 대장의 빈 시간을 살폈다. 이렇게 며칠을 보내다가 그의 빈 시간을 찾았고 드디어 제품설명을 할 수 있었다. 그 약국에 위탁 판매하기로 하고 대금은 한 달에 한 번 팔리는 만큼 후불로 받기로 했다. 협상을 마치고 평소 습관대로 악수를 청했다. 그런데 그 사람은 영업하는 사람이 웃긴다는 표정으로 빤히, 말없이, 한동안 쳐다보았다. 내밀었던 손은 난감해졌고 어색한 웃음으로 민망한 손을 거둘 수밖에 없었다. 다른 약국들도 대체로 이런 식으로 사람을 대했다. 약국뿐이 아니었다. 납품을 받는 '갑'들은 대체로 비슷했다. 골프와 술 접대하는 '을'과 대화를 하지만 '병'과는 눈도 마주치지 않는다.

해외시장을 개척하면 처지가 달라진다. 수출이라는 미션을 완수하면 미궁을 빠져나온 테세우스와 같은 영웅이 된다. 달러를 벌어오는 것은 박사학위를 땄거나 고시에 합격했다고 하는 것이 아니다. 돈질한다고 되는 것도 아니다. 한 의학세미나에 초대받아 강의한 적이 있다. 강의 후 나오는데 제품을 개발했다는 의사, 약사들이 자문신청을 했다. 견본을 주며 자신의 연구실 방문을 요청했다. 여러 사람이 자신과 식사하자고 했다. 선택은 나에게 돌아왔다. 선택기준은 제품 좋고 태도가 좋은 사람 먼저다!

경쟁자는 세계일등, 노는 물이 다르다

기업의 차원을 다르게 하는 해외시장 진출

해외시장 진출은 경험의 차원을 다르게 한다. 그래서 노는 물이 달라진다. 한국의 수출제품과 서비스는 대부분 세계일등, 세계이등과 붙어 싸운다. 중소기업 제품들도 마찬가지이다. 일등을 하지 못하면 이등이 되고 그 이등도 모진 도전자를 만나면 삼등, 사등이 되어 시장에서 사라진다. 내가 하는 일은 국내선수를 세계선수권대회에 나가게 하는 것이다. 선수가 센 녀석과 만나면 죽든지, 자신도 모르게 강해진다. 그동안 세계시장에서 맞상대한 기업은 대부분은 나보다 수십 배, 수백 배 이상 큰 기업들이었다. 여기서 우리 기업이 살면 제품력은 강해지고 조직은 세진다. 한 IT 기업을 방문했다. 무선인터넷 접속기를 만드는데 100여 명 직원들이 29개가 넘는 나라에서 2,000억이 넘는 매출을 올리고 있었다.

한국은 권위주의적 사회구조로 되어 있다. 갑질에 익숙하다. '을' 자신도 '갑' 흉내를 내는지 모른다. 그러나 세계시장에서는 동네약국처럼 갑과 을, 병을 구분하지 않는다. 좋은 상품과 서비스를 시장에 공급하는 사람은 대등한 입장에서 만날 수 있다. 지난 마닐라 출장에서 두테에르 필리핀 대통령의 경제고문이라고 할 수 있는 조지 바셀론(George T. Barcelon) 필리핀 상공회의소 회장을 만났다. 그와 비스킷에 홍차를 마시며 이야기했다. 바셀론 회장과 특별한 인연이 있어 환담한 것이 아니다. 전기 배전반을 만드는 고객사를 위해 협조를 당부한 것이다. 좋은 제품은 그 나라를 좋게 한다.

수출하면 규모가 달라진다. 지금 매출액 끝자리에 0을 하나, 혹은 둘 셋 더 붙이는 방법은 무엇인가? 한국시장은 오천만 명이 사는 지역으로 한정되어 있다. 세계시장은 한국시장보다 백배 이상 크다. 삼성, LG, 현대, SK, 두산이 내수만 했다고 생각해 보라. 오늘이 있었겠는가?

조지 바셀론 필리핀 상공회의소 회장 예방.
나는 어깨 수술을 한 직후여서 보조기를 달고 있다.

매출만이 중요한 게 아니다. 수익이 중요하다. 하지만 그것보다도 삶을 몰입시키는 가치가 중요하다. 그 가치품목들은 우리 생활 속에 있다. 배, 딸기 같은 신선 농산물, 유자차, 한과 같은 가공식품, 난연제, 섬유유연제 같은 화학제품, 자동항법장치와 보안시스템, 영화와 패션, 공연 문화 등 그 어떤 것도 좋다. 무엇이라도 해외에 진출시키면 삶에 변화가 시작된다.

수출 중소기업의 평균 매출액은 59억 원으로 전체 중소기업 평균 매출액 4억 3천만 원의 14배에 달했다.(통계청 '기업특성별 무역통계(TEC)로 바라본 수출입 중소규모 기업 분석' 2017년) 확실히 끝자리에 0이 하나 더 붙은 것이다. 수출입 기업은 비(非)교역 기업보다 생존율이 15.9% 포인트 높다. 이 가운데 800개 사는 대규모 기업으로 성장했다.

제3장

세일즈가
영업은 아니다

폭탄주를 돌리면서 넥타이를 이마에 감고 춤을 춘다고 주문을 받는 것이 아니다.

가격을 낮추고 사은품을 밀어 넣는 세일즈도 영업이 아니다.

영업은 고객문제에 솔루션을 제공해야 한다.

건강한 관계로 소통해야 한다.

1만 시간을 넘게 학습하고 단련하여 전문가가 될 때 시장의 문은 열린다.

상처받은 영혼, 문전박대

홍콩 빌딩털기와 오사카의 빗물

갑이 아니었다. 가방에는 상품견본이 있었고, 회사소개서와 무엇인가를 제안하는 서류들이 있었다. 삼십 년 가까이 다루었던 품목은 필터와 콘덴서, 기계부품과 전자기기, 화학소재와 건축자재, 농수산식품까지 천여 가지가 넘었다. 나는 이것들과 전국을 다니고 많은 나라 지구촌 도시를 방문했다. 홍콩에서는 오퍼상들이 밀집해 있는 건물 하나를 찍어 놓고, 모든 사무실 방문을 시도하는 빌딩털기를 하기도 했다.

많은 도시를 가방을 메고 걸었다. 상해, 도쿄, 홍콩, 런던, 리오……. 열사(熱砂)의 도하, 동토(凍土)의 타슈켄트에서도 배회하는 집시였으며, 방황하는 유목인이었다. 도쿄에 세이코, 도시바, 샤프 같은 회사에 제품설명서를 만들어주는 회사가 있다. 이 회사가 업무제휴를 하자고 제안해 왔다. 그 회사는 한국 시장진출을 원하고 있었다. 일본 출장길에 도쿄 외곽에 있는 그 회사에 들렀다. 교실 같은 사무실에서는 설명서를 작성하는 40여 명의 직원이 조용히 개미처럼 일하고 있었다. 마침 점심시간이 되었다. 그 회사 한국 담당직원과 근처 우동집에서 식사했다. 삼십대 후반인 그에게 영업하면서 가장 어려운 것은 무엇이냐고 물었다. 그는 잠시 식사를 멈추고 생각하더니 "문전박대였습니다.(あれは門前払いでした.)"라고 말했다. 그 말의 의미를 단박에 알 수 있었다. 나의 일상이었기 때문이었다.

출장 어느 날, 비가 내렸다. 오전에 시작한 상담을 마치니 오후가 되었다. 다른 거래처를 개척하러 오사카 교외 쯔루하시 시장으로 나섰다. 어깨 한쪽에는 제품리스트와 서류, 노트북을 넣은 가방을 메었다. 다른 쪽에는 파우치 한 봉의 무게가 1kg이 되는 삼계탕, 육개장 레토르트 제품 열 개를 스포츠 가방에 담았다. 이 시장은 재일교포 상인들이 몰려 있는 한국식품의 집산지이다. 일본 택시비는 비싸다. 아무 생각 없이 택시를 타고 다니면 항공료 이상의 비용이 나온다. 전철을 두 번 갈아타고 내려서 시내버스에 올랐다. 어깨에 짐과 가방 하나씩을 메고 지하철 계단을 몇 번이나 오르고 내리며 정류장에 간다. 며칠 동안 이런 식의 이동이 피곤했다. 어깨가 결리고 목이 뻣뻣해졌다. 보도는 빗물에 미끈거렸고 걷기는 불편했다. 걸을수록 가방에 들어있는 내용물들이 따로 놀며 덜렁거렸다. 구두 속에 빗물이 들어가서 발을 내디딜 때마다 양말과 발바닥이 척척하게 붙었다 떨어지며 엇갈렸다.

그렇게 찾아간 상점은 닫혀 있었다. 당연히 며칠 전에 통화를 하고 약속을 잡은 곳이다. 무슨 일인가 어리둥절하고 있는데 휴대폰으로 전화가 왔다. 갑자기 일이 생겼다고 했다. 그리고 그는 편하게 말했다.

"다음에 다시 오세요."

갑자기 현기증이 일었다. 아니 한국에서 온 사람을 다시 오라고?

잠시 후 "세상은 무대고 인생은 연극이다."라고 한 셰익스피어의 말이 생각났다. 끓어오르는 감정을 감추며 연극배우처럼 아무렇지 않은 듯 말했다. 전화를 집어 던지며 욕하고 싶었지만 일본 관서지역에서 한류식품을 가장 많이 파는 이 시장을 잡아야 했기 때문에 참아야 했다.

"예. 그렇게 하겠습니다."

씁쓸한 부화가 뱃속 깊은 곳에서부터 올랐다. 숙소로 돌아오는 길에 이렇게 바람맞은 이유를 생각해 보았다. 그것은 문전박대도 아니었다. 얼마나 먼 곳에서 왔든지, 어떤 비용과 수고를 들였는지? 그 사람에게는 의미가 없었다. 나는 귀하지 않았다. 그 상점에 수없이 오고 가는 세일즈맨에 불과했던 것이다. 비 맞으며 왔던 그 길을 되돌아갈 수밖에 없었다. 풀어놓지도 못한 무거운 견본을 어깨에 그대로 매달고 있었다. 장마에 젖은 저녁, 칙칙한 시장골목을 걷는데 송골매의 노래 〈빗물〉이 떠올랐다.

......

돌아선 그대 등에 흐르는 빗물은

이 가슴 저리도록 흐르는 눈물 (중략)

Odyssey 2

영업의 첫걸음, 고객이해

태권도 유단자도
얼간이가 되는 이유

도쿄 마루노우치는 일본 금융산업의 중심지이다. 은행 본점들과 대기업의 본사, 오피스타운이 밀집해 있다. 삼십 대 후반, 일했던 사무실이 그곳에 있었다. 세일을 하는 품목은 중소기업들이 나에게 위탁한 세제부터 절수용 사워기까지 다양했다.

구글 검색이 없던 시절, 전화번호부를 뒤져서 바이어를 찾고 방문했다. 일본인들은 세일즈맨의 설명을 잘 경청했다. 그러나 구매하지는 않았다. 다음 날 아침에도 신오쿠보 민박집에서 전철을 타고, 지구촌에서 땅값이 가장 비싼 곳으로 출근했다.

전화를 하고 팩스를 보낸 뒤 빌딩 속으로 세일을 나갔지만, 성과는 없었다. 난 군대에서 태권도 단증을 취득한 유단자다. 그러나 허탈한 날들이 반복되니 유단자인 나도 실의에 빠져 멍청한 얼간이가 되는 것 같았다. 이 모습이 딱했는지 도쿄 코트라(KOTRA)에 근무하는 50대 후반 에부쿠로 상이 자신이 아는 도큐핸즈의 구매담당자 전화번호를 건네주었다.

도큐핸즈는 세계정상의 생활용품 전문백화점이다. '아, 도큐핸즈를 만날 수 있다니!' 잠이 오지 않을 지경이었다. 그러나 그 잘난 구매담당자(MD)와 통화하고도 약속이 잡힌 것은 두 달이 지나서였다. 구매부서는 멋진 매장 건물이 아닌 별관에 있었다. 사무실과 복도까지 상품상자들이 잔뜩 쌓여 있는 낡은 건물이었다. 담당직원은 이십 대 후반 정도로 보였다. 그는 상품 설명을 듣더니 검토하고 연락주겠다고 했다. 그것으로 두 달을 기다린 면담은 끝났다. 한 십 분 정도 이야기한 것 같다. 준비한 견본을 그의 책상에 놓고 나오는데, 덜덜거리는 엘리베이터를 타고 올라오는 나 같은 사람들이 있었다. 무엇인가를 입점하고 싶어서 오는 여러 국적의 다양한 사람들….

이후 어떻게 진행하고 있는지 몇 번 전화했다. 그의 목소리에는 대수롭지 않은 것으로 귀찮게 한다는 느낌이 묻어 있었다. 일본에 온 지 일 년이 되어 내일이면 귀국해야 하는데 막막했다. 거래 같은 것은 해 보지도 못하고 빈손으로 돌아가야 한다는 것이 분했다. 이 생각 저 생각으로 마루노우치를 걷다가 도쿄역까지 오게 되었다. 마침 눈에 보이는 술집에 들어가 찬 맥주를 마시는데 처연한 심정이 되었다. 열심히 했는데 왜 이렇게 되었는가? 그해 사건을 복기하고 발견한 문제는 다음과 같았다.

⑴ 팔려고만 했다

이 제품은 좋은 것이라고 이야기했다. 개발자, 제조자, 세일즈맨은 자신의 것이 좋다고만 한다. 그러나 세상에는 좋은 것이 얼마든지 있다. 그 어린 담당자에게는 그렇게 훌륭하게 보이지 않을 수 있는데 나도 이렇게 주장하는 한 사람이었다. 팔기 전에 유사한 제품, 경쟁제품, 대안이 될 수 있는 제품에 대한 차이를 설명했어야 했다. 구매사용자가 받을 편익과 경험 데이터를 제시했어야 했다.

⑵ 내 상대, 고객의 욕구(Needs) 파악해야 했다

최고의 생활용품을 판매하는 회사의 구매담당자로서 상품을 선별하는 기준과 고민이 있다. 그가 입점시켰던 상품매출과 그 매출에 연동되는 자신의 실적, 경쟁사의 추세와 시장의 반응, 다음 트렌드… 그를 만나기 전에 내가 속한 상품 카테고리를 조사했어야 했다.

⑶ 사람이 아닌, 상품에만 집중했다

그는 지인의 소개로 만나 주었다. 그것을 계기로 그를 탐구(?)했어야 했다. 그날 이후 시원치 않은 반응에 실망하지 말고, 신상품이 나오면 보내고, 잊을 만하면 안부를 묻고, 창의적인 방식을 찾아 입점제안을 했어야 했다. 그날 도큐핸즈를 통해 단품 세일이 얼마나 위험한 것인지를 알았다.

제품 하나는 팔 수도, 못 팔 수도 있다. 한 종의 상품, 하나의 서비스만으로 창업하는 것은 위험하다. 당신은 바이어의 YES 아니면 NO 속에 들어있다. 이것은 러시안룰렛보다 죽을 확률이 높은 경기다. 아이템들을 모으면 상품라인이 되고 이 라인들이 모여 카테고리를 만든다. 상품은 지속해서 라인에 올려야 하고 카테고리를 주도하는 킬러가 되어야 세일즈 파워가 생긴다.

세상에서는 누군가는 발명을 하고 누군가는 제품을 만든다. 기술이든, 완성품에 들어가는 중간재이든, 아니면 제품들이 복합적으로 결합된 플랜트이든 누군가는 이것을 공급하고 유통한다. 그것이 우리 생활을 개선하거나, 세상을 아름답게 하거나, 관계자의 실적에 도움이 되지 않으면 버려진다. 담당자의 환경, 고객의 문제, 시장의 수요(Needs)를 조사하고, 그 세계를 이해하는 것으로 영업은 시작된다. 그날, 그 구매담당(MD)이 말하게 하고, 그가 찾는 것을 물어야 했다.

영업이란
세일즈가 아니다

조급해하지 말고 관계 만들기

한 바이오 벤처기업 대표가 연락을 해왔다. 그는 국제학술대회까지 개최하면서 국내외 네트워킹에 힘을 쏟으며 해외판매를 위해 노력했지만, 성과가 없다고 했다. 그런데 내가 자신들과 같은 종류의 제품을 수출한 기사를 보고 충격을 받았다고 했다.

그는 진지하게 물었다.

"사장님 저는 KOTRA, 무역협회, 시도의 해외시장개척단 등 정부가 실시하는 거의 모든 프로그램을 따라다니며 여러 나라 전시회에 참가하고 큰 기업도 방문했지만, 성과가 없었습니다."

(1) 제품보다 관계가 우선이다

많은 사람은 제품으로 승부를 내려고 한다. 자신이 얼마나 우수한지 설명을 하면서 끝없이 사람을 찾아다니지만, 만나는 것으로 경기는 끝난다. 세계시장에 나가려 하는 제품의 품질, 온전한 기술은 기본조건이다. 한 시장을 좌지우지하는 바이어들로 해당제품에 대해 도가 튼 사람들이다. 상품을 매개로 성실하게 믿음을 주어야 한다. 문의(Inquiry)에 대한 응답은 즉시 한다. 요청한 견본발송은 일주일을 넘기지 않는다. 구매자가 한국에 오면 정성껏 안내한다. 방문하면 답방한다.

영업을 시작해서 수출이라는 성과를 만드는 데는 최소한 2년에서 3년, 심지어는 10년 이상이 걸린다. 화장품 원료는 바이어를 발굴한 이후 시장수요에 맞추어 제품을 재조정하는데 일 년 이상이 걸린다. 완제품은 판매에 필요한 위생허가를 취득하는 것에도 일 년 이상의 시간이 소요된다. 이런 절차를 진행하면서 법정 수입자를 확정하고 초기시장을 확보하는데 2~3년이 화살처럼 날아간다.

해외 플랜트는 파트너를 찾아 사업제안을 하고, 시공의 법적 절차를 검토하고, 지급보증과 결제은행을 확보해서 현지에서 첫 삽을 뜨는 데 몇 년이 흘러간다. 현지에 시간과 돈을 깔아 놓고 하는 것이 해외사업이다. 사업추진에 자본이 적절하게 공급되지 않거나 조바심을 내면 해외사업은 할 수 없다. 많은 기업인은 자신의 제품으로 빠른 승부를 내려고 한다. 그 상품이 얼마나 우수한지 설명하면서 끝없이 수입상을 찾아다니지만, 당장 구매하지 않는 결과에 실망해서 인간관계도 그쯤에서 끝을 낸다.

청주 라마다호텔에서 충청북도가 주최한 해외바이어 초청상담회가 있었다. 나도 고객으로부터 위탁받은 상품을 들고 셀러로 참가했다. 상담을 마치고 상담회 하루 동안 얼굴을 익힌 바이어에게 식사초대를 했다. 한류 나라에 온 사람들이 호텔 뷔페가 아닌 현지 음식을 먹고 싶어 하는 것 같았기 때문이었다. 중국, 일본, 홍콩, 싱가포르, 베트남, 타이, 러시아에서 온 사람들에게 맥주에 소주를 말아 돌리고 풍족하게 식사대접을 했다. 이들은 잘 먹고 즐거워했다. 적지 않은 비용이 나왔지만, 내가 이 사람들

나라들을 찾아다니는 것보다는 적은 금액이었다.

대전에서도 수출상담회가 열렸다. 공식행사를 마치고 바이어 전원을 유성에 있는 조개구이집으로 초대했다. 처음 만난 사람들이었지만 객실에서 TV 채널을 이리저리 돌리다 잠을 자는 사람들을 위로하고 싶었다. 내 초대가 아니었으면 낯선 거리를 서성이고 침대에서 뒤척였을 것이다. 타이완 홈쇼핑 벤더 앤디, 일본 수입상 나오키, 싱가포르 바이어인 알프레드는 이날 밤 조개구이로 친구가 된 수입상들이다.

이런 식으로 정을 주고 친구로 삼았던 사람들이 서로가 출장을 가면 공항에 마중을 오고 호텔로 찾아와 밥을 산다. 이국의 도시에도 술잔을 나눌 수 있는 친구가 있다는 것은 행복한 일이다.

(2) 당장 팔려고 조급해하지 말자

당신이 세일즈맨으로만 있으면 작아진다.

당장 판매에 연연해 하지 말고 꾸준히 소통하는 것이 중요하다. 팔고 사는 관계 이상으로 서로 좋아질 수 있는 것을 찾아 친구가 되자. 친구는 무엇인가? 즐거움을 나누고 불편함을 감수하는 사이가 아닌가? 잠재적인 바이어나 파트너가 한국에 오면 즐겁게 안내를 하자. 식사를 함께하고 공연이나 경기가 있으면 같이 본다.

미니스쿠터를 만드는 MC 사 대표는 중국 협력사 사장의 딸을 한국에 유학하게 했다. 어떻게 보면 부드러운 방식으로 인질(?)을 잡은 것이다. 자신이 진출하고자 하는 나라의 도시에 있는 대학에 장학금을 기탁한다. 이렇게 만든 인연은 작은 클레임으로 인해서 거래선을 바꾸는 일을 없게 한다. 그 회사는 정성으로 만든 길을 타고 미국, 중국을 비롯하여 아프리카 여러 나라에 수출한다.

이와 다른 사례도 있다. 자동차부품 오퍼를 하는 장 사장은 지금도 분통을 터트린다. 협력사 소개로 연결된 바이어를 만나기 위해 쿠알라룸푸르를 경유하여 사우디아라비아까지 19시간 날아갔지만, 그것은 그의 사정이었을 뿐이었다. 그는 제다의 한 호텔에서 반 시간도 안 되는 면담을 하고 돌아오는 비행기를 잡아야 했다. 물론 사전에 회사와 제품소개도 보냈다. 그러나 손이 크다는 압둘라와 어떤 교감도 관계도 없었다. 와서 보자는 이야기는 거래하겠다는 말이 아니었다. 업계에 알려지지도 않았고 어떤 공헌도 없었던 미스터 장에게 그 아랍상인은 냉정히 가격만 보았다.

Odyssey 4

접대가 아니다.
솔루션을 제공하는 것!

지식 없는 보험세일과
고객센터로 답을 돌리는 자동차영업

　　　　　　　　나도 한때 노래방에서 넥타이를 이마에 감고 노래를 불렀다. 폴 엥카(Paul Anka)의 〈다이아나(Diana)〉에 맞추어 몸을 흔들며 춤을 추었다. 그러나 이것은 영업의 본질이 아니다. 이런 접대를 했다고 해서 주문을 받는 것도 아니었다. 영업의 승패는 고객의 문제를 해결(Solution)할 수 있는 실력에 달려있다.

　오래전 지인의 권유로 변액보험에 가입했다. 평생 살펴 주겠다는 그 지인은 다른 보험사로 자리를 옮겼다. 얼마 후 한 남자가 나를 담당하게 되었다고 전화했다. 그때 가입 십 년 만에 그동안 불입한 내용을 살펴보았다. 결과는 은행 정기예금에도 미치지 못하는 마이너스 수익이었다. 한

66

국 최고 회사에서 머리 좋은 사람들이 운영하는데 실적이 왜 이 모양인지 궁금해졌다.

한 찻집에서 그를 만났다. 내 담당자는 40대 후반, 일한 지 9년이 넘었다고 했다. 나는 물어볼 것이 많았다. 그러나 그는 연금과 연동되어 있는 채권과 주식, 금리의 속성에 대해 아는 것이 없었다. 두 번을 더 만나는 동안 내가 원하는 대안을 찾지 못했다. 이런 식으로 십 년을 더 낼 경우, 예상되는 결과와 같은 금액으로 대체할 수 있는 다른 투자방법은 무엇인지? 불안한 세계경제 속에서 채권이나 주식, 금 같은 현물 가운데 어떤 비중을 늘려야 하는지? 이런 문의에 대한 대답이 그의 매뉴얼에는 없었다. 매번 사무실에 들어가서 물어보고 알려준다고 했다가 상품설명서 같은 것을 보냈다. 2년이 지난 지금까지 회신이 없다. 그는 준수한 외모에 반듯이 차려입었지만, 당면한 고객문제에 대한 솔루션을 제시하지 못했으며 성실하지도 않았다. 오늘은 또 새로운 담당자에게 전화가 왔다.

자동차 작동이 언젠가부터 전자식으로 바뀌기 시작했다. 얼마 전 승용차를 샀는데 음성인식, 블루투스 연결, 블랙박스 따위에 모르는 것이 생겼다. 계기판에도 알지 못하는 표시가 깜박였다. 당연히 나에게 차를 판매한 분께 전화했다. 그는 자신도 모르겠다며 고객센터 번호를 알려 주었다. 그 번호는 오히려 나를 복잡한 미로 속으로 끌고 들어갔다. 음성안내로 터치식 번호를 몇 번 누르게 했다. 한참을 기다린 끝에 상담원과 연결은 됐지만 친절하게 응대하는 상담원도 해결은 하지 못했다.

몇 번을 더 시도하다가 포기하고 평소에 알고 지내던 다른 영업소 직원에게 연락했다. 그는 원인에 대해 간명히 설명하고 몇 가지 작동을 지시했다. 문제는 풀렸다. 그날 이후 내 휴대전화에 그의 이름은 '자동차 박사'가 되었다.

해외진출, 투자유치, 통상은 국가 사이의 거래다. 수출바이어의 구매는 20피트, 40피트의 컨테이너 단위다. 수입자는 상품에 대한 허가, 검역, 통관, 세금처리, 물류와 창고비용 말고도 판매를 위한 광고와 홍보비까지 부담한다. 새로운 제품을 수입한다는 것은 리스크를 떠안는 모험이다. 냉철할 수밖에 없다. 클레임이 발생하면 반품을 감내해야 하고, 소송에 휘말리기도 한다. 이런 프로선수를 상대하는 일이 어찌 술과 골프로 되겠는가?

Odyssey 5

판매원이 아니다.
당신은 컨설턴트

상품은 지식을 제공하는 것이다

해외도시에서 수출과 투자상담회를 개최하고 현지 파트너를 소개하는 것이 내(회사)가 하는 일이다.

중국 진출을 희망하는 고객을 위해 회사는 천여 개 소매점을 가진 유통기업을 수배했다. 지사장은 호텔 상담이 아닌 수만 점의 상품이 진열된 본사 매장에서 구매상담회를 하도록 했다. 이십여 명의 한국회사 임직원이 상해에 모였다. 기업들이 상담하는 시간에 그룹회장이 나와 관계자에게 매장을 직접 안내했다. 그러나 그 판매장은 넓은 면적에 비해 특징이 없었고, 핵심제품에 대한 강조도 없이 상품을 평면적으로 진열하고 있었다. 나는 그 회장에게 잘 팔리는 상품 20%에 대한 판촉과 수익에 영향을 주는 동선, 개성 있는 상품진열 등에 대해 조언했다.

최근 대형할인매장의 수익률이 줄고 온라인 매출이 높아지는 추세에 대해서도 말했다. "차입을 통해 건물을 임차했을 것이다. 경기가 좋으면 유지하겠지만, 경기가 나빠지거나 금리가 오르면 금리 방어를 못 할 수 있다." 이 대목에서 그의 눈이 반짝였다. 다음 달에 지역 대리점 대표 삼백여 명이 모이는데 마케팅 강의를 해 달라고 했다. 관계가 시작되는 순간이었다.

나는 지구촌 어떤 도시를 가도 월마트, 카르프, 코스트코 같은 매장을 방문한다. 그뿐만 아니라 백화점, 전통시장, 지하시장 전체를 살핀다. 주요상품의 진열, 포장형태, 트렌드에 따른 변화, 유통기간에 따른 제품 처분과 세일을 통해 20%의 고객이 전체 매출 80%에 이바지하는 파레토 법칙과 작은 아이템들이 기여하는 롱테일법칙을 내 시선으로 분석한다. 유통산업에 관한 기사는 RSS로 수신한다. 틈틈이 주요국가의 산업통계를 살펴본다. 내가 다루는 제품이 최종적으로 판매되는 현장과 경영에 관한 공부는 하루에도 몇 번이나 차를 마시는 일상과 같다.

글로벌 마케터,
1만 시간의 법칙이 아닌 이유

심장이식수술에는
더 많은 경험이 필요하다

기술거래와 플랜트에는 복층적인 문제해결 능력이 필요하다. 해외사업을 하다 보면 그 나라 실력자와 끈이 있다고 주장하는 사람을 만난다. 그들이 없는 말을 하는 것은 아니겠지만,

그 나라 국왕을 만났다고 해서 태양열발전소를 수주하는 것은 아니다. 원자재와 설비를 옮겨놓는 무역절차와 비용분석, 에너지절감률, 기존 전기에 대비한 kW당 가격, 부지확보와 건설에 따른 손익분기, 전기 재판매에 대한 구조와 이에 대한 데이터를 확보해야 한다.

현실의 문제를 가지고 있는 산업은 지식과 정보, 경험이 있는 파트너를 찾게 되어있다. 따라서 당신은 세일즈맨이 아니라 컨설턴트가 되어야한다. 상대의 파트너가 되어야 한다. 당신이 제공해야 하는 것은 접대가아니라 문제해결 능력이다.

앞서 언급한 그 변액보험 담당자는 자신이 파는 상품뿐이 아니라, 생애 전반과 기업 경영정보를 제공했어야 했다. 금융과 생애주기, 기업재무에 대한 솔루션을 가지고 있었더라면, 이야기는 더 이어지고 나는 그를 친구들에게 소개했을 것이다. 태양광발전 설비는 몇 MW짜리 견적이 아니라, 현지의 에너지 문제를 해결하고 시스템을 최적화하는 솔루션으로수주한다.

한 산업분야에 필요한 문제해결을 위한 지식, 경험을 얻기 위해서는 말콤 글래드웰이 말한 1만 시간 이상이 필요하다. 아니 그것으로는 부족하다. 만약 당신이 심장을 이식해야 한다면 개업 3년 차 의사에게 집도를맡길 수 있을까? 1만 시간을 겨우 채운 변호사와 함께 해외소송에 대응한다면 어떠할까? 아마도 무척이나 긴장할 것이다. 나 같은 평범한 사람이전문가가 되려면 3만 시간 이상의 학습과 경험축적이 필요하다. 하루 8시간, 삼 년을 세 번 반복. 10년이 필요한 시간이다. 한 계통의 일가를 이루려면 10년은 한 분야에 몰입해야 한다. 전문가가 되면 술자리를 자주 하거나 휴일에 불려 가서 접대 골프를 하지 않아도 된다. 할부와 기름값 걱정을 하면서 최상급 자동차를 타고 다니지 않아도 존경받는다.

마인드 쇼핑,
알루미늄 광산과 아내를 위한 보석

"미스터 트럼프,
무엇을 도와드릴까요?"

맨해튼에 황금빛 트럼프 빌딩이 있다. 미스터 트럼프를 만난다면 이렇게 말할 수 있다.

"필요한 것을 말씀해보세요. 나는 당신을 돕기 위해 왔습니다."

명품 백화점인 파리의 갤러리 라파예트, 모스크바의 굼이나 두바이의 에미레이츠에 가도 나는 살 것이 별로 없다. 시계는 잘 가면 되고 액세서리는 결혼반지 하나로 충분하다. 구두는 금강제화가 발에 편한 명품이라고 생각한다. 의식적으로 실용적인 가치 이상 돈을 쓸 형편이 아니라고 생각했던 것 같다. 이것은 산업현장에서 활보하던 나의 개인 스타일이라고도 할 수 있다.

출장지에 왔다고 온종일 일만 하는 것은 아니다. 출장 중에 휴일이 들어있거나 협력사를 오가는 길에 쇼핑할 틈이 있다. 이때는 시장조사를 겸해 기계 부품 도매상, 제품별 전문상가를 찾지만, 백화점에서는 통 재미가 없었다. 런던 헤로즈에서는 진열된 명품보다 매력적인 여성 판매원에게 눈길이 갔다. 그러나 그 여성들이 나를 대하는 반응은 무표정했다. 무엇인가 구매할 사람이 아니라는 것을 한눈에 알아채고 있었던 것 같다. 그래서 이번 홍콩 출장에서는 만수르 왕자처럼 쇼핑을 해보자고 생각했다. 반짝이는 것을 좋아하는 아내를 위해 몇십만 달러가 넘어도 목걸이, 팔찌,

반지 세트를 사자고 마음먹었다. 이것은 실제 돈이 들지 않는 마인드 쇼핑을 말하는 것이다.

호텔 밖으로 나오니 홍콩을 대표하는 쥬얼리 프랜차이즈인 주대복이 보였다. 잠시 매장 구경을 한 다음, 10만 달러 정도 하는 제품 몇 개를 살펴보고 가볍게 웃으며 가격을 물었다. 나는 곧이어 2층 귀빈실로 안내되었다. 검은색 정장을 한 매니저와 여직원들이 고개 숙여 인사했다. 한 어여쁜 여직원이 향기로운 재스민차를 내왔다. 그날 런던에서 그냥 보고만 나오자고(Just looking and out) 했던 해로즈백화점에서의 무반응과는 다른 대접이었다. 나는 상상 속에서 결제 직전까지 구매를 이행하는 마인드 쇼핑을 즐겼다.

참고 | 마인드 쇼핑(Mind Shopping)

마인드 쇼핑이란 내가 만든 개념이다. 구글 검색을 해보았지만 이런 단어 풀이는 나오지 않았다. 이것은 눈으로만 보고 지나치는 '윈도우 쇼핑'이 아니라 돈을 지급하지는 않지만, 마음속으로 구매하는 적극적인 행위를 말한다. 마인드 쇼핑, 이 훈련을 하면 평생을 풍족하게 지낼 수 있다. 금괴와 500캐럿 다이아몬드는 물론 백화점 체인과 알루미늄 광산, 디즈니랜드도 몇 개씩이나 사고팔 수 있다.

중소기업이 거래하고자 하는 글로벌기업은 자신보다 수백 배 이상 크다. 출장비도 변변치 않은 작은 회사의 영업사원이 마천루 도시에 출장을 가고 건장한 요원이 지키는 검색대를 지나 바이어 사무실에 들어설 때는 마음이 졸아들기도 한다.

수백 명이 함께 일하는 사무실, 수천 명이 들어가 있는 빌딩 사옥이 주는 위용에 주눅이 들 수 있다. 그러나 위축될 것 없다. 마인드 쇼핑처럼 적극적으로 행동한다. '당신에게 부탁하려고 온 것이 아니다.', '도우려고 왔다.'라고 생각하자.

이 마인드 쇼핑이 실제 거래로 전환되려면 혁신적이어야 한다. 당신의 상품과 서비스가 좋거나 싸거나 빨라야 한다. 세상에 없었던 탁월한 것이라면 더 좋다. 이것들 가운데 하나만 있어도 얼마든지 마인드 쇼핑을 넘는 실제 거래를 할 수 있다.

Odyssey 8
해외영업은 커뮤니케이션

비즈니스는 고객과 시장과의 소통

(1) 문자 한 통이 사업을 만든다

우리는 많은 사람을 만나지만 서로에게 성의가 있는 사람과 인연이 된다. 마루토미 사장은 한국, 중국, 일본을 오가면서 사업을 한다. 한국에 올 때마다 문자로 성실하게 안부를 묻는다.

"今日ソウルに来ました。お健康ですか?" (서울에 왔습니다. 건강하시지요?)

그 방식을 배운 나도 교토에 도착한 늦은 시각, 한술 더 떴다.

"사장님 뵙고 싶습니다."

이 메시지로 우리는 그날 밤 야타이(일본 포장마차)에서 술잔을 나눌 수 있었다. 그리고 얼마 후에, 인천을 통해 출국하는데 그도 공항에 막 들어왔다는 문자를 받았다. 상담회에서 만난 인연이 밤늦은 포장마차에 이어 공항으로 이어졌다. 교수님처럼 알려주는 것을 좋아하는 그는 마르크스 경제학을 전공했지만, 사업을 한다.

대덕 특구에서 열린 클러스터 모임에서 명함을 서른 장 정도 받았다. 그 가운데 한 사람만이 문자 메시지를 보내왔다.

"만남을 소중히 여기며 앞으로 좋은 인연이 되었으면 합니다. S."

당연히 문자를 본 나는 전화를 했다. 이어 일정을 잡았고 S 사무실을 방문했다. 그의 사업은 '인재 파견'이었다. 문자 한 통이 다시 만나게 했고 식사를 하게 했다. 함께 밥을 먹으면 상대가 어느 정도 파악이 된다. 태도, 테이블 매너, 식당을 정할 때 드러나는 취향……. 최근 아시아의 헤드헌팅 회사들은 IT 인재를 찾고 있다. 다나카 사장도, 쓰루마키 고문도 한국의 협력사를 부탁해왔다. 이들 파트너로서 S사가 '딱'이라는 생각이 들었다.

이처럼 문자, 소리가 나지 않는 텍스트 메시지는 효과적이다. 상대의 회의와 운전을 방해하지 않는다.

부산에 출장 갔다가 해변에 있는 모텔에서 잤다. 새벽 항구에 배가 들어오는 것을 보니 가슴이 벅차올랐다. 이 장면을 찍고 몇 사람에게 메시지를 날렸다.

"생명의 서시! 새벽을 보는 것은 깨어있는 자가 누리는 축복"
"희망은 꿈꾸는 자의 것이다."

직원들에게도 보내 보았다.
짧은 답장도, 'ㅎㅎ', 'ㅋㅋ' 식으로 답을 주는 이도 있었지만, 무응답도 있었다. 응답과 무응답, 누가 고객을 관리할 수 있을까?

(2) 영업 체질이 있다? 다른 이유를 찾아라!

회사 내부에서 발생하는 것은 '비용'이지만, '수익'은 시장이라는 외부에서 만들어진다. 영업은 생존과 성장을 위한 기본활동이다.

이 글을 쓰는 휴일 오전 방콕에서 통관문제를 상의하는 문자를 받았다. 광저우에서도 전화가 왔다. 해외 워크숍에서 만났던 젊은 실무자들이었다. 휴일이었지만, 다급한 마음에 SOS를 친 사람을 위해 전화를 받았다. 나 역시 휴일에도 일하는 관세사를 연결해 주었다. 현지에 연락해서 그들을 도울 수 있는 협력사를 소개했다. 금쪽같은 휴식을 방해하고 번거로운 일이었으나 어려운 것은 아니었다. 이 덕분에 이 회사에 내 직원이 간다면 대접을 받을 것이다. 아직은 거래가 없지만 이렇게 진 신세가 그들의 뇌리에 각인되어 쌓일 것이다. 관계에는 가격 말고 다른 요소도 관여한다. 나는 적지 않은 시간 동안 영업을 했다. 그러나 아직도 서툴다. 거절에 대한 공포 때문이다. 'No'라는 대답은 두려운 말이다.

가끔 중요한? 목적으로 갑자기 나타나서 세일즈하는 사람이 있다. 지역에 관한 봉사 없이 선거철에 혜성처럼 등장하는 정치인도 있다. 그들은 판매와 당선이라는 목적을 달성하면 보이지 않았다. 영업을 돈벌이 수단으로만 생각하면 사업을 수주할 수 있지만, 관리를 하지는 않는다. 후속처리가 불분명하고 전달이 느리다. 어떻게든 프로젝트를 진행하지만, 품질이 나쁘다.

결국, 평판이 나빠져서 재계약을 하거나 다른 고객을 소개받을 수 없다. 그래서 늘 새로운 대상을 찾아 나선다. 당연히 수익률이 낮아진다. 고백하자면 나 역시도 급한 마음에 부끄러울 때가 있었다. 사업의 본질은 고객에게 편익(Benefit)을 제공하는 것으로 수익을 가져오는 것이다.

영업은 자신과 고객, 시장과 소통하는 것이다. 전화하고 메일을 주고받는다고 소통하는 것이 아니다. 수고스럽지만 교감하며 목표를 달성하는 것이다.

'을'이면 어때? 영업이 갑이다

을도 아닌 '병'의 처지

(1) 차갑고 무성의했던 사람들

수출마케팅 회사의 영업이라고 하면 해외에서 이루어지는 일이라고 생각한다. 그렇지만 수출을 위해서는 국내 거래선을 발굴해야 한다. 가능성 있는 기업을 발굴하기 위해서 정부기관을 방문하여 협조를 구한다. 조합과 협회, 단체를 방문한다. 이렇게 전국을 다니는데 외방인(外邦人, Foreigner)을 맞는 기관과 지자체 담당자의 태도를 보면 가지각색이다.

"멀리서 오셨네요.", "수고하셨습니다.", "해외동향을 알려 주세요."라고 하며 차를 내오면서 바깥소식을 경청하는 사람이 있다. 식사시간이 다가오면 적극적으로 밥 먹고 가라고 한다. 어떤 사람은 컴퓨터 화면에 눈을 떼지도 않고 '자료를 놓고 가면 된다.'라고 한다. 무시와 냉정으로 표정을 가득 채운 사람도 있다.

영업처에 다녀오면 당연히 면담자와 주고받은 이야기를 기록하고 회사에 보고한다. 이런 기록이 십 년 이상 누적되면 그동안 만났던 사람들이 어떻게 성장하고 있는지 알 수 있다. 자신을 찾아온 이를 귀하게 여긴 사람, 생생한 현장정보를 원했던 사람은 질문하고 경청했으며 새로운 시도를 했다. 그 부서는 활기찼고 그 사람 대부분이 승진했다.

외부에서 온 사람에게 차가웠던 사람, 새로운 제안이 자신을 번거롭게 한다고 생각했던 사람들의 표정은 무거웠다. 그 부서에 신규사업은 없었다. 작년 일들을 올해 반복했고 작년에 한 일도 그전에 했던 것들이었다. 내년에도 올해의 일들이 표제만 바뀐 채 반복될 것이다.

공직이나 대기업 핵심부서에서 오래 근무했던 분, 좋은 학벌이나 학위, 자격증 하나로 평생을 살았던 사람, 업 자체가 갑이었던 이들이 창업하거나 중소기업에 재취업하면 적응을 못 했다. 조직이라는 온실에서 갑으로 살았기 때문이다. 조직에서 나오는 순간 그도 더는 갑이 아니다. 일정을 챙겨줄 비서가 없고, 자신의 아이디어를 받쳐줄 팀원도 없다. 예산은 전과 비교하면 턱없이 부족하다. 사업을 시작하면 하루하루의 식대, 통신비, 임대료, 자동차 주유비와 주차료, 복사기 토너와 용지 등 모든 비용이 자신의 주머니에서 나간다. 그래서 십억 대 퇴직금을 받고 나와도 초조한 심정이 되어 친구에게 칼국수 한 그릇 사지 못하는 사람도 있다.

(2) 허탈하지도 않은 무례

어느 날 국가정책을 생산하는 기관에서 와 달라고 했다. 담당연구원이 내 블로그를 보고 연락한 것이다. 열차 편으로 서울에 올라가서 그 연구원에게 갔다. 그는 내가 운영한 '해외창업 프로그램'에 관해 궁금해했다. 해외창업이 청년실업의 대안이 될 수 있는지 알고 싶다고 했다. 그는 내가 하는 말들을 받아 적었다. 그러나 나는 그가 질의응답만으로는 실제를 파악하기 어려울 것 같았다.

그래서 해외창업의 기본단계인 '소호무역' 체험을 권했다. 고개를 저으며 수고로움을 거절했다. 그는 '기관'의 권위로 현장에 있는 사람을 불러 필요한 정보를 얻고는 '고맙다.'라는 말 한마디 하고 자신의 사무실로 돌아갔다. 나에게 가져간 지식과 시간과 오고 간 비용에 관한 조치는 없었다. 정중했지만, 또 한 명의 갑이었다.

그와 같은 '갑'은 그뿐만이 아니었다. 여러 기관, 위원회에서 현실과 먼 정책이 생산되었다. 정책은 현실의 고민을 해결하는 공적 서비스이다. 그러나 비누 한 장 팔아보지 않았던 사람이 수출심사를 하고 현장을 모르는 사람이 사업평가를 한다. 평가에 맥락(Context)이 없다. 반복적으로 발생하는 문제에 대해 고통이 없다. 사고발생에 대한 시스템 분석이 없다. 오류를 기계적으로 골라내고 처리만 할 뿐이다. 그러나 크게 허탈하지도 않다. 나라 현실, 민생의 어려움, 경기부침과 연동되지 않는 삶을 사는 사람이 가지고 있는 무례가 새삼스럽지 않기 때문이다.

강철은 어떻게 단련되는가?

부두에서 무역을, 현장에서 실무를 익혔다

업종을 제조에서 무역으로 전환할 때 나는 바다를 오가는 한 사람의 따이공(선박으로 한국과 중국을 오가면서 장사를 하는 소상인)과 하코비(한국-일본)였다.

평택-칭다오, 부산-시모노세키를 오가는 화물여객선 항차에서는 출항과 입항 때마다 송장에 기재하는 품목이 바뀐다. 짊어지고 가서 바꾸어오는 상품이 다르기 때문이다.

　바다에서 만난 동료는 다양했다. 동대문에서 장사하는 사람에서부터 대리기사, 아파트 경비, 공사장 인부들이 바다로 옮겨왔다. 삼사십 대, 오십 대가 주류였지만 육십을 넘긴 부부도 있었다. 화물을 싣고 사람을 태우는 여객선에서는 하선하는 순서가 있다.

　일등석 승객이 먼저 내리고 일반인이 이어 내리면 그 뒤를 따라 보따리 상인이 배에서 내린다. 상인들이 하선하면 항구 인근으로 이동해서 가져온 상품을 풀어놓고 현지 제품과 바꾸어 한국에 돌아온다. 몸으로 짐을 부리는 부두 현장은 경제 생태계의 막장이었다. 어느 나라 세관도 반말했고 검역을 하는 사람도 말을 놓았다. 중국 공안과 일본 출입국 직원이 상인 수십 명을 줄 세워놓는 것은 빈번한 일이었다. 그 대열에서도 나는 상품 도매인에게 고분고분해야 하는 투명인간, '을'도 아닌 '병'이었다. 을이 제시한 가격으로 물품을 양도하고 그가 지정한 제품을 구매했다. 이런 식으로 부두에서 일했다. 이렇게 익힌 국경무역으로 수출에 도전했다. 주문을 받기 위한 여정은 이국의 도시로 이어졌다.

　초기에는 아이템 선정, 바이어 발굴, 대금회수를 혼자 할 수밖에 없었다. 일을 하니 일 근육이 붙었다. 함께 일하는 동료가 생겼고 직원들 덕분에 수백 가지 상품을 지구촌 곳곳에 보냈다. 새로운 품목을 첫 수출할 때에는 선적한 컨테이너에 플래카드를 붙이고 동료와 함께 막걸리로 축배를 들며 기념식을 한다. 수출한 국가가 중국, 타이완, 홍콩, 태국, 일본, 베트남, 싱가포르, 멕시코, 우즈베키스탄, 카자흐스탄, 아르헨티나 등으로 한 나라씩 늘었다. 이때 수출과 마케팅은 어떻게 해야 하고, 바이어 발굴은 또 어떻게 해야 하는지 묻는 사람들이 생겼다. 막 창업한 신생기업에서부터 벤처기업, 상장사가 문의를 해왔다.

　그러나 컨테이너를 채울 때 느꼈던 기쁨과 보람은 온데간데없이 고스란히 토해낸 계약파기, 반품, 미수금, 클레임에 골병이 들었다. 그 골병으로 시력은 약해졌지만 상처 입은 자가 갖는 청각이 생겼다. 나는 어렵게 길을 찾는 질문에 답해줄 수 있었다. 민생의 바닥과 산업현장, 수출전쟁에서 얻은 노하우를 전했다. 시장을 통으로 보는 전략을 알릴 수 있게 되었다. 낮은 곳에서 시작했기 때문에, 누가 이 바닥을 대신할 수 없었기 때문에, 무참한 사건이 일의 온전함을 채우는 경험과 지식이 되었다.

태국 수출을 기념하여 건축자재를 선적한 컨테이너 앞에 임직원과 가족이 모였다.

제4장

영업,
사람을 대하는 태도

사업은 사람으로 연결된다.

인공지능 시대가 열렸어도 사업은 사람이 한다.

서른 살 차이 조카와의 대화는 미래를 보는 것이며 퇴직자와 일하는 것은 평생의 경험을 사는 것이다.

판매왕, 조 지라드는 구매하지 않은 자의 영향력을 보았다.

보이지 않는 세계, 디지털 틈새를 채우는 것은 인문의 힘이다.

창업 워크숍,
당신의 희망 찾기

루이 암스트롱
'That's my desire'

　　　　　　　　　블로그 친구들과 남산 유스호스텔에
서 '창업, 나의 길 찾기' 워크숍을 했다. 생면부지(生面不知)의 사람들이 인
터넷으로 만났다. 예약도 없이 몇 사람이 더 왔지만, 좌석이 없어서 그냥
돌아갈 수밖에 없었다. 저녁 남산, 우리는 눈빛을 나누며 이야기를 시작했
다. 자신의 소망과 좌절을 더듬어 보고 삶의 아이템들을 찾아보았다. 스스
로 강점과 약점을 말하고 서로 격려했다. 십수 년 전 블로그에 남긴 일기
를 옮겨 본다.

　　다섯 따님을 두신 하늘 연못, 정년을 앞두신 솔향기, 후쿠오카에서 식당 철판
　　을 닦으며 유학하고 있는 플러스, 중국 보따리 상인 장군, 컴퓨터 판매업을
　　하는 용칠, 세계를 꿈꾸는 재봉, 밤낮없는 봉제회사에서 일하고 있는 스티브,
　　관세사 두꺼비, 이 모임의 준비를 도와준 스티븐과 가슴을 열고 이야기했습
　　니다. 워크숍 사이에 메일함을 열었는데, 오토바이 배달을 하면서 여비를 만
　　들고, 견본을 사서 캐나다로 출국하는 예비무역인 정웅 군의 소식이 와 있었
　　습니다.
　　가끔 저의 글을 보고, 해외시장 개척을 하고 싶다며 떠나는 젊은이들이 있습
　　니다. 우리는 그의 도전에 건승을 빌며 손뼉을 쳤지요. 오늘 주제는 인생과
　　창업이었습니다.
　　살아가는 동안 우리는 직장이 아닌 직업을 찾아야 합니다. 찾을 수 없다면 만

들 수밖에 없습니다. 실내등을 잠시 껐습니다. 투수 염종석의 터진 어깨와 발레리나 강수진의 발을 보고 가수 백지영의 노래를 들었습니다. 화면을 보는 누군가가 "처절하네요."라고 한탄같이 말했습니다. 그 모습은 자신을 극복한 모습이었습니다. 성공은 무엇보다도 자기 일을 찾은 것을 말하는 것이 아닐까요? 그들이 공 던지고 춤추고 노래할 수 있었던 것은 그들의 길을 찾았기 때문입니다. 워크숍을 마치면서 루이 암스트롱의 〈That's my desire〉를 들었습니다. 차별시대, 갇힌 자의 갈망, 희망이 그 노래에 들어있습니다. 간절히 찾고자 하는 것은 무엇입니까?

Odyssey 2

미래투자,
삼십 년 차이 조카들과 사귀기

스마트경제,
띠띠출행(滴滴出行) 호출하다

30대 나이에 프랑스 대통령이 된 마크롱, 40대에 미국 대통령이었던 오바마 말고도 실업계에는 10대 천재, 20대 사업가들이 적지 않다. 젊은 사장들이 세상을 움직이고 있다. 애플 창업자 스티브 잡스, 테슬라의 엘론 머스크, 페이스북의 마크 주커버그는 이미 이십 대에 창업을 한 억만장자들이다. 젊기 때문에 기존의 판을 흔들고 질서를 무너뜨리는 것이다.

사업을 미래로 이끌고 추진하는 데 젊은이들이 필요하다. 나이 차이 십 년은 공감하는 것들이 있다. 그러나 이십 년 이상이 벌어지면 다른 세대가 된다. 먹는 음식도, 부르는 노래도 생활방식(Life Style)이 다르다. 이 시대의 젊은이들은 ICT 활용, 어학, 글로벌 센스 모든 것이 뛰어나다. 기성세대는 이들에게 배워야 한다.

지난 중국 출장에서 교포학생 윤혜경 양이 남경 안내를 맡아주었다. 나는 스마트폰으로 이루어지는 그녀의 일상을 관찰했다. 이 젊은이의 라이프 스타일을 통해 중국 IT 생태계를 알 수 있었다. 중국의 모바일 경제 파워는 세계를 압도한다. 이 글을 쓰는 시점에서 중국 모바일결제 시장 규모는 약 4,083조 원이 넘었다. 알리바바의 알리페이가 중국 결제시장의 83%를 점유하고 있다. 중국판 카카오톡인 위챗 사용자는 7억 명을 넘고 있다. 이 학생의 안내로 중국인들이 일상에서 사용하는 앱을 깔았다.

바이두(手机百度) – 중국의 포탈 및 검색사이트
띠띠출행(滴滴出行) – 카카오 택시 같은 택시호출 서비스
빠이두지도(百度地图) – 목적지 검색 및 내비게이션
따중뗀핑(大众点评) – 맛집, 오락 생활서비스
쯔부보(支付宝) – 알리페이 결제 서비스

나는 혜경 양에게 이 앱의 사용법을 반복해서 배웠다. 앱을 깔고 시연한 효과는 컸다. 현지에서 만난 젊은이 덕분에 영화 〈매트릭스〉처럼 이 세계에서 저 차원으로 공간이동을 했다. 덕분에 북경에서 초대받은 중국 '국가급 투자 유치대회'인 'EV CHINA 100'의 기술적 배경에 대해 이해할 수 있었다. 이후 중국출장은 스마트해졌다. 티티출행으로 택시를 부르고, 상담장을 바이두지도로 확인했으며, 따중뗀핑을 통해 식당을 예약했다.

중국은 세계최대의 IT 국가이다. 대륙의 농촌까지 광대역통신망을 깔 계획이라고 했다. 한국경제에 큰 영향을 미치는 중국경제 예측이 이 젊은

이의 개인지도로 생생해졌다. 알리바바와 텐센트의 기업가치는 지금보다도 더 오를 것이다.

평소에도 이십 년, 삼십 년 이상 차이가 나는 젊은 사람과 사귀려 한다. 오십이 넘은 동창 모임은 삶을 위로하지만, 사업 영감을 얻을 수는 없었다. 내 세대 친구들은 먹는 음식도 노는 방식도 거의 정해져 있다. 30년 전의 이야기를 돌린다. 그래서 50대 임원만 있는 조직은 혁신이 어렵다. 산업이 바뀌고 세상이 변하는 시대에는 젊은이에게 배워야 한다. 방탄소년단(BTS) 세대가 세상의 주인이 된다.

그러나 일상에서 이십 년, 삼십 년 이상 차이가 나는 사람과 사귀기는 쉽지 않다. 그래서 조카들과 식사를 하는 것은 좋은 방법이다. 조카 친구도 초대한다. 이들이 좋아하는 것, 즐기는 것을 관찰한다. 젊은이들이 상용하는 테크놀로지는 생기롭다. 볼 때마다 눈에 띄게 성장한다. 난 대학생 조카 스마트폰에 깔린 애플리케이션을 몇 개 추천을 받아 사용해 보았다. 이들의 노래도 들어보고 쇼핑사이트도 추천을 받는다. 젊은이의 밥값을 내주는 것으로 미래산업의 키워드를 찾을 수 있다.

십여 년 전, 광저우에서 작은 전자회사를 경영하는 30대 청년을 알게 되었다. 지금은 직원 3,000명을 먹여 살리는 기업인이 되었다. 그래서 청년의 앞날은 예측하기 어렵다. 신흥시장의 강자로 떠오르는 아세안 국가에서 서른 살 이하의 젊은 인구는 60%가 넘는다. 이 몇억의 젊은이가 일하고 결혼하고 아이를 낳으면서 경제는 폭풍 성장을 할 것이다. 이 세대들이 필요로 하고 소비하는 것을 공급하는 회사는 큰 기업이 된다. 이제부터 베트남, 미얀마, 라오스… 청년을 친구로 사귀려고 한다. 야망이 넘치는 신흥시장의 젊은이와 파트너가 되고 싶다.

아마조네스의 여성 전사들

영업은 힘으로 하는 것이 아니다

부산 초량 텍사스 골목에는 러시아식 주점들이 있다. 가끔 이국의 맛을 느끼기 위해 이곳에서 술 한잔을 한다. 여기에서 일하는 러시아 여성들은 한국어를 못했다. 그래도 타국의 거친 항구에서 장사를 한다.

내가 개설한 '글로벌 창업강좌'에 수강생으로 참가한 고은영(가명) 씨가 있었다. 삼십 대 초반의 작고 마른 여성이었다. 이 여성의 넘치는 끼는 인도에 꽂혔다. 인천-델리를 오고 가면서 화장품 장사를 시작했다. 이년 후, 소량의 거래로는 양이 차지 않아서 현지에서 작은 공장이라도 해야겠다는 메일이 왔다. 그리고 소식이 끊겼다가 몇 달 후 메일이 왔다. 연하의 인도 청년이 자신에게 빠진 것 같다고 했다. 자신이 사랑에 빠졌는데 반대로 이야기했는지 모르겠다. 또 얼마 후, 결혼 소식이 왔다. 도대체 이 여자의 대담함은 어디에서 나온 것일까?

글로벌 500대 기업에 여성 기업가는 꾸준히 늘고 있다. 국제통화기금(IMF) 크리스틴 라가르드 총재, 미 연방준비제도이사회(FRB) 재닛 옐런 의장은 여성이다. 코카콜라의 매출을 추월한 펩시코의 CEO 인디라 누이, 200년이 넘는 역사를 지닌 화학기업 듀폰사를 이끈 쿨먼 회장도 여성이다. 확실히 여성시대를 실감하고 있다. 협력사 마케팅 부서장에 여성이 주류이다. 창업하는 여성도 늘고 있다. 나에게 휘청거리는 손실을 안겨준 상대가 여성이었고, 지독하게 클레임을 치는 고객도 여성이었으며, 신같이 관용이 큰 분도 여성이었다.

이렇게 여성 약진이 눈에 띄는 이유는 무엇인가? 그녀들은 집중력과 세밀함으로 실력을 발휘한다. 여성의 문화적 수용성은 깊고 다양하다. 옷 방에 옷이 가득 찼지만, 입을 옷이 없다고 투정한다. 계절에 따라 스타일을 바꾼다. 한두 가지 색으로 평생을 사는 남자와는 감각이 다르다. 남자들은 골프를 치거나 술을 마시며 판에 박힌 영업을 하지만, 여성의 전술은 다양하다. 위험을 감지하는 능력이 발달되어 사업을 도박처럼 이끌지 않는다. 요즘 사업은 힘으로 하는 것이 아니다. ICT 기술과 인공지능의 발달로 그동안 수컷들이 해 왔던 사냥과 전쟁도 더 이상 남성의 전유물이 아니다. 한국에서는 여성 기업을 우대하는 제도가 있다. 여성 기업의 세계 시장 진출을 응원한다.

Odyssey 4

70대 신입사원의 황금인맥

퇴직자와 일하면 반평생의 경험을 사는 것

후쿠오카의 전통식 여관에서 묵었다. 출장 첫날, 일을 마친 후 저녁시간에 긴장을 풀고자 숙소 근처 주점을 찾았다. 멀지 않은 곳에 스낵바가 있었다. 노렌을 밀치고 들어가니, 테이블 두 개를 놓고 장사하는 작은 술집이었다. 기모노를 입은 여성이 고운 몸가짐으로 맥주를 내왔다. 초면이었지만 나이를 물어보았다. 자신은 68세 소녀로서 마담이 아니라 호스티스라고 했다. 이날 팔팔한 현역으로부터 인생을 배웠다.

케이블 제조사의 자문요청이 있었다. 업계는 치열한 국내경쟁으로 수익이 떨어지고 있었다. 고객사는 해외시장으로 판로를 넓히고 싶어 했다. 그동안 경쟁사 손이 타지 않은 미개척 시장을 찾아보니 스리랑카가 떠올랐다.

인도반도 남단에 있는 스리랑카는 한국 교민이 천여 명 정도밖에 되지 않는 한국 수출의 오지였다. 이 지역전문가를 보강해야 하는 나는 프로젝트 동안 70대 노인을 회장으로 모시기로 하고 근무유연제 방식으로 중요한 회의와 현장방문에 참석하시도록 했다. 공대 출신인 그는 중견기업 임원을 지냈고 인도에서 공장을 설립한 이력이 있었다. 회장님에게는 현역시절 해외사업을 하면서 쌓아 놓은 네트워크가 있었다. 지난주에 스리랑카에 다녀오시고 간략한 출장보고를 하셨다.

〈출장보고〉

스리랑카에서 전력케이블을 공급하는 업체는 정부승인을 받은 3개 회사이다. 정부의 공급자격을 얻으려면 기술적인 검증을 거쳐야 한다. 생산업체의 기술과 시설검증 외에도 여러 인증이 필요하다. 케이블의 시험성적은 싱가포르에 의뢰하여 시행한다. 스리랑카에서 납품자격을 취득하려면 시간과 자금이 소요되며 고위직의 도움도 필요하다. 이번에 발굴한 CI○○○A그룹은 저압케이블을 생산하지만, 고압케이블과 광케이블을 수입하고 싶어한다.

이번 방문에 만난 관계자

1. National ○nterprise ○evelopment Authority
○ Dr. S○○il Na○○○atne
Chairman/Director General

2. Si○○○a Cables PLC
○ Pal○○ha Eth○○○ama
Deputy General Manager-Marketing
○월 15일, 16일 2회에 걸쳐 Cinnamon Lakeside 호텔에서 미팅했다.

○○ 이 회사는 32개 자회사를 가진 그룹이며 ○○건설은 스리랑카 최대의 건설회사임. 현재 자사의 제품의 Flexibility가 떨어져 기술공여 여부를 문의하였음.

3. Mulinet
○ Di○○sh Gar○○○rachchige
- Director
○월 14일 ○○vi.의 사무실에서 만난 태양광 발전과 통신관련 사업을 위해 신설한 회사.

4. Telecommunication & Digital Infrastructure 장관 면담

※ 고객의 정보보호를 위해 회사명, 고객이름, 날짜 등을 '○'으로 처리하였다.

이같이 현지접촉을 한 지 넉 달 만에 한 컨테이너 분량의 주문이 왔다. 한국산 제품을 테스트를 해보겠다는 뜻이다. 제3세계에 조달하려면 현지 정관계 실력자들의 도움도 필요하다. 이처럼 한국에는 젊은이들이 얻어낼 수 없는 신뢰와 네트워크를 가지고 있는 퇴직자들이 있다. 한국이 수조 원대의 해외 플랜트를 수주할 수 있었던 것은 이 분야에 노하우를 지닌 사람과 기업이 있기 때문이다.

영업인의 태도와 자세

겸손한 추적자,
어떤 식으로든 성공할 것이다

상해에서 서울시(서울산업진흥원, SBA)가 발주한 수출상담회를 진행하고 있었다. 최근 중국에서 이런 행사를 하

는 것은 예전 같지 않다. 한국기업을 몇 번 만나본 중국 바이어(Buyer)는 행사초청에 시큰둥하다. 한-중 사이에 뜨거웠던 시절이 지났으며, 무엇보다도 기술 차이도 크지 않고, 우리 기업의 규모가 작기 때문이다.

셀러(Seller)로서 상담회에 참가하고 있는 TU의 존 박 사장에게 면담 요청이 들어왔다. 그는 사십 대 초반으로 한국에서 대학을 마치고 중국에 유학했다. 이후 해외영업으로 유명한 음료회사인 OKF의 미국 지사장으로 일한 적이 있다. 그는 일반적인 제조사처럼 공장을 가지고 있지 않았다. 따라서 제품을 만드는 시설과 인력이 필요하지 않았다. 대신 사업에 대한 열정과 본인이 지휘하는 영업팀이 있었다. 그는 글로벌시장을 겨냥하여 유아용 식품 브랜드 몇 개를 등록하고 국내 제조사에 OEM 생산을 맡겼다. 그 자신이 글로벌화되어 있음을 물론 마케팅도, 제품디자인도 뛰어났다. 그는 트레이드조와 코스트코 같은 글로벌 유통망에 진출하는 것을 목표로 종횡무진 뛰고 있었다.

박 사장은 활달했지만 겸손했다. 중국어를 잘했지만, 자신의 중국 지식을 자랑하지 않았다. 공부한 것과 여행을 한 것과 사업은 전혀 다른 경험이라고 했다. 우리는 상품과 시장에 대해 고민을 나누며 유쾌한 대화를 이어갔다. 점심시간이 되었지만 하던 말을 끊을 수 없어, 도시락을 먹으며 이야기를 계속했다. 그 자신이 스토리텔러였다. 재미있었고 이야기 속에는 무엇인가 있었다. 우리의 대화는 다음 날에도 이어졌다.

그에게 강점과 약점을 물었다. 문제는 생산 코스트가 높고 브랜드 인지가 없는 것이었다. 나는 자신이 속한 산업 생태계를 파악하고 있는지? 글로벌 경쟁구도를 인지하고 있는지? 질문했다. 그는 아시아와 미주의 경쟁사를 알고 있었지만, 구체적이어야 했다. 우리가 즐기는 과자, 스낵은 쉽게 보이지만, 2차대전 벌지전투에 투입되는 군단처럼 유니레버, 크래프트, 제너럴 밀스 같은 몇십조 원 매출의 초대형기업이 격돌하는 시장이다.

자신의 브랜드를 만든다는 것은 세계 최고의 마케팅 책사들이 경연하는 전장에 있다는 것이다. 전선에 부임한 장군은 경쟁사의 제품, 매출액, 광고전략을 구체적으로 머리에 넣고 있어야 한다.

상담은 삼십 분 정도로 제품을 설명하고 마치는 것이 아니라, 지속적으로 자신에게 빠지게 하는 것이다. 내가 그의 열정에 빠진 것 같았다. 경청한 결과 박 사장의 과제는 제품 카테고리를 어떻게 정의하고, 어떻게 포지셔닝할 것인지가 과제였다. 판매표적으로 삼는 '유아용 식품'이라는 것은 검증이 필요했다. 아이만 먹는 것이 아니라 엄마도 먹어야 큰 시장이 열린다. 나는 월마트와는 다른 높은 수준의 제품군이 있는 유통망에 관한 정보를 주었다. 이틀 동안 대화를 통해 그가 세계시장의 선수가 될 수 있음을 알았다. 좋은 태도를 갖췄고 매력이 있었다. 박 사장은 어떤 식으로도 성공할 것이다.

영업만 잘해도 중소기업은 산다. 그러나 존 박같이 일정한 수준을 이룬 중소기업은 전략이 승부를 가름한다. 시장개척단이 상해를 떠난 날, 유일하게 나의 중국지사를 방문한 사람이 박 사장이었다. 중개인의 현장을 보고 자신의 제품진열을 확인한 다음 우한, 제남, 북경에 있는 또 다른 바이어를 만나기 위해 떠났다. 영업은 그렇게 하는 것이다.

사업 말고
이상한 돈벌이

맹랑한 블랙컨슈머

.   나는 불면(不眠)이 오면 구글 아트 앤
드 컬처(Google Arts & Culture)나 핀터레스트(Pinterest)에 올려져 있는 작품을
보며 긴장을 푼다. 이런 몽유병 같은 습관이 있기 때문에 새로운 상품을
찾는 시장수요와 교감한다. 그러나 아름답다고 느끼기 위해서는 상당한
노력을 해야 하는 작품이 있다. 전위예술가 데미언 허스트(Damien Hirst)의
연작이 바로 그렇다. 그는 포름알데히드 속에 상어를 넣고 '살아있는 자
의 마음속에 존재하는 죽음의 물리적 불가능성'이라고 제목을 붙였다. 미
술 거래상인 찰스 사치는 이 작품에 1,200만 달러로 가격을 매겨 놓았다.
이런 작품은 슈퍼리치가 모이는 시장에서 거래된다. 공예품을 보는 기준
은 세계시장에 등극할 수 있는 독창성이 있는가? 라는 것이다. 보거나 듣
지도, 생각하지도 못했던 소재를 사용하거나 자신만의 세계를 독창적으
로 표현했다면 주목을 받을 수 있다.

지난 여름이었다. 멋지고 독특한 작품을 보았다. 이십 대 여성이 은을
세공한 액세서리들이었다. 그 컬렉션만으로도 뉴욕, 도쿄, 상해의 갤러리
에서 전시회를 해도 좋을 것 같았다.

이 유망한(?) 작가는 도쿄 오다이바에 있는 호텔 닛코에서 열린 무역상
담회에 참가했다. 그녀는 상담을 마치고 일본의 다른 도시를 여행하고 한
국에 돌아왔다. 그리고 상담회를 주관한 나에게 클레임을 걸었다. '그날 만
난 바이어의 주문이 없다.', 소개받은 '바이어가 허접했다.'라는 이유였다.

창업한 지 일 년 반이 되었고 매출은 공방 소품을 팔아 이천만 원 정

도 되는 소기업이었다. 그 용모 단정(?)한 작가는 주문이 없으니 돈으로 보상할 것을 요구했다. 견본을 만든 비용, 오고 간 항공비와 체재비, 기회비용을 배상하라는 것이었다. 그 경비 일부는 그녀가 속한 협회에서 지원한 것이었지만, 보상을 요구한 액수는 자신이 사용한 비용보다 높았다. 실비뿐이 아니라, 기회비용까지 내라는 것이었다. 나는 통역원이 작성한 상담일지를 살펴보았다. 그녀가 허접하다고 평가한 현지 사람들은 자신의 매출보다 수십 배가 큰 바이어들이었다. 그래서 묻지 않을 수 없었다.

"그날 상담한 바이어들에게 메일을 했거나 다른 연락은 하셨습니까?"

그녀는 따지듯 말했다.

"별도의 연락은 하지 않았어요."
"한 달이 넘도록 주문을 기다렸으나 소식이 없습니다."
"허접하거나 엉뚱한 사람들을 소개한 거예요."

그녀가 만난 이들은 엘지패션의 초청바이어부터 도쿄에서 의류편집숍을 하는 사장, 공예품을 취급하는 도매상까지 한 분야 한 지역에서 오래 사업해 온 사람들이었다. 상담하면 자동으로 주문하는 것으로 알았는지 맹랑하게 억지 생떼를 부렸다. 돈을 주지 않으면 협회에 보상을 요구하고 언론에 알리겠다는 것이었다. 바이어들은 품질 이외에도 안정적인 공급능력, 문의 대응속도, 사람 대하는 태도를 종합적으로 고려한다. 세상에 한 번 만나고 주문을 내는 사람은 없다. 수출전선에서는 한 건의 주문을 받기 위해 많은 사람을 만나고, 몇 년 이상 공을 들여 바이어를 만든다.

자동차 판매왕, 조 지라드의 법칙

고흐와 피카소, 한 사람은 한 사람이 아니다

조 지라드는 살아있는 전설이다. 그는 15년 동안 13,001대의 자동차를 팔아 기네스북 세계 최고의 세일즈맨으로 12년 연속 선정되었다. 그의 자서전 『누구에게나 최고의 하루가 있다』에 '승리를 부르는 250의 법칙'이 있다. 그는 구두닦이, 건설현장 인부를 거쳤다. 사업을 했으나 사기를 당했고 막장에 닿은 심정으로 찾은 곳이 쉐보레 자동차 대리점이었다. 어느 날, 우연히 한 장례식에서 조문객이 250명쯤 있다는 것을 발견했다. 결혼식에도 250명 내외의 사람이 모였다. 그는 미국 중산층 사람은 250명 정도와 친근한 소통을 하며 산다는 것을 발견했다. 그 속에는 자신의 고객이 될 사람이 있었다. 아니면 고객을 소개할 사람이 있다. 한 사람의 마음으로 250명을 얻을 수 있고, 한 사람으로 250명 이상의 잠재적 구매자를 잃어버리게 된다. 그래서 지라드는 한 사람, 한 사람에게 정성을 다하라고 말한다.

바이어는 사업을 하는 사람이기 때문에 협력사들이 있다. 그날 상담회에 온 사람 속에는 구매할 사람도, 판매하는 사람을 소개할 사람도 있었다. 업계에 허접한 사람은 없다. 클레임을 걸었던 그 작가가 진정으로 해외판매를 원했다면, 그날 만났던 사람에게 적극적으로 연락했어야 했다. 자신의 전시회에 초대하고 상담자의 공방도 방문했어야 했다. 그들은 다른 제품을 수입하고 있는 사람들이었다. 그날 만났던 인연의 끈을 놓지 말아야 했다. 상대를 허접하다고 생각했기 때문에 친구가 될 수 없었다.

생전에 고흐는 동생 테오를 통해 단 한 점의 작품밖에 팔지 못했다.

반면에 피카소가 화가로 명성을 크게 얻고, 부귀를 누리며 살 수 있었던 것은 그의 괴팍한 그림을 이해하는 레옹스 로젠베르크 같은 화상을 만났기 때문이었다. 화상에게 이익을 주면 수준 있는 작품은 팔린다. 그 당돌한 그 작가는 세계 도시의 미술관, 갤러리의 큐레이터를 수배할 수 있는 사람을 잃었다. 이상한 비즈니스(?)를 하지 않았다면 해외기획전을 하고, 판매상과 연결될 수 있었을 것이다.

Odyssey 8

아무나 보고 싸이를 아느냐고?
웃기고 지겨운 질문

모든 사람이
한류에 미치는 것은 아니다

그날 쿠알라룸푸르 공항에서 고속열차인 KLIA를 타고 도심으로 들어오고 있었다. 열차 벽에 붙어있는 노선 지도를 살피는 나에게 호기심 가득한 눈길을 보내는 아가씨들이 있었다. 이방의 천사들이 먼저 말을 건네 왔다.

"무엇을 도와드릴까요?"

그 천사들은 일을 마치고 집으로 돌아가는 말레이시아 항공의 지상근무자들이었다. 어설프게 보이는 여행자가 '한국인'이라는 것을 확인하자 한 아가씨가 내 자리로 건너왔다. 자신의 스마트폰에 저장해놓은 한국 노래와 동영상을 보여 주었다. 한국 아저씨를 대상으로 수다가 시작되었다. 서울에 두 번 왔다 간 것과 친구가 한류에 미쳤다는 것, 방을 온통 한류스타 사진으로 도배한 이야기를 했다. 내가 내리는 전철에서 함께 내리며 호텔 가는 길 안내를 해주었다. 그 아가씨들이 좋아하는 김수현, EXO, 레드벨벳 같은 한류스타 덕분에 나도 대접을 받은 것이다. 한류는 지구촌을 감아 도는 하나의 현상이다. 역사상 한국인이 이만큼 즐거운 대접을 받아본 때는 없었다. 그러나 지구촌 모두가 한류를 좋아하는 것은 아니다.

미국인 호세는 한국인과의 대화가 정말 피곤하다고 했다. 자신을 볼 때마다 LA 다저스에서 공을 던지는 류현진을 아는지 묻고(2020년 시즌부터 토론토에서 뛰고 있다.) 골퍼 박인비가 LPGA 우승을 하면 다음 시즌까지 박인비 이야기를 한다는 것이다. 지난 몇 년 동안은 너 나 없이 김연아 이야기만 했다고 했다. 더 나가 몇몇 한국인은 싸이의 〈강남스타일〉 춤을 출 줄 아느냐고 다그치기까지 한다는 것이다. 이 같은 이상한(?) 현상은 비즈니스를 하는 사람이나 정치인이나 공무원 가리지 않는 코리안 스타일이라고 했다. 메이드 인 코리아를 구매하는 사람의 취향과 문화에 대해서는 묻지 않고 궁금해하지도 않는다고 했다. 자신이 만난 한국인은 예외 없이 김치를 좋아하는지 물어본다는 것이다. 왜 한국인은 똑같은 주제와 한 가지 음식에만 집착하는지 모르겠다며 고개를 저었다. 다른 외국인 친구들도 불만이 많았다. 한국에서 온 사람마다 BTS를 좋아하는지? 물어서 짜증이 난다는 것이다. 자신은 K-POP이든, 히팝이든 관심이 없는데 말이다.

우리의 자기중심적인 행동에 얼굴이 화끈거릴 때가 많았다. 스페인 바르셀로나에서 JCI 세계대회가 있었다. 이 대회에 참가하는 한국청년회의소는 코리안 나이트를 주관했다. 바르셀로나 시민과 교민, 세계 각국에서 온 JCI 회원을 초대한 파티였다. 간단한 개회식을 하고 현지 어린이들의 태권도 시범을 보고자 했다. 현지인들은 "안녕하세요?"라고 인사를 시작해서 유머 섞인 몇 마디로 환영사를 마쳤다. 이어 한국 영사가 축사를 했다. 그는 한국경제와 한강의 기적, 한-스페인의 우호와 협력 등 장황한 연설을 이십 분 가까이 이어갔다. 잔치음식을 앞에 두고 서서 지루한 강의를 듣는 사람들에게 그 외교관의 무례가 창피했다. 이뿐이 아니다. 많은 기업인도, 세일을 하는 사람으로서 상대의 문화와 역사에 관해 관심이 없었다. 주제는 오로지 파는 것이고 내 제품의 우수성이다.

인문학 비즈니스, 상대방 중심의 대화를 해보자

필리핀 독립영웅 호세 리살과 대한청년 안중근

해외사업을 한다면 상대를 중심으로 이야기를 나누는 것이 좋다. 치바현청에 일이 있었다. 청의 국제 담당 공무원은 일본 J리그에서 활약하는 한국선수들의 성적을 줄줄이 외면서 이야기를 건넸다. 이처럼 상대 중심으로 이야기를 시작하는 것이 사교의 예의다.

일본에서 근무하는 까칠한 상사맨에게 야구선수 이치로 이야기를 하면 경계의 눈빛을 푼다. 미국 메이저리그에서 뛰는 작은 체구의 이치로는 야구 이상을 가진 일본인이다. 삿포로에서 한국제품을 수입하는 세키자와 씨는 홋카이도 지역구단인 닛폰햄의 열렬한 팬이다. 그를 만나기 전에 인터넷으로 일본시리즈 순위를 보고 기억해 놓는다. 식사하면서 닛폰햄

이야기를 하면 술 한 잔을 더 하자며 손을 잡는다.

- 러시아는 톨스토이와 고리키부터 시작하여 수많은 문인과 차이콥스키 같은 훌륭한 음악가들이 있어 이야기거리가 무궁무진하다. 러시아 출장에서는 푸시킨 시집을 가지고 다녔다. 러시아는 푸시킨을 사랑하고 있었다. 내가 푸시킨의 시를 좋아한다면 상대는 호의를 보였다.
- 중국인과 『삼국지』, 『수호지』, 『서유기』에서 나온 인물을 중심으로 이야기를 이어가면 밤을 새울 정도로 즐거운 시간이 될 것이다. 신해혁명과 홍군의 장정, 에드가스노우가 쓴 『중국의 붉은 별』 이야기를 하면 눈빛이 달라진다.
- 일본 친구들에게 가즈오 이시구로의 노벨문학상 수상을 축하했다. 애니메이션 거장 미야자키 하야오 작품들은 많은 한국인도 알고 있다. '경영의 신'이라 불리는 교세라 회장인 이나모리 가즈오 이야기를 꺼내면 사업하는 사람은 진지해진다.
- 많은 기업이 경제강국으로 등장하는 인도시장의 문을 두드리고 있다. 인도인의 삶과 사상체계인 힌두교에 관해 공부해 본 적이 있는가? 인도정부가 초청한 국민은 뉴델리에 있는 악샤르담 힌두사원을 방문하고 합장한다. 이것은 상대문화에 대한 존중을 나타내기 위한 것이다. 인도인과 파트너가 되고 싶다면 힌두교에 관해 공부를 해보자. 이런 학습이 상대에 관한 이해를 돕는다. 인도의 국민 스포츠인 하키와 선수, 영화배우, 인기가수를 찾아보자.
- 마닐라 중심지인 로하스 거리에는 스페인으로부터 독립운동을 하다 36살에 처형된 호세 리살을 기리는 공원이 있다. 그는 대한청년 안중근 같은 필리핀의 영혼이다. 필리핀 국민은 그가 처형된 12월 30일을 애도한다. 마닐라에서 사업하는 한국인 가운데 그의 동상에 꽃을 놓는 사람들이 얼마나 될까?

아세안의 말레이시아, 인도네시아, 브루나이, 카자흐스탄, 우즈베키스탄, 투르크메니스탄 같은 북방 지역 대부분은 이슬람 국가이다. 한국은 리비아, 이란, 아랍 에미리트 등 중동 무슬림 국가에서 건설과 플랜트 수출로 오일 달러를 벌었다. 사우디에서 기름이 넘어오지 않으면 한국의 화학 산업은 없다. 이처럼 대한민국의 국부 창출은 중동에 신세를 졌다. 아랍인이 보여준 코리안 프랜들리가 고맙다. 그러나 한국은 돈 버는 것 말고는 관심이 없어 보인다. 아·중동 관광객이 한국에 와도 무슬림 친화적인 식당, 시설은 찾아보기 어렵다. 할랄인증이 된 식품조차 변변하지 않다. 싹트기 시작하는 어글리 코리아에 안티 코리아가 확산한다면 한류 확산은 한계가 있다. 상호주의는 국제 관계의 상식이다. 이슬람 문화를 주제로 공부해 보자.

Odyssey 10

헤이룽강에서 버려진 이유,
무례에 관한 수모

총천연색 갑질과
영혼 없는 거래

수출전문가로서 영농인들의 초청을 받아 중국을 방문하고 있었다. 이십여 명의 농업경영자를 태운 버스는 농장 방문을 위해 헤이룽강(흑룡강)의 울창한 산림 속으로 들어가고 있었다.

그런데 잠시, 버스가 산길 주유소에서 기름을 넣는 사이에 사달이 났다. 오십 초반 동포 여성 안내인이 우리 일행을 국도에 버리고 가버린 것이다. 이유는 몇몇 아저씨들이 "어이~.", "어이~." 하며 부르고 손으로 어깨를 툭툭 치며 인격을 무시했다는 것이었다.

이 행사를 주관한 회사직원이 한국에 국제전화를 해서 임시 가이드를 수배하는 동안 버스 안에서는 원성이 들끓었다. 그러나 그들은 자신이 무슨 일을 했는지 모르는 사람들이었다. 직업적으로 여행안내를 하는 사람이 이유 없이 손님을 내팽개치지는 않는다. 큰 농사를 짓는다는 농장주들은 서비스를 제공하는 사람을 아래로 보았고 무례했다. 고발당하지 않은 것을 다행으로 알아야 한다.

나는 그동안 여러 경로로 그동안 국회의원, 시의원, 여러 직급의 공무원, 교수, 문화원장, 기자, 기업인 등 다양한 사람과 여행했다. 아침부터 밤까지 며칠을 함께 다니면 개인의 품격과 조직문화를 관찰할 수 있다.

나는 산업현장에서 바닥영업을 했기 때문에 '갑질'을 총천연색으로 당해본 사람이다. 김영란법 시행 전의 일들이 생각났다.

직원 3,000명을 거느린 중견기업과 협력사 대표들의 부부동반 여행을 했다. 산업시찰을 겸해 즐거워야 할 여행이었지만 하청업체 사장부부들은 끌려다니는 개처럼 죽을 표정을 하고 다녔다. '갑' 기업의 사모님은 러시아 여제(女帝) 예카테리나 같았다. 이 사모님은 하루를 불만으로 시작했고 대화를 독점했다. 호텔과 음식, 방문지에 대해 한결같은 투정을 늘어놓았다. 서비스를 제공하는 여행사, 호텔 종사자들을 거칠게 다루었다.

갑질에는 매출 2백억 정도 하는 기업도 있었다. 전시회에 가면 밥값, 술값, 경비를 협력사에 떠넘겼다. 협조를 하면 일이 있을 것이고 눈치가 없으면 어렵겠다는 신호를 준다. 협력사 직원에게 휴일이고 밤이고 사소한 심부름을 시킨다. 이런 갑질 노하우는 하루아침에 얻어지는 것이 아니다. 자신의 '갑'에게 배웠을 것이다.

몇몇 대기업 간부들과 해외출장에 동행한 적이 있다. 그들은 산업체 시찰을 마치고, 골프 치고 쇼핑을 했는데 이 '갑'들이 상품을 집으면 하청기업 담당자가 쏜살같이 달려와 계산을 했다. 부장급들이 이런 식으로 자기 돈을 내지 않는 쇼핑을 했다. 여행경비는 물론 골프비, 식대, 술값, 심지어 이 삼만 원 정도 하는 골프 모자를 사는데도 하청사가 달려와 지갑을 열었다.

기계부품을 제작하는 C사는 해외소싱으로 생산비용을 3분의 1로 줄였다. 그러나 공장에 대한 배려는 없었다. 중국을 오가면서도 현지 공장장에게 건네는 술 한 병이 없었다. 돈을 보내니 물건을 만들라는 식이다. 수치 계산으로는 틀린 것은 아니지만, 이런 태도에 현지 공장도 영혼 없이 일했다. 제품에 하자가 생겨 C사와 중국의 현지 공장 간 다투는 것이 일이 되었다. 덕분에 이 둘 사이를 조정하는 내 비용은 자꾸만 올라갔다. 이 업무를 맡은 중국 측 직원은 워킹맘이었는데 그 스트레스를 견디지 못하고 회사를 그만두었다. 발주자, 생산자, 중개인의 거래도 중단되었다.

Odyssey 11
상담장 진풍경,
외모로 판단하지 않는다

승용차, 사무실, 출신국가로
판단해 놓치는 것들

세계 어느 도시도 수출과 투자상담은 특급호텔에서 연다. 여기에 참가하는 한국 중소기업이 만나는 상대는 대부분 자신보다 큰 기업들이다. 그러나 한국은 UN 사무총장을 배출했고 삼성, 현대, SK, LG, 포스코 같은 일류기업이 한국에 있다는 사실과 특급시설이 주는 기운으로 환각에 빠지는 사람이 있다. 자신이 총장이 아니고 대기업도 아닌데 일부 기업의 호가호위는 경계를 넘는다.

특히 개발도상국에서는 태도가 거만해진다. 자신의 제품과 서비스에 구매결정권을 가지는 바이어조차도 은근히 낮추어 본다. 상담할 때도 상대에 집중하지 않고 노트북에 시선을 꽂고 이야기를 한다. 앉아서 찾아온 사람을 앉은 채로 맞이하고 작은 기념품도 없다. 경쟁사의 활동을 알 수 있는 현장에 나가지도 않고 출장을 마친다. 상담 후속처리(Follow Up)도 없다. 아니 도대체 사업은 누가 하는 것인가?

일본인의 생활을 보면 재력과 권력의 크기를 알 수가 없다. 벤처캐피털을 운영하는 나카가미 회장은 전철을 타고 약속장소에 왔다. 이분이 이끄는 회원사는 쏘니, 도시바, 히타치의 협력사들이다. 회장들이 사는 맨션은 소박하지만, 사옥은 다르다. 이들은 대부분 겸손하게 작게 자신을 소개한다. 대기업 임원조차도 그러하다. 그러나 속은 차 있다.

"아직 멀었습니다.", "작은 규모입니다.", "별스럽지 않은 사업입니다."

몇몇 중국 기업인의 말은 과장처럼 들린다. 그러나 실제로 중국경제는 상상을 초월하는 규모가 되었다. 알리바바, 완다, 허베이철강의 사업규모를 보라. 이런 회사를 만나면 한국기업인은 흥분한다. 시인 이백은 추포가(秋浦歌)에서 백발 삼천장(三千丈)이라고 했다. 과장이 지나쳐 덧없이 늙어 흰 수염이 삼천 길이나 자랐다고 한 것이다. 삼·천·길……. 상해역이나 심양역에서 귀향하는 해일 같은 인파를 보면 중국인이 가지고 있는 수리적 공간적 개념을 느낄 수 있다. 2000년 전에 만리장성을 쌓았고 오늘날에는 육·해상 실크로드인 '일대일로'를 추진하고 있다. 가끔 들어보는 발주 가능한 물량은 엄청나다. 연간 컨테이너 100대, 200대, 300대… 이런 식인데 당연히 다 이렇게 되는 것이 아니다. 원부자재를 확보하고 생산이 따라 주어야 하며 가격을 맞추어야 한다. 그러나 이런 규모에 바람이 들면 일부 한국기업인은 스스로 거품을 낸다. 넘어야 할 만리장성이 한둘이 아닌데 말이다.

중국인은 옷차림과 외모로는 권력자인지, 부자인지를 알 수 없다. 라스베이거스보다 판이 크다는 도박의 도시, 마카오 리스보아 카지노에서 수억의 판돈을 깔아 놓고 바카라를 즐기는 중국 할머니들을 보면 그 수수한 모습에 아리송하기까지 하다. 서울시가 주관한 '글로벌 바이어 초청 상담회'에 중국 사업가를 초청했다. 부동산 개발회사에 유통회사를 가지고 있는 회장이었다. 그런데 공사장에서 입는 점퍼 한 벌로 며칠을 지내는 것이 아닌가? 영락없는 해장국집 아저씨로 보였다. 상담회장에서, 시청 방문에서, 면세점에서 수천만 원짜리 시계를 몇 개씩 집어 살 때도, 카지노에서도 이런 복장을 유지했다.

인도 상인을 가늠한다는 것도 어렵다. 다민족이 함께 살고 있는 미국인을 정의하기도 어렵다. 한국인은 외모, 승용차, 사무실, 학벌 이런 것들로 사람을 판단한다. 본질을 놓치는 일이다. 핀란드에서 세계적인 창업 이벤트인 Slush를 운영하고 있는 안드레아스 대표(CEO)가 '글로벌 스타트업 페스티벌'을 개최한 한국을 찾았다. 그를 맞이한 시장, 국회의원은 정장에 넥타이를 하고 있었지만, 그는 검은색 면바지에 'SLUSH'라고 인쇄한 셔츠를 입고 있었을 뿐이었다.

제5장

어떻게
글로벌 마케터가
되는가?

세계시장 공략은 조사가 반, 학습이 반이다.

전문가도, 분석가도 믿을 수 없다.

현장조사 없는 전투에서는 나폴레옹도 패했다.

반드시 현장을 확인해야 한다.

투루판 지표면 80도 산업의 미래를 예측하지 못한 기업은 화염보다 뜨거운 대가를 치렀다.

산업생태계 파악,
글로벌 마케팅은 학습에서 시작

판을 읽어라!
산업전략과 경쟁사 동향

지난날 영업이라면 어떤 산업계 가릴 것 없이 고객을 술과 여자가 있는 곳으로 유인해 접대했다. 한 의료장비 회사는 구매 관계자들을 해외 섬으로 초대했다. 세미나를 포함한 워크숍이었지만 항공, 숙식, 골프… 모든 것을 제공하는 방식으로 그 섬을 해방구로 만들었다. 은행도 대기업의 자금담당 간부들을 워크숍이라는 명목으로 해외에 초대했다. 발표와 토론보다는 공짜 향응으로 가득 채운 프로그램이었다. 김영란법이라고 불리는 '부정청탁 및 금품 등 수수 금지에 관한 법률' 발효 전에 있었던 업계의 관행이었는데 지금은 어떻게 하는지 모르겠다. 이런 식의 영업은 서로를 병들게 한다. 한쪽은 '갑'질을 하고 다른 한쪽은 '을'이 된다. '을'은 다시 '병'에게 갑질 흉내를 낸다. 지금도 지난 방식을 변용해서 구사하는 집단이 없지 않지만, 향응으로 수주한 사업은 결국 서비스의 품질을 떨어뜨린다.

영업의 달인 가운데 술을 입에 대지 않더라도 높은 실적을 올리는 사람이 있다. 차원이 높은 비즈니스를 하는 사람들 가운데 취하도록 마시는 사람은 보지 못했다. 일류의 기준으로는 나는 차원이 높지 않은 인간이었다. 술은 긴장을 풀게 하고 대화를 돕는 수단이었다. 하지만 많은 날 폭음으로 인한 숙취 때문에 그다음 날이 괴로웠다. 나는 생각하게 되었다. 휴일에 불려 가지 않아도, 술자리를 자주 하거나 허세를 부리지 않아도 할 수 있는 영업은 무엇인가? 영업의 본질은 가치를, 사람을 통해 전달하는 것이다. 핵심은 고객이 안고 있는 문제에 관한 해결능력이다. 그 열쇠를 가지고 있으면 술을 잘 마시거나 꼭 능변일 필요는 없다. 그 핵심으로 가는 왕도에 '학습'이 있다.

어느 날 하루, TV로 골프중계를 시청했다. 해설자는 세계 각지에서 열리는 메이저대회와 그 대회에 참가하는 선수들의 성적을 줄줄이 꿰고 있었다. 해박하게 선수의 장단점을 설명했다. 감동이었다. 해외에서 영업하고 세계를 대상으로 마케팅을 하는 사람은 산업계 대표기업의 경기를 중계할 수 있어야 한다. 내가 취급하는 상품과 서비스를 해당산업이라는 경기장에서 해석해야 한다.

주행정보를 설계하는 회사에 마케팅 코칭을 하였다. 창업자는 실리콘밸리에 있는 미국 회사에서 일한 엔지니어였는데 아침 식사를 같이하는 동안 자신의 기술이 세계최초라는 주장을 거듭 강조했다. 그러나 그는 같은 기술을 수용하는 테슬라와 도요타의 동향에 대해 알지 못했다. 그가 말한 빅데이터 응용기술은 폭스바겐도 GM도 가지고 있다. 기술은 있지만, 산업계를 몰랐다. 산업계의 전략과 경쟁사 동향을 파악하지 못하면 그동안 연구는 무용지물이 될 수 있다. 좋은 기술이기에 시장에 노출하기 전에 기술을 중개하는 파트너를 찾아야 한다.

발열기술로 창업한 지 이십 년 되는 K 사장과 술을 한잔했다. 그동안 자신이 최고인 줄 알고 큰소리를 치며 살았는데, 지난주 독일 전시회에서 그 환상이 깨졌다고 했다.

"부스에 전시된 내 상품이 부끄럽더라구."

세상이 어떻게 돌아가는지 모르고 개발을 한 것이다.

무명(無明)을 벗는 길,
조사 없이 사업 없다

영업 마케팅을 위한
'비즈니스 내비게이션'

"발명하지 마라. 세상에 다 있다."라는 말이 있다. 75억 명이 사는 지구촌에는 비슷한 생각을 하는 사람이 있다. 역사적으로도 유사성은 반드시 있다. 타인의 생각을 읽고 그것과 다른 것을 발견하는 것이 발명이다. 유사와 차이는 조사와 탐색에서 나온다.

그래서 사업가의 명제를 데카르트식으로 표현하자면 "나는 조사한다. 그러므로 존재한다."가 된다. 조사는 무명(無明)에서 벗어나는 첫 단계이다. 싯다르타는 중생의 무명을 안타까워하셨다. 이 단어의 사전 풀이는 어리석음, 어둠, 우치(愚癡), 무지(無知), 무현(無顯)이라고 한다. 무식(無識)이 무명을 낳는다. 지금 무명 속에 있는 것은 아닌가?

알지 못하는 곳은 항해할 수 없다. 무섭기 때문이다. 지난날 사람들은 바다 끝에 낭떠러지가 있다고 생각했다. 인류는 천 년 이상 그 두려움에 갇혀 살았다. 내가 속한 산업생태계(Value Chain)를 파악하면 용기가 난다. 내가 속한 사업의 전후방, 측방산업을 파악하면 밝아진다. 지도 없이 길을 간다면 지금 가고 있는 곳을 알 수 없다. 그래서 영업 마케팅 지도 '비즈니스 내비게이션'을 만들어야 한다.

지도를 만들면 길을 따라 걸을 수도 달릴 수도 있다. 지도를 만드는 시작이 조사이다. 마오쩌둥은 "조사하지 않으면 말하지 말라."라고 했다. 시장조사를 하지 않는 사업은 백전백패한다. 군에서 하는 정보활동을 마케팅에서는 시장조사라고 한다.

마케팅 전략은 세계와 국내시장 전체를 살피고, 경쟁자와 잠재적 도전자를 알아내는 것에서 시작한다. 먼저 자신의 상품과 서비스에 대해 학습을 한다. 그리고 현장조사를 통해 학습한 내용을 확인한다. 현장조사는 국내와 해외현장을 방문하여, 경쟁사와 자신의 제품을 체험하면서 장단점을 분석하는 것이다. 이것이 해외영업과 글로벌 마케팅의 기본단계이다. 불행히도 많은 스타트업이나 벤처기업은 기본적인 조사조차도 하지 않고 사업을 했다. 데이터가 아닌 영감에 따라 상품을 개발한다. 조사하지 않고 일하는 것은 벼랑으로 버스를 모는 것이다.

'조사 없이 사업 없다.' 필리핀에서의 화학소재 시장조사

'해외시장 진출을 위한 글로벌 마케팅' 세미나에서 몇 분을 만났다.

한 분은 십여 년 동안 소각장치와 여러 제품을 개발했다. 모두 그의 머릿속에서 나온 것들이었다. 그는 에디슨 같은 천재였지만 GE의 창립자와 다른 것은 그 발명품은 하나도 팔리지 않았다는 것이다.

"1년에 1억씩 까먹었어요."

"날린 돈이 7억이 넘었습니다."

또 이렇게 말했다.

"어릴 때부터 만들고 발명하는 것을 좋아했어요."
"눈을 감으면 또 다른 발명이 떠올라 괴롭습니다."

천재적 발상이 축복이 되려면 조사가 필요하다. 유사한 기술과 선행 연구를 살피는 것뿐 아니라, 기존 기술이나 제품에서 개선할 수 있는 것, 시장에서 대체될 수 있는 것을 찾는다. 그리고 기존의 것을 합하거나 빼거나 변용할 수 있는지를 생각해 본다. 구 소련의 겐리히 알츠슐러(Genrich Saulovich Altshuller)가 제시한 창의적 문제해결 방법인 트리즈(TRIZ)를 익히면 도움이 된다. 이렇게 조사하고 생각을 다듬어보면, 유통경로를 어떻게 설정했고 판촉을 어떻게 했는지? 선행기업의 사례가 자연스럽게 발견된다. 이 과정에서 나의 길을 만드는 것이다. 궁핍한 생활을 견디며 고생 끝에 개발한 제품이 판매되지 않는다면? 돈보다도 발명에 십 년이 가고 이십 년이 가버린 세월은 어떻게 하란 말인가?

천재란 99%의 땀과 1%의 영감(靈感)으로 이뤄진다고 말했던 에디슨은 84세로 죽을 때까지 1,092건의 발명특허를 출원했다. 그는 관찰에서 얻은 영감을 조사를 통해 검증했다. 무엇보다 조사를 철저히 했다. 그의 연구는 시장을 향해 조준되었다. 에디슨의 탐구와 조사 DNA는 GE(General Electric)에 이식되었다. GE는 100년 이상 초우량 기업으로 성장했다.

투루판 지표면 섭씨 80도,
현장조사의 중요성

태양광, 원가 쓰나미가
한국기업을 덮치다

'타클라마칸'은 위구르어로 '들어가면 나올 수 없는 곳'이라는 뜻이다. 나는 지구에서 태양열이 가장 많이 쏟아져 내리는 중국 신장 위구르의 투루판 타클라마칸 사막 지역에 있었다. 지상의 입식 온도계는 48℃를 가리켰다. 공기온도는 48℃이지만 지표면 온도는 80℃까지 올라간다. 눈앞에 '불타는 산'이라는 뜻을 지닌 '화염산'이 불이 지글거리듯 보였다.

당시 내 메일함에는 태양광 원재료인 폴리실리콘을 구매해달라는 문의가 빗발쳤다. 폴리실리콘을 생산하던 동양제철화학(OCI)의 주가는 고공행진을 했다. 당연히 그 OCI 담당자에게 제품을 달라고 애원을 했다. 그러나 돈을 자루에 넣고 달려온다고 해도 어려운 일이라고 했다. 그 회사는 세계 각 처에서 쏟아지는 주문에 밀려 공장을 최대 가동을 했지만, 몇 년 뒤에나 공급할 수 있을지 모르는 상황이었다. 삼성, 한화, 웅진그룹도 태양광사업에 뛰어들었다. 반도체, 디스플레이를 만들던 중견기업도 태양광으로 주력사업을 바꾸었다. 정부 전망, 증권 애널리스트, 경제기자 모두 태양광사업에 대한 장밋빛 전망을 쏟아 냈다. 삼성경제연구소와 노무라 리포트의 경제이슈도 태양광이 점유하고 있었다.

그 시기에 나는 '태양광협업화 사업'에 참여하고 있었다. 태양광 발전, 장치기업들이 팀을 만들어 해외진출을 시도하는 산업 프로젝트였다. 사업 생태가 한국과 비슷하고 거리가 가까운 일본의 동향파악이 필요했다. 도쿄에 있는 연구소와 기업들을 방문했는데 일본 업계는 한국처럼 들떠있지 않았다. "중국이 대량으로 시설에 투자하는 부분을 피해서 할 수 있는 것을 찾는 것이 일본업계의 전략입니다."라는 애매하고도 중요한 이야기를 들었다. 한국에 돌아와 사무실에 앉았는데 무엇인가 현장을 확인하고 싶었다. 위성지도인 'Google Earth'로 지구를 돌리며 태양열이 쏟아지는 지역들을 살펴보았다. 태양의 순례길인 적도는 토지면적이 작고 밀림이 많아 태양광 발전소 건설에 적절하지 않아 보였다. 아나톨리아 평원, 사하라와 고비, 타클라마칸 사막지역이 미래 태양광 기지가 될 것 같았다. 일본에서 들은 말이 귀가에 맴돌았다. 중국 출장이 있는 길에 폴리실리콘 원료가 있고 제조사도 있으며 발전시설이 있는 신장으로 날아갔다.

그곳은 민족분쟁으로 몸살을 앓는 중국 최서단 변방이었다. 작열하는 땡볕과 불볕더위 속에 며칠 동안 지역을 조사하러 다녔다. 사막지역에는 가게마다 그늘막을 쳐 놓고 생필품을 파는 시장이 있었다. 그 천막 상가들 속에 태양열 집진관과 부속, 태양광 패널을 파는 상점이 있었다. 나는 그 상점에서 열사병 같은 어쩔한 충격을 받았다.

한국에서는 기술적인 상품에는 엔지니어가 붙어있다. 태양열, 태양광은 전문가라는 사람이 취급하는 품목이다. 그러나 그 그늘막 가게에서는 편안한 복장의 40대 아주머니가 필요한 것을 골라가라는 식으로 장사하고 있었다. 몇몇 사람이 트럭을 끌고 나귀를 타고 이런 것들을 사러 왔다. 이들에게는 솔라(Solar)에너지 장치가 무슨 테크놀로지가 들어간 제품이 아니었다. 형광등과 욕조처럼 큰 기술 없이도 설치할 수 있는 정도의 상품이었다. 무엇보다 한국과 비교할 수 없을 정도로 가격이 쌌다. 뒷머리에 서늘한 것이 스치고 갔다.

한국의 태양광 사업을 위협하는 투루판의 한 지역
(황량한 사막이지만 태양광 에너지, 원료 때문에 공장과 자본이 몰린다.)

폴리실리콘과 웨이퍼를 생산하는 보리협흠에너지(GCL)는 세계최대의
양산규모를 갖추고 속도를 붙여 증산하고 있었다. 내가 있었던 신장에서
폴리실리콘을 생산하는 다코뉴에너지(Daqo New Energy)의 생산원가는 한
국의 절반 이하였다. 이 생산기술은 반도체 같은 고도기술도 아니다. 중국
의 태양광 시범단지는 지상 최대규모로 조성되고 있었다. 이런 규모의 경
제를 한국기업이 따라갈 수는 없다. 한국이 중국과 태양광을 놓고 경쟁한
다면 피바람이 불 것이 뻔한 일이다.

이런 판단을 하고 있었을 때 한국기업은 태양광사업에 너도나도 우후
죽순처럼 뛰어들었다. 기존의 업체들은 생산설비를 증산했다. 전자제품을
만드는 기업, 화약을 만들던 그룹, 정수기 판매를 하는 회사까지 태양광산
업에 덤벼들었다. 그날 신장 위그르 천막 시장 이후, 이삼 년이 지나지 않
아 중국발 쓰나미는 한국기업을 덮쳤다. OCI 주가는 10분의 1로 곤두박질
쳤다. 삼성은 태양광사업에서 철수했고, 한 대기업은 분해되었다.

투루판 온도 48℃, 지표면 온도 80도, 그 열사지역에 태양광산업을 구

성하는 폴리실리콘-잉곳, 웨이퍼-셀-모듈 기업이 모인다는 것을 놓치지 말아야 했다. 태양광 주변사업인 집열 설비, 구조물, 제어장치를 만드는 기업도 이 사실을 보아야 했다. 세계적인 연구소의 애널리스트, 전문가라고 주장하는 교수, 경제지 전문기자도 현장조사를 하지 않았다. 한국의 폴리실리콘 공급가격이 제조원가보다 낮게 형성되고 있는 어이없는 현상은 세계 10대 태양광기업 가운데 8할을 점유하는 중국기업의 공세 탓이다. 그룹해체, 도산, 노동자 해고…, 시장조사, 현장조사가 부실했던 산업계가 치른 대가는 참혹했다.

주여! 어디로 가시나이까?
(Domine, quo vadis?)

절벽으로 가는 경영

　　　　　　　　제임스 딘과 엘리자베스 테일러가 주연했던 영화 〈자이언트〉는 미국 서부시대에 농장을 경영했던 사람과 유전을 개발했던 사람의 이야기이다. 산업의 방향에 따라 삶의 양식이 바뀐다. 4차 산업혁명 시대, 당신은 지금 어느 쪽에 있는가?

　산업사회의 상징은 시계다. 미덕은 시간의 양과 속도였다. 한국인은 일찍 일어나서 일터로 가고 밤에도 잔업을 했다. 시곗바늘이 회전하는 360도를 부지런히 땀으로 채웠다. 잘살아 보자는 열망이 있었기 때문에 '빨리빨리'와 투여한 시간만큼 놀라운 발전을 이루었다. 당연히 부작용이 있었다. 늦은 시간까지 돌아가는 시계는 노동을 억압했고 새벽 달리기를 하던 시절에는 국가부도 사태를 맞았다.

　4차산업 혁명시대에는 속도보다 방향이다. 개인도 기업도 정부도 방향이 맞으면 반절은 간다. 시대와 다른 방향으로 달리면 절벽으로 간다. 지금 타는 승용차에 내비게이션을 달지 않았다. 방향 감각을 높이고 지도를 보는 즐거움을 놓고 싶지 않기 때문이다. 예산에 있는 농공단지에서 자문요청이 왔다. 시골길을 가는데 지도를 보고 손목시계의 시침과 분침을 이용해 방위를 잡았다. 현 지점을 기준으로 찾아가는 공장 거리와 방향을 기억해 두면 잠시 길을 잃더라도 목표를 찾을 수 있다.

　나침반은 회전하지 않지만, 방향이 운명을 가른다. 방향은 사업의 노선이다. 세계시장, 국내시장, 경쟁자와 자사분석은 지도와 같고 산업의 미래와 마케팅믹스를 통해 달성하려는 목표는 나침반과 같다. 낡은 방식으로 일하면 부지런해도 성공하기 어렵고 세상이 가는 방향을 알면 시대의 운을 잡을 수 있다.

　새마을운동 노래가 들리던 시절에는 재봉틀 몇 대 놓고 체육복을 만들던 사람들이 ○○어패럴이라는 이름으로 사업을 키우고 돈을 벌었다. 그때는 운동복을 입고 운동회를 하고 운동복 바람으로 학교에 가고 그 운동복 차림으로 마을 청소를 했기 때문이다. 그 당시 교복을 지어 팔던 회사가 있었다. 이 회사가 어느 날, '○○석유공사'를 인수했다. 그리고 통신사업에 도전해서 기간 사업자가 되었다. 오늘날, 그 회사는 정유화학과 반도체까지 한국경제를 선도하고 있다. 현재에 안주하지 않고 미래를 위해 역량을 갈고 닦은 것이다. 무엇보다도 세상의 방향을 보았다.

경영전략과 나침판,
잭 웰치의 위대한 승리

지속적 경쟁우위를 확보하는 다섯 장의 슬라이드

GE는 1896년 '다우존스산업평균지수(Dow Jones Industrial Average)'에 편입된 이래 100년 동안 초일류 일등을 지켜온 복합기업이다. 1981년부터 20년 동안 GE를 경영했던 잭 웰치가 정리한 다섯 장의 슬라이드(Five Slide Approach)에는 사업방향을 잡는 이에게 필요한 통찰이 들어 있다.

[1]현재의 경쟁판도를 분석해야 하고, [2]경쟁사를 파악해야 하며, [3]스스로를 돌아보아야 하고, [4]가까운 미래를 주시해야 한다. [5]마지막으로 비장의 무기를 갖추는 것이다. 자세한 내용은 『잭 웰치, 위대한 승리』(청림출판)를 참고하기 바란다. 사업전략을 수립하는데 반드시 알아야 할 핵심사항이다. 손자는 말했다. '상대방과 자신의 상황을 잘 알면 백 번 싸워도 위태로울 것이 없다.'(지피지기백전불태, 知彼知己百戰不殆)

홈페이지는 대표선수, 마케팅 플랫폼 구축

언택트(Untact) 시대에 더 중요해진 글로벌 홈페이지

춘천에서 극미세 케이블 생산으로 매출 600억을 넘기는 강소기업이 있다. 이 회사 현관에는 매출 1,000억을 돌파하겠다는 구호가 붙어있다. 매출 100억대와 1,000억 대는 차원이 다르다. 1,000억을 향하는 기업은 지난날과 다른 마케팅을 해야 한다. 그러나 대부분이 매출 80억을 넘겼던 시절 같은 방식으로 경영한다.

부품 및 소재 생산기업은 매출이 100억만 넘어도 독일, 일본, 중국과 맞붙어 극심한 전쟁을 시작한다. 강력한 해외영업과 차별화된 마케팅이 중요하다. 전 직원, 모든 조직의 영업-마케팅 역량을 강화해야 한다.

매출 1,000억대를 바라본다면 글로벌 홈페이지를 만들어야 한다. 그냥 홈페이지가 아니라, 영어로 된 무늬만 글로벌 홈페이지가 아니라, 홈페이지로 구현하는 마케팅 플랫폼을 만들어야 한다. 플랫폼이란 시장의 산업생태계와 인적 정보를 통합하는 시스템이다. 양어장 같은 플랫폼은 시장조사, 현장조사, 시장에게 제공하는 정보와 바이어의 반응으로 증강된다. 이 회사가 생산하는 극미세 케이블은 체진단 내시경에 쓰이는 부가가치가 높은 제품이다. 그 회사가 판로를 확보하는 방법은 전시회였다. 그러나 1,000억을 넘보는 회사가 전시회만으로 마케팅한다는 것에 한계가 있다. 심각한 문제는 인터넷 검색창에 이 회사의 관련 키워드인 '미세케이블', '내시경', '의료용 케이블'을 넣어도 구글에 잘 검색되지 않는다는 것이었다. SNS 기업 페이지도 운영하지 않았다. 스토리가 담긴 동영상도 제작하지 않았다. 안타깝게도 이미 일등인 회사가 몇백억 더 벌 수 있는 시스템을 구축하지 않았다. 구글에 없으면 글로벌시장에서는 존재하지 않는 것과 같다. 유튜브에 제품 동영상이 없으면 마케팅을 하지 않는 것이다. 제대로 만든 홈페이지는 이것을 통합할 수 있다.

강소기업 마케팅은 회사 자체가 방송국같이 콘텐츠를 제작하고 발신해야 한다. 영업사원들은 SNS 운용능력은 뛰어나야 한다. 임원들부터 자신이 생성한 정보와 이미지를 올려야 한다. 나는 홈페이지부터 개선하도록 했다. 영업담당은 링크드인(Linked In)에 회사와 자신을 소개하도록 했다. 관련 기업과 산업동향은 웹을 통해 큐레이션(Curation)을 하게 했다. 모바일 인맥 관리시스템과 같은 애플리케이션을 사용하면 명함, 음성, 사진을 통합할 수 있다. 전 직원이 하나의 통합된 시스템을 사용하면 만나는 거래선, 바이어의 정보가 한 곳에 모이고 정보는 증강된다. 규칙적으로 기록하면 바이어와 나누었던 상담내용을 놓치지 않게 된다. 이렇게 홈페이지를 통해 정보를 축적하고 회사의 마케팅 정보를 발신하며 직원과 고객의 공유시스템으로 만드는 것을 마케팅 플랫폼 구축이라고 한다.

천억 단위를 넘어 조 단위의 매출로 가려는 기업은 잭 웰치가 제시한 슬라이드를 점검해보자. 산업계의 경쟁판도를 바꾸기 위해서 무엇을 하고 있는가? 회사를 인수하거나 신제품을 출시하거나 핵심인력을 스카우트하거나 신기술의 라이센스를 취득했는가? 높은 목표가 있어도 영업-마케팅에 R&D 비용의 10분의 1도 투자하지 않는 것이 한국기업의 현실이다. 천억 기업, 천억 부서가 되려면 여간 강한 영업과 마케팅 시스템을 구축하지 않으면 안 된다. 600억 매출을 한다면 1,000억 돌파는 가능한 목표이다. 강한 영업이라는 아날로그와 디지털 마케팅이 결합하면 전사들은 막강해진다.

회갑을 넘긴 사모님의
수출 무역 프로세스 장악

러시아, 이란 진출 너끈히 하다!

해외진출 새내기 기업들은 계약 서류작성, 인허가, 외화획득용 원료조달, 신용장 처리, 통관 등에 공포를 느낀다. 초보자라면 당연한 두려움이다.

충남 태안에 대형 괘종시계와 벽시계를 제작하는 회사가 있다. 한국의 시계 제조사가 모두 해외로 공장을 이전했지만, 이 회사는 끝까지 고향을 지켰다. 이 사이에 시장환경이 변했다. 한국에서는 회사 이전을 해도 그전처럼 사람 몸체만 한 시계를 현관에 세우지 않는다. 그러나 러시아와 이란 등지에서는 아직도 대형시계를 선호한다. 이 회사가 살 길은 이런 나라에 수출하는 것이다. 영어로 주문을 받고 무역실무를 처리할 사람이 필요했다. 도시에서 대학을 나온 젊은이는 충남에서도 외지인 태안까지 일하러 오지 않았다. 몇몇 경력 사원이 들어왔지만, 불편을 감내하지 못하고 그만두었다. 사업을 이어가는 방법은 사장이 제작하고 사모가 마케팅을 배우고 수출절차를 익히는 것이다. 한국무역협회(KITA) 컨설턴트로 일하던 시절 몇 번 이 회사를 방문해서 실무를 도와드린 적이 있다. 그러나 지금은 이런 도움이 필요없다. 회갑을 넘긴 사모님께서 모든 수출절차를 처리하기 때문이다. 절차적 일은 반복할수록 시간이 단축된다. 무역 프로세스는 사모님 손안에 들어왔다. 시골에서도 얼마든지 수출할 수 있게 되었다.

클레임과 파트너 발굴

품질불량, 사업해서는 안 되는 회사

고소장이 왔다. 중국에서 보낸 것이다. 빨간 도장이 큼직이 찍힌 문서, 손해를 주장하며 배상을 요구하는 서류를 보면 혈압이 오른다. 눈꺼풀까지 떨렸지만, 심호흡을 하고 내용을 읽어 보았다. 나(회사)는 밀폐용기 제조자에 바이어를 소개했다. 그 제품은 가격이 저렴했고 디자인도 떨어지지 않았다. 바이어를 연결하는 회사 임원이 중국의 대형유통망을 소개했다. 수출이 시작되었다. 바이어는 첫 수입 이후, 중국 전역에 판매할 준비를 했다. 생활용기 일등기업인 락앤락이 세계시장에서 신화를 쓸 때였다. 제조사와 바이어, 이 거래를 중개했던 나(회사)는 지속적인 매출을 예상하며 몇 달 행복하게 지냈다.

어느 날 용기 접합부에서 국물이 샌다는 클레임이 제기되었다. 회사는 당연히 제조사에 이 사실을 알리고 개선을 요구했다. 이 제조사는 이것뿐만이 아니었다. 자신이 거래하는 여러 채널에서 클레임을 받은 것 같았다. 결국, 제조사는 부도를 내고 발을 뺐다. 중국 대형매장에 판매코드를 따고 대륙 전역으로 영업을 확대한 바이어 노력은 물거품이 되었다. 바이어는 화가 단단히 났다. 제조사가 없어진 상황에서 그 책임을 중개무역을 하는 나에게 물었다. 그래서 품질을 맞추지 못하는 기업은 사업을 하면 안 된다. 모두를 망친다.

의약품 수출상담회에 참가했다. 해외 구매자로 10여 개 회사가 왔는데 매출 5,000억이 넘는 중견 회사들이었다. 여기에 참가한 한국 중소기업은 약 30개 회사였다. 성과로 이어진 것은 얼마나 될까? 이런 기업을 초청한 기관은 바이어 규모만으로도 체면이 서겠지만, 기업규모가 클수록 모험할 이유가 없다. 검증되지 않는 제품은 구매하지 않는다. 그래서 제품과 기업, 시장반응 모두를 검증을 받아야 한다. 그래서 초기 기업은 거래가 어렵다. 구매자의 판매규모가 클수록 하나의 불량에도 엄청난 손해를 배상하게 된다. 글로벌 유통기업들이 중소기업과 직접 거래하지 않고 벤더(중간 상인)와 사업을 하는 이유는 위험을 분산하기 위해서다. 중소기업에 중요한 것은 바이어 규모가 아니다. 함께 사업하는 파트너가 중요하다.

부자 준비 완료,
황토화장품 일본열도 상륙

기업 원점은 품질

사업초기에 황토로 샴푸, 린스, 보디크림을 만드는 회사가 해외판매를 부탁했다. 나는 여러 통로의 탐색과 수많은 노력 끝에 일본 10,761개 약국 체인에 상품을 공급할 수 있는 바이어를 찾았다. 견본을 주었는데 '황토'라는 소재가 새롭다고 했다. 품질도 마음에 들어 했다. 지체하지 않고 수출절차를 진행했다. 제조공정표를 작성하고 유해성 검증시험을 공인기관에 맡겼다. 상품설명과 사용법을 번역했고 제조공정 책임자와 기업대표의 서명을 받아 일본 후생성에 허가를 신청했다. 이것을 위해 60일 동안 400페이지가 넘는 문서를 주고받았으며, 바이어와 40회 이상 통화를 했다. 바이어를 방문했고 바이어를 한국에 초대하여 판매전략과 광고를 만들었다.

이렇게 판매를 준비하는 사이에 [1]후쿠오카 현 지사, [2]일본 후생노동성, ³긴키 지방후생노동성의 인증허가가 나왔다. 이것은 한국 황토로 만든 제품을 일본에서 공식적으로 판매할 수 있다는 의미다. 일본 열도에 한류 열풍이 불고 있었고, 한 상자씩 만 공급해도 일시에 10,761개 상자가 팔리는 것이었다. 한 상자당 10만 원씩 만 잡아보니 한 번의 매출이 10억 원이 되고 10박스씩 주문을 하면 100억의 매출을 돌파한다. 한 품목에 1,000억 원을 넘긴 BB크림이나 한방샴푸같이 눈앞에 천억 매출이 어른거렸다. '드디어 나에게도 대박이 나는구나….' 심장이 뛰었다. 제조사와 바이어도 직원을 추가로 채용했고 자금을 확보했다. 8월에 첫 주문이 왔다. 회사에서 박수가 터졌다. 그동안 고생은 끝, 부자가 되면 되는 것이었다.

어느 날 출근을 하니 감동적(?)인 팩스가 와 있었다. 일본 약국에 납품한 제품 속에 작은 유리조각 같은 것이 나왔다는 것이었다. 바이어는 5쪽 짜리 전문에 심각한 내용을 쓰고 손해배상을 청구했다. 폭탄 같은 소식이었다. 행복한 희망은 산산이 조각났다.

> "이것을 일본 전역에 유통했다면 지금까지 이루었던 나의 모든 것을 날렸을 것입니다. 이것은 일본에 상륙한 한국 상품 전체에도 해악을 줄 수 있는 심대한 일입니다. 최근 일본에 수입된 한 중국제품에 문제가 있어 중국제품을 취급하는 업계 전체가 죽어버렸습니다."

1950년에 설립된 유키지루시(雪印) 유업이 있다. 우유, 치즈, 유지를 주력으로 매출 5,600억 엔, 종업원 4,500명과 108개 계열회사를 거느린 일본 최대 종합식품 회사였다. 2000년 이 회사가 판매한 우유에 집단식중독이 발생했다. 이것으로 반세기 동안 쌓아 올렸던 신뢰가 땅에 떨어졌고 매출이 급감했으며 주가는 급락했다. 이 그룹은 2002년 해체되었다.

한국에 많은 회사가 있지만 일본 시장 점유가 미비한 것에는 이렇게 살벌한 사연이 있는 것이다. 그동안 한국의 중소기업 제품을 세계시장으로 보내는 사업을 하면서 품질력이 높은 삼성, LG, 현대 제품을 파는 사람이 그렇게 부러울 수 없었다. 브랜드도 강하기 때문에 가져다 놓으면 제품은 팔린다. 그러나 중소기업과 일하는 나에게 폭탄 같은 사건이 터졌고 잊을 만하면 품질 쪽에서 사고가 났다.

빨리빨리, 기회를 놓치는 조급증

해외영업은 단타매매가 아니다

'조급증'이라는 바이러스가 들어오면 관계를 망친다. 국내영업도 하루 이틀에 되지 않는데 환경, 문화, 언어가 다른 외국에서 코리안 슬로건인 '빨리빨리'가 통할 리 없다. 불안을 이기지 못하면 급해지고, 급하면 눈앞의 것도 보이지 않는다. 이성이 달아나고 감정의 노예가 되면, 중기적이고 장기적인 전략을 구사할 수 없다.

공조기 회사와 계약을 했다. 임무는 바이어를 발굴하는 것이었다. 이 회사의 경쟁사는 독일과 일본의 메이커들이었지만, 이 당시 유로화와 엔화 강세로 한국제품에 가격 경쟁력이 생겼다.

목표는 한국 열기로 뜨거운 베트남 시장이었다.

회사에 담당자를 지정했다. 나도 팀원이 되어 바이어 발굴에 착수하였다. 팀은 한 달 동안 인터넷을 뒤지고 주한 베트남 대사관, 현지 상공회의소에 협조를 구했다. 모든 방법을 다했다. 영문으로 기사를 만들어 구글에 올리고 베트남어로 온라인 홍보를 시작했다. 베트남 유학생 필립과 한국에서 근무하고 있는 베트남 박사, 그가 소개한 베트남 컨설턴트를 만나 도움을 청했다. 현지 마케팅 회사를 수배했고 통화했다. 이렇게 고객사를 위한 베트남 플랫폼이 만들어지고 있었다. 회사가 있는 지역에 거주하는 다문화 가정 베트남 여성을 파트타임으로 고용을 했다. 위와 같은 활동으로 148개 관련 회사를 찾았으며, 통화를 했고 메일을 보냈다. 3개월 동안 211건의 메일이 오고 갔다. 그런데 분위기가 이상해졌다. 고객사의 수출 담당은 40대 초반이었는데 회사의 여성 마케터를 대하는 태도가 일방적이었다. 나에게도 업무시간을 고려하지 않고 수시로 전화를 했다.

"수배된 잠재 바이어의 양이 부족합니다."
"이런 식의 진행은 소득이 없습니다. 다른 대안은 없나요?"
"다음 주 월요일까지 특별한 성과가 없으면 해지를 고려하겠습니다."

오랜만에 강적을 만난 느낌이 들었다. 그 담당은 몇 주 전에 회사를 옮겨온 사람이었다. 전 직장에서 수출 행정은 했지만, 현장영업을 한 적은 없었다. 스카우트를 받은 자로서 성과에 대한 사내 압박이 심하다는 이야기를 몇 번 했다. 문경에서 워크숍이 있었는데 또 전화가 왔다. 행사 중간에 나와 그의 전화를 받으며 불안을 달랬다.

"빵 반죽도 발효되는 시간이 필요해요. 성실히 대응하고 있으니 조급히 하지 마세요. 수출은 서두른다고 되지 않아요. 우리 전략적으로 일합시다."

제품에 따라 영업을 시작하고 해외주문을 받기까지는 2년, 3년, 심지어는 7년이 걸리기도 한다. 수출은 기본적으로 컨테이너 단위의 거래이다.

바이어가 구매계획을 세웠다 해도 유통망에 풀기 위해서는 최소한 일 년의 시간이 걸린다. 따라서 다음과 같은 일을 일상적으로 충실히 해야 한다.

1. 회사와 상품을 세계시장에 알린다.
2. 잠재 바이어 리스트를 확보한다.
3. 이 리스트에 있는 바이어에게 연락을 한다.
4. 특별한 인맥과 해외 네트워크를 통해 바이어에 접근한다.
5. 가능성 있는 바이어를 발굴하면 현지를 방문하고 회사에 초대한다.
6. 위와 같은 영업행위를 반복한다.

이렇게 급한 사람도 고객이었다. 그래서 더 촘촘히 마케팅 그물을 짜고 구매자 발굴에 속도를 냈다. 그러나 그는 일방적으로 계약파기를 선언했다. 해외시장에 진출하는 것은 나무를 심고 숲을 가꾸는 것과 같다. 성실하고 똑똑하게 일하는 것을 기본으로 숙성되는 시간을 기다려야 한다. 바이어 역시도 한 번 수입하면 수억, 수십억이 되는 장비를 메일 몇 통 받고 두 달 만에 구매하지 않는다. 공교롭게도 그 고객사 차장이 계약을 파기한 다음 날, 그렇게 기다리던 소식이 왔다. 그동안 뿌리고 심었던 활동에 대한 반응이었다.

We are now tendering the M&E service for "Ha Noi ●●● Hospital" Project in Ha Noi City, Vietnam. Would you please send us the quotation at the best price for 04 Set Heat Recovery Wheel as attached files.

Your quotation should be based on:
- Brand name:
- Quoted price: CIF Hai Phong port, Vietnam.
- Payment: L/C at sight.

- Delivery time: Please advise us.
Please send us the catalogues of that equipment.
Best regards,
Mechanical Team Leader - M&E Tender Division
(내용 일부 삭제)

하노이에서 종합병원을 설계하는 회사에서 공조장치를 찾는 견적요구였다.

Odyssey 11

글로벌 네트워크의 입체적 구성

국제친선클럽, 로터리, 라이온스, JCI(국제청년회의소)

사드사태로 위기가 찾아왔다. 중국은 회사 거래의 반절 이상을 차지했다. 대안을 찾아야 했다. 스리랑카 수도인 콜롬보를 방문하기로 했다. 경영고문, 사외이사, 협력사 대표와 함께 출동했다. 네 명이 움직이는 비용은 천만 원이 넘는다. 출장목적은 상품뿐 아니라 새로운 시장에서 무역, 기술제휴, 합작투자 파트너를 찾기 위한 조사다. 나는 반년 전부터 신시장 진출을 위한 입체적인 네트워크를 구성했다.

1. 출국 전에 주한 스리랑카 대사관 상무 담당 참사관을 면담했다.
2. 현지 스리랑카 상공회의소에 연락하여 약속을 잡았다.
3. 수년간 스리랑카에 인연이 있는 임원을 먼저 보내 고객사를 위한 회사 방문을 잡았다.

4. 스리랑카 국회 정보통신에너지 위원회의 ○○의원을 만나기로 했다.

다음 단계는 공식적인 관계를 보완하는 개인 네트워크를 활용하는 것이다. 스리랑카 JCI 회원을 만나기로 했다. 한국에는 세계적인 봉사단체인 로터리, 라이온스 클럽이 있다. 이 가운데 JCI는 세계최대급 비정부기구로써 '국제청년회의소'라고 한다. 1910년 헨리 기젠비어(Henry Giessenbier)가 창립했다. 현재 123개국에 5,000개 이상의 지부가 활동하고 있는데 국적 · 인종 · 종교의 차별 없이 청년의 지도역량을 개발하고 지역사회에 봉사한다.

나는 이 JCI에서 활동했다. 마흔 살이 되는 해 나이 제한이 있는 현역 활동을 마치고 세네타 회원이 되었다. 같은 세네타로서 덴마크에서 Senator facebook을 운영하는 프로스트(Frank Frost) 씨에게 스리랑카 방문을 알렸다. 그는 110개 나라에 있는 세네타 회원의 활동을 연결하고 있다. 스리랑카 JCI 게시판에도 나의 출장을 알렸다.

Dear JCI SriLanka members,

I'm a Senator from South Korea, and I will be visiting Colombo, SriLanka in next week (2nd July - 7th July) so that I want to meet you up if you are available. HD International that I work for has been doing global business with many of the countries in the world for more than 20 years. My goal is to boost the economic development between not only companies but also countries. Please kindly find the attached introduction of my company in details, and you will be having some knowledge about us. I hope that I can make a big difference and leap with you together during this business trip to Sri Lanka. Please let me know if you have time for this. Thank you very much!

이 내용을 보고 JCI 세계 회장(World President)이었던 사멘(M. Isfahani Sameen) 씨가 연락을 주었다. 그와 나는 바르셀로나, 삿포로, 서울에서 열린 세계대회에서 마주친 적이 있다.

I would be delighted to meet them in the Afternoon on Wednesday, 05th July around 3.30 p.m.

I can come to the Galadari Hotel in my car on Wednesday, 05th July at 3.30 p.m. and meet them at the Hotel Lobby and take them to my Company which deals in Gems and Jewellery and Real Estate Business and after that have Tea at my Residence which is located behind my building. I will drop them back after the meeting and having Tea. My Business is located on the Main Galle Road in Wellawatte, Colombo 6 which is only a 30 minute drive from the Galadari Hotel during traffic time but only a 15 minute drive if it is off peak hours. Since there are three people in the Delegation, I will drive my own vehicle and the three people can sit comfortably in my car and visit my Company and Residence. Please confirm that this arrangement is fine with you so that I can meet them up at the Galadari Hotel at 3.30 p.m. on Wednesday, 05th July.

Warmest Regards, I remain,

Yours sincerely,

M. Isfahani Sameen

1989 JCI World President

국제친선클럽은 해외사업의 든든한 네트워크가 된다.

스리랑카 콜롬보에서 한국에 왔던 JCI 세계회장(World President, 1989) 사멘 씨와 만났었다.

세멘 씨는 내가 묵고 있는 콜롬보 갈라다리 호텔로 찾아왔다. 그는 국제 보석상이다. 스리랑카는 보석 산지가 국토면적의 20%에 달하는 보석나라이다. 나는 사멘 씨 댁에서 부인이 내온 다과를 즐겼다. 그의 매장에도 들려 소장품을 구경했는데 32.8캐럿 사파이어를 손으로 들어보았다. 그는 메일로 알린 내용 그대로 안내해 주었다. 다음 날, 바이어를 만나는 틈새에 2017년도 스라랑카 JCI 회장 사켐(Mohamed Safraz Sakeem) 씨를 방문했다. 그는 당뇨에 의한 괴사를 치료하는 바이오 랩 MEGAMeditech를 경영하고 있었다. 저녁 시간에는 스리랑카 현역 JCI 회원인 초드하리(Chowdhary)와 카시나드(Kashinath)가 찾아왔다. 한 사람은 비즈니스 개발자이고 한 사람은 컴퓨터 프로그래머이다. 그들은 한국 IT에 대해 잘 알고 있었다. 우리는 거리에 나가 저녁식사를 했다. 편안하고 즐거운 시간이었다. 한국에 돌아와서 웹 개발회사에 그들의 이력서를 전했다. 이렇게 새로운 나라를 가게 되면 그 지역 JCI 회원들을 만난다. 국경을 넘어 우정을 나눈다. 현지에 친구가 있으면 바이어와 파트너(잠재)를 검증할 길이 생긴다.

Odyssey 12
글로벌 마케터를 위한 7단계

매출 100조 글로벌기업 공략하기

에너지기술연구원에서 글로벌시장 진출전략에 관해 세미나를 했다. 한 인큐베이팅 기업이 손을 들고 질문했다.

"벤처기업들이 엑손모빌, 로얄 더치쉘, BP 같이 매출이 100조가 넘는 글로벌

기업을 대상으로 어떻게 영업을 할 수 있나요?"

해외공략에 학습을 선행한다. 세계 최강과 거래를 하고 싶다면 학습의 범위와 심도가 일반적일 수는 없다.

(1) 해당분야 세계 10대 기업의 동향과 기술을 파악한다

인터넷 '즐겨찾기'에 월드 톱 10개 에너지회사를 북마킹한다. 이 회사들의 모든 페이지를 열어 본다. 모든 이미지와 동영상을 다 본다는 각오로 파이팅을 한다. 이렇게 홈페이지 학습을 마치면 이 회사들 이름으로 기사검색을 한다. 기사는 최근의 기업활동과 산업동향을 알려 준다. 이런 일은 연구원이 아닌 경영자, 마케팅 담당자는 일과에서 할 시간조차 없다. 그래서 퇴근 후, 출근 전 한 시간 이상 작업한다. 휴일에는 종일 카페에서 노트북을 펴놓고 이 탐색을 지속한다. 보통 이런 최고 수준의 회사 하나, 홈페이지를 격파하는 데에는 일주일 이상의 시간이 걸린다. 수십조 수백조의 매출을 달성하는 기업의 마케터는 최고의 지식체계를 사이버 공간에 구현해 놓았다. 이들 페이지의 이미지와 영상은 아름답기까지 하다. 이 작업은 세상의 차원을 다르게 한다. 당신은 글로벌 산업생태계의 광맥을 찾는 광부다.

(2) 공략 국가의 산업 생태계를 조사한다

공략하고자 하는 나라의 대표 기업들을 파악한다. 제3 세계의 국영기업 또는 10대 기업들은 복합 기업으로 서로 연결이 되어있다. 이란 시장 진출이 목표라면 Iran Khodro Holding Co, Iran Mines and Mining Industry Renovation Organization(IMIDRO), Saipa Holding Co, National Iranian Petrochemical Co, Melli Bank, SAPCO, Saderat Bank, Mellat Bank, Mobarakeh Steel Co, Sepah Bank 같은 이란 Top 10대 기업을 찾아 들어간다.

(3) 공략지역에 들어와 있는 현지 경쟁사 10개를 파악한다

당신이 하는 작업 속에는 한국전력, SK이노베이션, S-오일 같은 해당 산업에 관련된 국내기업도 집어넣는다.

(4) 제품의 전방, 후방산업을 대표하는 주요기업과 산업 사이 흐름을 파악한다

에너지 메이저 회사와 거래를 하는 석유화학의 Up stream과 Down stream의 주요기업들을 찾아 넣는다. 가솔린을 판매하는 전방산업, 에틸렌과 플라스틱을 제조하는 후방 산업 주자도 머리에 넣는다. 아마도 당신은 이 단계 속에 들어 있을 것이다. 이렇게 검색으로 찾아 놓은 수십 개의 회사가 한 파일에 모일 것이다. 이렇게 하나하나를 선택해서 수집하는 것을 비즈니스 큐레이팅(Curation)이라고 한다. 이것이 당신이 분투해야 하는 일터(Field Category)이며, 산업생태계(Value Chain)가 된다.

(5) 글로벌 정보원을 확보한다

글로벌 에너지 · 원자재 정보제공 기업인 플래츠(http://www.platts.com)와 블룸버그의 에너지 기사를 RSS로 연결한다. 이 간단한 연결을 통해 최고의 에너지 기업동향과 정보를 모바일로 배달받게 된다. 이 산업뉴스를 구독하면 산업계는 춘추전국시대 속에 있다는 것을 알게 된다. 날마다 거대하고 치열한 전쟁이 벌어지고 있다. 싸우고 인수하고 합병하며 세상을 변화시킨다.

(6) 송 · 수신이 가능한 양방향 플랫폼을 만든다

단계별로 확보한 정보를 한 파일에 넣고 커뮤니케이션 기능을 붙이면 가치를 생성하는 플랫폼이 된다. 팀원, 협력사와 함께 '밴드'를 시작해도 되고 '페이스북 페이지'나 클라우드를 활용할 수 있지만 글로벌용 홈페이지가 필요하다. 잘 만드는 웹사이트는 하나의 생명체가 된다. 정보는 증강한다. 당신과

바이어, 산업계를 소통하게 하며 비즈니스를 안내하는 내비게이터가 된다.

⑺ 관련된 단행본 최소 10권 이상은 읽는다

인터넷만으로 부족하다. 일차적으로 에너지산업의 흐름을 살필 수 있는 도서 10권 이상을 읽는다. 10권으로 기본이 생기면 30권을 읽게 된다. 인터넷 검색이 아닌 단행본 독서, 이것이 현장과 결합하면 시장전략에 통찰을 준다.

예)

- 『에너지의 미래』 이반 스크레이즈, 고든 매케른 등저, 교보문고
- 『에너지 명령』 헤르만 셰어 저, 고즈윈
- 『레드 앤 블랙 : 중국과 아프리카, 신 자원로드 열다』 김동환, 배수강 공저, 나남
- 『심해전쟁』 사라 치롤 저, 엘도라도
- 『하이브리드의 진화』 골든벨 편집부 저, 골든벨
- 『희토류 자원전쟁』 김동환 저, 미래의창
- 『자원전쟁 : 국가 간 생존을 위한 사투』 시바타 아키오 저, 이레미디어
- 『훤히 보이는 신재생 에너지』 주무정, 이규석, 손충열, 최순욱 공저, 전자신문사
- 『기후변화가 비즈니스를 바꾼다』 삼성지구환경연구소 저, 삼성지구환경연구소
- 『대체에너지』 이강후 저, 북스힐

사업이 커질수록, 경쟁이 치열할수록 전략적 사고는 중요하다. 미국 국공채 금리, 국제유가, 환율, 셰일가스, 루블화, 국가의 에너지 정책이 시장에 영향을 주기 때문이다. 당신이 이런 지식을 머리에 넣고 있으면 중국석유화공집단(SINOPEC)의 임원이나 스탠퍼드 대학 에너지 담당교수와도 얼마든지 이야기할 수 있게 된다. 석유수출국기구(OPEC)가 주관하는 세미나의 내용도 이해할 수 있다. 알고 하는 영업은 신 나는 일이다.

세계시장의 전략적 접근
'글로벌 마케팅 시뮬레이션'

전략적 학습과 '돌격 앞으로!'

세계시장 공략은 전략적이어야 한다. 영업-마케팅은 전략을 구현하는 활동이다. 전략을 체득하기 위한 과정이 앞장에 전술한 '글로벌 마케터를 위한 7단계'다. 이 7단계 과정을 영업팀이 업무와 병행하면 일 년, 대학원처럼 집중하면 반년 정도 걸린다. 이 시뮬레이션을 스스로 해내면 당신은 변한다. 뛰어야 할 세상이 보이고 성취해야 하는 목표가 뚜렷해진다.

이 내용은 어느 교과서에서 본 것이 아니다. 수출현장에서 다양한 품목, 여러 산업을 넘나들다 보니 관찰과 경험, 학습을 통해 스스로 터득한 것이다. 난 이 내용을 학기과정으로 만들어 경제통상계열의 대학생을 지도했다. 학생들의 눈빛은 확실히 달라졌다. 이런 지식축적을 한 사람과 바탕없이 상담회에 참가한 사람과는 차원이 달라진다. 영업을 해도 전략이 있는 사람은 그림을 그리면서 일을 하는데, 학습이 없는 사람은 바이어를 만나도 경품행사에 앉아 있는 것처럼 결과를 예상할 수 없다. 복불복(福不福)이기 때문에 운수에 의지하게 된다. 철학관을 찾고 부적을 받아 온다.

정유라인에 밸브를 공급하는 회사에 코칭을 하였다. 이 회사는 현대, 대림엔지니어링, 두산중공업의 해외수주에 따른 제품공급으로 매출 1,000억을 넘겼다. 그러나 이러한 제품의 수요자인 벡텔(Bechtel)이나 플루어(Fluor), 아람코(ARAMCO)와 수주한 경력은 없었다. 제품은 뛰어났지만, 마케팅이 약했다. '글로벌 마케터를 위한 7단계 학습'이 없었고, '양방향 증강 플랫폼'이라는 온라인 전략이 없었다. 해외마케팅을 해본 적이 없는 웹 제작사가 만든 홈페이지가 있을 뿐이다. 소기업에서 중소기업으로, 중견기업으로 성장했지만, 한국 대기업의 해외수주에 따라 커진 것이다. 이제는 독자적으로 해외시장을 공략할 때다. 스스로 해외시장을 개척해야 세계 일등 기업이 된다. 이 회사는 에너지메이저들이 천하를 분할하고 통합하는 전황을 볼 수 있어야 한다.

글로벌시장을 공략하려는 기업은 반드시 '글로벌 마케터를 위한 7단계' 학습을 해야 한다. 그 전략적 학습을 통해 모의전투를 해야 한다. 시간은 똑같이 간다. 비전, 목표, 전략, 시행지침을 만든 기업과 상담회, 전시회를 쫓아다니고 원청의 발주서만 기다리던 기업과는 수준 차이가 확연히 난다.

제6장

해외 비즈니스,
영어가 아니다

해외사업은 중학교 수준의 영어라도 시작할 수 있다.

세계 공통의 영어는 1,600단어로 구사하는 글로비시이다.

인도, 싱가포르, 홍콩의 파트너도 이 정도 수준으로 비즈니스를 했다.

800년 전, 베니스 상인 마르코 폴로가 사용했던 중국어도 높은 수준은 아니었을 것이다.

회화보다 중요한 것은 소통의 속도이며, 텍스트 메시지를 보낼 수 있다면 OK!

해외사업,
영어가 다는 아니다

800년 전, 마르코 폴로는 어떻게 소통했을까?

해외영업에 대한 오해가 영어를 잘
해야 한다는 것이다. 어떤 사람은 영미권에서 MBA라도 해야 했다고 생각
한다. 그러나 영어가 서툴러도 얼마든지 사업을 잘하는 사람들이 많다. 말
수가 적은 사람도 영업을 하는 것과 같다. 토막 영어를 가지고도 얼마든지
해외영업을 하는 사장이 많다. 내 주변에서 영어를 잘하는 사람은 영어 강
사를 하거나, 통역으로 일하고 있다. 현지에서 교수가 된 사람이 있고 외국
회사에서 일하는 사람도 있지만, 그들이 사업을 한 것은 아니다. 유학을 가
서 학위를 받았다고 해서 사업을 하는 것은 아니었다. 영업에 성과를 내는
사람은 부지런하고 불편한 일을 감내하며 열정이 넘치는 사람이었다.

회사에 사람이 필요해 '해외영업직' 공고를 냈다. 미국에서 MBA를 마
친 30대 남자가 면접에 왔다. 훤칠한 용모에 호감이 갔다. 그가 원하는 연
봉은 대기업에서 10년 이상 일한 경력에 해당하는 수준이었다. 중소기업
에서 영업직 보수는 기본급에 자신이 거두는 성과를 얹어서 계산하는 것
이 서로에게 부담이 없는 일반적인 방식이다.

그의 핵심역량이 궁금했다. 페이스북(Facebook)과 링크드인(LinkedIn)을
살펴보았다. 미국에서 공부했다면 함께 수학했던 중국계 유학생 미스터
왕, 일본계 하시모토, 독일계 슐츠와 본토의 수잔 같은 친구들과 소통하
고 있어야 했다. 경력직은 그 사람의 관계역량(네트워크)을 사는 것이다. 그
러나 그의 SNS에는 한국인 유학생 몇 사람만 있었다. 그는 대기업 취업을
원했지만, 기업들은 그를 원하지 않았다.

많은 학생이 해외유학을 떠난다. 비즈니스 업계에서 일할 생각이 있다면 학업 중에도 인간관계에 투자해야 한다. 수료 후, 인턴이라도 현지 경험을 쌓아야 한다. 영어보다 더 중요한 것이다. 그는 현지에서 관계와 경험이 없었다. 수출기업 가운데 영어를 못하는 60대, 70대 사장도 적지 않다. 한국전쟁 세대로서 난리 통에 교육을 받지 못했지만, 이분들이 한국을 수출 대국으로 올려놓았다.

신라 스님, 혜초(慧超)가 천축국(天竺國)에 갔을 때, 마르코 폴로가 쿠빌라이 칸의 나라에 있을 때도 인도나 중국말이 어려웠겠지만, 창의적인 방법으로 소통했을 것이다. 영어가 안 되는 사람이 외교장관을 하고 노벨상을 받는 사례도 적지 않다. 해외사업에서 비즈니스는 문서로 하며 계약은 전문가 자문을 받는다. 중요한 협상에는 해당 국가의 말을 잘하는 사람도 전문통역의 도움이 필요하다. 외국어보다 중요한 것은 해외에서 사업을 이끄는 실력과 자신감이다.

회화보다 중요한 텍스트 메시지

문자메시지를 보낼 수 있다면 OK

사업에 언어 이상으로 중요한 게 소통이다. 전화 잘 받고, 메일에 정확히 답변하고, 문제가 생겼을 때는 함께 푼다. 문자를 보내고 사진을 보내고 동영상을 보낸다. 이 과정에 필요한 것이 언어이다. 영어뿐만이 아니라 현지어인 중국어, 스페인어, 일어, 러시아어, 아랍어, 베트남어도 필요하다. 그런데 시차가 다른 지역 원어민과 말을 길게 한다고 좋은 것일까?

지난해 타이베이에서 큰 지진이 나서 많은 사람이 죽고 다쳤다. TV 뉴스를 보자마자 타이완 파트너, 앤디에게 문자를 보냈다.

"I am very worried about the earthquake in your city." "Are you OK?"

답변이 왔다.

"I am ok, thanks."

이것으로 된 것이다. 짧은 문자로 마음을 나눈 것이다. 걱정한다는 것, 잘 있다는 것. 때로는 격식에 맞는 비즈니스 레터보다 메신저로 나눈 이 메시지가 따뜻하다. 감사에도 속도가 있고 걱정에도 적기(Just in time)가 있다. 간명한 텍스트는 마음을 놓치지 않게 한다.

영어보다는 언어의 태도

파란 눈 인요한 박사의 사투리

의사소통에는 지장 없지만 거칠게 느껴지는 영어가 있다. 대화할 때 한 번도 'Would you like ~'와 'May I ~', 'Could you ~'로 시작한 적이 없다. 영어에 존경어가 없지만 말하는 태도를 보면 알 수 있다. 아직 친하지도 않은데 가까이 다가가 말을 쏟아 내면 곤란하다. 한 사람은 원어민 이상으로 영어가 유창했다. 원어민이 아닌 바이어에게 시트콤에 나오는 배우처럼 빠른 영어를 구사했다. 그것은 소통이 아니다. 사람을 부를 때도 미국식(?)으로 손가락을 까딱거렸다. 이 모습에 불쾌해 하는 사람이 한둘이 아니었다. 미국 대통령이었던 오바마가 말하는 것을 보면 또박또박 발음하며 다인종, 여러 언어권 사람들을 배려하는 성의가 느껴진다.

미국 태양광 회사가 서울 코엑스에서 부스를 열고 세일을 하고 있었다. 영화배우 조지 클루니(George Clooney)같이 생긴 임원이 부스를 방문하는 사람을 볼 때마다 'Sir.'를 연발했다. 이렇게 상대를 높인다고 해서 그가 낮아 보이는 것은 아니다. 고객을 대하는 태도가 존경스러울 뿐이다.

오 사장은 영문과 출신으로 영어를 잘한다. 그러나 중국 시골, 러시아 변방에서는 호텔 체크인을 할 수가 없었다. 중국, 러시아에서 영어만으로 장사하겠다는 것은 오만이다. 현지에서 사업한다면 중국에서는 중국어를, 러시아에서는 러시아어를, 베트남에서는 베트남어를 해야 한다. 스페인어권, 불어권, 아랍어권은 하나의 세계이다. 한국어, 말레이, 크메르(캄보디아)같이 독립된 언어들도 있다.

한 TV 프로그램을 본 뒤, 세브란스병원 국제진료센터에서 일하는 벽안(碧眼)의 의사 인요한(John Linton) 소장에게 감동하게 되었다. 그의 린튼(Linton) 집안은 할아버지부터 5대째 한국에 살고 있다. 외증조 유진 벨은 목포에서 선교와 의료사업을 시작으며, 조부 윌리엄 린튼은 48년 동안 한국 선교를 하며 대학을 설립했다. 부친인 휴 린튼은 해군 장교로서 인천 상륙작전에 참가했고, 전역 후 한국으로 돌아와 죽는 날까지 선교와 교육, 의료사업에 인생을 바쳤다. 4대째인 인요한 박사는 한국에 응급 앰블런스 시스템을 보급했으며, 북한 결핵 퇴치를 위해 29차례 북한을 방문한 바 있다. 순천에서 성장한 인요한 박사가 구수한 전라도 사투리로 이야기하는 것을 들으면 재미있고 정이 느껴진다. 해외에서 체류형 사업을 하는 사람이 그 나라 언어를 배우는 것은 현지에 대한 예의가 아닐까?

미국연방하원 3선 의원, 김창준의 영어코칭

"영어를 아주 잘해도 세일즈맨처럼 보이거든"

나는 영어에 서툴다. 그래서 쉬운 영어를 사용한다. 'Please'와 'Thanks', 'Appreciate'를 달고 산다. 'Can you'보다 'Could you~'를 선호한다. 관계가 애매할 때는 존경어가 최선이다. 그러나 언어의 본질은 권력이다. 목사님과 교수님을 빼놓고는 높은 사람은 길게 말하지 않는다. 권위가 높으면 간략히 말해도 된다. 한국이 힘이 세면 한국어로 이야기하면 된다. 내가 구매하는 위치에 있으면 상대가 통역을 제공하고 알아들으려고 노력한다.

미국 연방하원의원을 세 번 지낸 김창준 미래한미재단 이사장께 영어에 관한 조언을 들었다. 그는 한국에서 초, 중, 고등학교를 마치고 대학까지 다니다가 미국으로 건너가 미연방의원이 된 최초의 한국인이다. 선거운동과 연설도 당연히 영어로 했을 것이다. 우연히 김 이사장이 출연한 TV 프로그램을 보았다. 궁금함을 참지 못하는 나는 인터넷으로 그의 연락처를 알아냈고, 전화를 걸어 일정을 잡았다. 며칠 후 몇 가지를 여쭐 수 있었다.

"미국에서 정치인이 되려면 영어로 사람을 만나고 연설도 하셔야 했을 텐데 한국에서 고등학교까지 다니고 이민 간 사람이 어떻게 하셨습니까?"

"언어는 말이지 태어나거나 10살 미만에 본토에 가서 살지 않은 사람이라면 원어민처럼 말하기는 불가능에 가까워. 영어를 너무 잘해도 세일즈맨처럼 보이거든. 주눅이 들 것 없어. 이민자들은 발음이 좀 어색하더라도 품위 있게 말하는 것이 중요해."

품위 있게 말하려면 상대에 집중하고 핵심을 중심으로 이야기해야 한다. 어설프게 시트콤에 나오는 식으로 수다를 떨지 않아야 한다. 또박또박 진지하게 말하면 된다.

Odyssey 5
비즈니스 영어, 중학교 수준이라면 충분

폐차장도 영어로 글로벌 사업을 한다

금산의 한 폐차장에서 자문요청이 왔다. 수명을 다한 자동차들을 해체하는 폐차장이었다. 기름에 전 바지와 점퍼를 걸친 검은 피부의 사람들이 엔진과 부품을 분리하고 있었다. 노동자처럼 보였지만, 직업에 여유가 있어 보였다. 아프리카 대륙, 가나 공화국에서 온 바이어들이었다.

"서울과 수도권에도 폐차장이 많은데 왜 이곳 외진 곳까지 오셨나요?"
"이 회사는 나의 질문(Inquiry)에 영어로 답변을 해 준 곳이었습니다."

중요한 키워드는 다음 문장에서 나왔다.

"우리가 오면 이 폐차장 사장은 숙박과 식사, 생활편의를 제공해 줍니다."

짧은 대화를 통해 이 시골 폐차장의 경쟁력은 단박에 드러났다. 배려가 경쟁력이다. 세상 어느 곳을 가더라도 영어는 필요하다. 지위가 높거나 박사학위를 받았어도 영어를 못한다면 글로벌 무대에서는 불편할 수밖에 없다. 블로그 친구인 '하늘연못' 님은 이런 댓글을 남겼다.

"국제무대에서는 영어가 실감 나지요. 작년 베트남에서 반년 넘게 생활했습니다. 우리 사무실에는 한국인 6명, 베트남 사람 10명이 근무했는데 이 부장하고 나는 벙어리. 사전이나 컴퓨터로 단어는 찾아보지만 도통 입이 열리지 않더군요. 언젠가 투어를 신청하고 혼자서 여러 외국인 틈에 메콩 델타에 갔는데 말이 통해야지요. 눈치로 대충 짐작할 뿐이었는데 의성 산비탈 농막에서 오신 여스님(40세 가량)은 영어를 얼마나 잘하시는지….'"

영어를 잘하면 좋겠다. 그러나 잘하는 것이 사람마다 다른데 한국인 모두가 영어를 잘할 수는 없는 일이다. 아직도 영어 연수는 소수자의 혜택이다. 나는 영어권에서 살아본 적이 없고 단기과정의 영어 연수조차 다녀온 적이 없다. 학창시절에는 일본식 교재인 '성문기본영어'로 문법 중심의 공부를 했다. 대학에서도 원어민에게 회화를 배운 적이 없다. 최루탄이 자욱한 80년대에는 영어보다도 중요한 일이 있었다. 그래도 내 세대가 대한민국 무역을 세계 7위권으로 올려놓았다.

앞서 말한 '하늘연못' 님이 부럽다고 하는 그 정도 영어는 어려운 것이 아니다. 해외영업에 필요한 영어는 CNN 앵커가 구사하는 수준이 아니다. 필립 코틀러(Philip Kotler)의 책을 쓸 수 있는 수준도 아니다. 밝은 표정, 진지한 태도로 세일을 하고 고객의 마음을 얻는 데에는 중학교 영어면 충분하다.

세계 공통의 영어, 글로비시

지구촌이 사용하는 글로비시로 말하자

오늘날 지구촌에 있는 88% 사람에게 영어는 공용어가 아니다. 폐차장에서 부품을 고르던 아프리칸과 두바이에서 일하는 자파르가 사용하는 영어는 영국식 또는 미국식 영어가 아니다. 글로비시형 영어다. 글로비시(Globish = Globalization + English)는 1,600단어를 사용하여 간명하고 실용적인 의사소통을 하는 단순화된 영어다. 중학교를 졸업했다면 1,600개의 영어 단어를 안다. 이것으로 말하고 문장을 만든다. 외국에서 온 긴 문서는 인터넷 통역기를 통해 재빨리 해독한다. 비즈니스에서 반복되는 용어는 정리해서 외워 놓는다. 이밖에 모르는 단어는 사전을 찾으면 된다. 중요한 것은 일을 처리하는 속도다.

폐차장에서도 영어를 하면 글로벌 비즈니스를 하는 것이다.

사람에 따라 영어를 사용하는 전략적 목표가 다르다. 우리가 미국이나 영국, 호주 등 세계 인구의 12%에 불과한 영어 원어민에 맞추기 위해 영어에 통달할 필요는 없다. 나는 회사 일을 처리하고 퇴근 후에도 해야 할 것이 있으므로, 글로비시를 구사하면 된다고 생각한다. 지난 일요일에는 볼리비아에서 손님이 와서 점심을 함께했다. 경영자에게 중요한 것은 고객을 만나는 것이고, 영어진도를 높이는 것보다 세상이 돌아가는 것을 관찰하는 것이다. 영어권 사람을 만나면 '글로비시'로 말하며 내 수준과 속도에 맞추어 이야기해 달라고 요구한다. 중학교 수준이라면 누구나 할 수 있는 글로비시로 원어민과 비원어민 모두에 비즈니스를 할 수 있다.

참고 | 글로비시

글로비시란 '글로벌(Global)'과 '영어(English)'의 합성어다. 1,600개의 기본단어에 24개의 간단한 문장구조를 사용한다. 글로비시를 제창한 장 폴 네리에르(Jean-Paul Nerriere)는 IBM 유럽본부 부사장을 지내면서 40개 나라 사람들과 영어로 일해야 했는데 소통이 쉽지 않았다. 비영어권 사람이 효과적으로 의사소통할 수 있는 영어를 만들었다. 그는 『Parlez Globish! : Don't Speak English』에서 '쉽고 간결한 소통형 영어'로 말하자고 주장한다. 글로비시는 Siblings(형제, 자매)라는 단어 대신 Brothers and sisters로 Nephew(남자 조카)나 Niece(여자 조카) 대신 Children of my brother or sister라는 식으로 알기 쉽게 표현한다. 당신은 잠을 제대로 못 잔 것 같다는 표현을 "You look as though you slept badly."보다는 "You look like you didn't sleep well."처럼 사용한다. 그는 완전히 취했다는 표현 "He had three sheets to the wind."를 "He is completely drunk."처럼 쉽게 사용한다. 글로비시에서는 시트콤 〈프렌즈〉(Friends)처럼 빨리 말하지 않는다. 비유적 표현, 숙어, 유머, 부정형의 질문, 약자를 사용하지 않는다.
_출처 : 『Don't Speak English 글로비쉬로 말하자!』 장 폴 네리에르 저, 다락원, 일부 발췌

Odyssey 7

승무원 제인과 영어수다

거울아 거울아, 이 세상에서 누가 가장 예쁘니?

인천에서 출항해 24시간 이상 날아

가는 비행길이 있다. 이 떠가는 시간을 사용하는 방법은 사람마다 다르다. 조용한 객실에서 독서등을 켜놓고 노트북으로 일하는 사람이 보인다.

공항에 내리자마자 회의가 있는 것 같다. 나도 출퇴근 관계없이 수시로 자료를 읽고 검색하고 메일을 체크한다. 지난 휴일 두바이에서 날아온 1MW 짜리 태양광 설비 요청서를 점검했다. 일하는 사람에게 일은 끊임없이 이어진다. 그렇지만 비행시간만큼은 평소에 할 수 없었던 것을 하고 싶어 잠지도 실컷 보고 영화도 즐긴다. 기내 식사에 맥주나 와인을 곁들이고 식후에는 코냑을 마시고 잠이 들지만 그래도 깨어나보면 비행기는 날아가고 있다.

출장지에서는 소설을 읽는다. 경제와 경영으로 가득한 현실에서 잠시만이라도 몽상의 세계로 들어가고 싶기 때문이다. 몰입하기 좋은 책은 가르시아 마르케스, 니코스 카잔차키스, 무라카미 하루키의 저작들이다. 지난 출장에서는 김영하 씨의 『살인자의 기억법』을 유쾌하게 읽었다. 이렇게 좌석에서 뭉개다가 식사를 마치고, 좁은 공간에 갇혀 있었던 몸을 풀기 위해 기내 산책을 나섰다. 항공기 뒤쪽에 있는 승무원 공간인 갤리로 갔다. 영어회화 연습을 할 차례이다. 음료 서비스를 받을 때 기억했던 좌석 담당 승무원 제인에게 말을 걸었다.

또 다른 제인이 만들어 준 엽서, 에미레이트항공

"Hi! Jane."

"How are you?"

"Do you want me to help you?" (내가 도와줄까요?)

"If you need anything, tell me whatever you want to." (필요한 것이 있으면 무엇이든 말하세요.)

제인은 눈을 동그랗게 뜨고 나를 본다.

"I can carry in-flight meals and sell duty-free goods for you." (당신을 위해 기내식을 나르거나 면세품을 팔 수 있어요.)

승무원들은 대부분 이 대목에서 살짝 웃으며 어리둥절해 한다. 이어 질문을 시작한다.

"What kind of aircraft is this?" (이 비행기의 기종은 무엇인가요?)
"It's Airbus 330, Sir."

"If I want to buy this plane, how much will it cost?" (만약 이 비행기를 사려면 얼마하나요?)

그런데 비행기 사려는 사람이 이코노미석에서 나왔다는 것이 좀 이상하다.

"Do you know what manufacturer is this plane's engine and wings?" (이 비행기의 엔진과 날개의 제조업체는 어떤 회사인가요?)

항공기 가격까지는 노스웨스트 항공의 기내 정보지에 나오지 않는다. 제인은 내 질문에 답을 찾기 위해 기장실에 다녀왔다.

"About 130 million dollars, Sir" (약 1억 3,000만 달러 정도입니다.)

제인은 물었다.

"Are you working for in the aviation industry?" (항공업계에서 일하고 있나요?)
"No, but I just wanted to talk to you. a pretty lady. Jane!" (아니에요. 단지 예쁜 당신과 이야기를 하고 싶었어요. 제인.)

이렇게 이 엉터리없이 영작하는데, 제인과 대화를 지켜보는 승무원들은 함박웃음을 쏟아 낸다. 직업적으로 비행하는 승무원도 장거리 비행을 지루해하고 심심해한다. 제인과 나는 커튼이 내려진 갤리에서 반 시간 이상 시시콜콜한 이야기를 하고 돌아왔다. 성인의 독서는 영어공부보다 얻는 것이 많다. 기업 생산성도 독서가 높다. 외국기업과 일을 하는데 영어회화보다는 영문 콘텐츠를 이해하는 능력이 더 필요하다. 영어로 직무를 하지 않는 직장인이 영자 신문이나 잡지 표제를 눈으로 통독할 수 있다면 괜찮은 것이다. 회화는 한가한 시간에 승무원에게 말을 거는 것으로 만족하자.
대화를 이어가는 방법은 질문을 많이 하는 것이다.

"Have you asked the mirror this morning?" (아침에 거울을 보고 물어보았습니까?)
"Mirror, Mirror, who is the prettiest of all?" (거울아 거울아 이 세상에서 누가 가장 예쁘니?)
I" know the answer. The lady is this plane. It's you, Jane." (난 답을 알고 있지. 그 숙녀가 이 비행기에 있어요. 너야 제인.)

아 그런데 'of all'이라고 해서는 안 되겠지. 'in this'라고 해야 한다. 아내가 이 책을 읽을 테니까.

간단한 문장으로 긴 답변을 들을 수 있는 질문들이 많다.

"When did you join this company?" (언제 이 회사에 들어왔습니까?)

"What is your ideal type?" (당신의 이상형은 무엇인가요?)

국제협상, 한국어로 자신 있게 말하자

애매하게 웃지 말고 모국어로 명확히 이야기한다

한국은 한해 영어교육에 7조 원을 투자한다. 영어에 세계 최대급 투자를 하지만, 결과는 한심하다. 237개 나라 가운데 영어 읽기 순위는 35위이며 영어 말하기 수준은 121위 수준으로 우간다, 소말리아, 르완다보다 못하다. 이런 국력 낭비도 없다.

성인 한국인 대부분은 10년 이상 영어 공부를 했지만, 나도 막상 소리를 내어 말해 보지 않았다. 영어를 도구로써 사용하지 않았다. 이것은 교실에서만 600시간 이상 수영 수업을 한 것과 같다. 이런 교육으로는 물에 뜰 수 없다. 그래서 쓸데없는 학습을 더는 하지 않기로 했다. 글로비시를 사용하는 것으로 영어 진도를 멈추었다.

상해 메리어트 호텔에서 중국에 진출한 포천 500대 기업에 투자분석을 제공하는 컨설팅회사와 협력계약을 했다. 이 회사 대표인 중국인 윌리엄은 일본에서 석사과정을 마쳤다. 그래서 일본어가 유창하고 영어로 말한다. 나는 그가 말하는 영어, 일본어, 중국어를 어느 정도 들을 수 있었지만, 한국어로 말했다. 내가 완전하지 않은 중국어로 말하는 순간 주도권은 그에게 넘어간다. 일어와 영어로 말한다면 외국어 실력을 겨루는 것이 될 수도 있다. 그 자리는 말 실력을 뽐내러 온 것이 아니었다. 목표는 상호협력에 있다. 그래서 통역을 통해 여유롭게 한국어로 충분히 이야기했다.

나는 한국어를 모국어로, 글로비시와 일어, 서툰 중국어를 사용한다. 통역이 없는 현장방문이나 연회(Party)에서는 적절한 외국어를 골라 이야기한다. 내 모국어 자체가 느려서 외국어에도 크게 욕심을 내지 않는다.

한번은 두바이(Dubai) 상담 전체를 통역 없이 영어로 해보고 싶었다. 그러나 일상의 대화와 기술이 녹아있는 상품을 설명하고 비즈니스를 진행하는 언어는 달랐다. 말을 할수록 다음 단어를 생각하는데 얼굴이 달아올랐다. 그날 상담의 핵심에 집중하지 못했고, 다음 말의 표현을 찾아내는데 급급했다. 중요한 협상을 할 때면 통역을 통해 한국어로 말한다. UN에서도 러시아는 러시아어로, 중국은 중국어로, 일본도 일본어로 말하는데 한국어, 무엇인 문제인가? 가장 자신이 있는 언어로 말해야 하고자 하는 것을 명확히 표현할 수 있다. 내가 한국어를 사용해야 한국어 통번역자가 일자리를 지키고 한국어 산업이 발전한다.

Odyssey 9

시장개척을 위한 영어훈련

즐겁게 시작합시다. 미국 초등학교 영어

해외사업을 하려면 문서를 읽고 해

독해야 한다. 문서를 읽어야 서명하거나 거부할 수 있다. 사교는 말로 하고 사업은 문서로 한다. 비즈니스에서는 읽고 이해하는 것이 중요하다. 쓰는 것이 중요하다. 작문을 할 수 있어야 텍스트로 메시지를 보내고 메일을 보낸다. 해외영업을 위한 학습법은 다음과 같다.

(1) 앞서 말한 글로비시의 기본문형을 익힌다

이 기본문형을 반복한다. 일 년 동안 진도를 나가지 않고 반복한다. 문형과 예문을 외운다.

(2) 작문 연습은 중학교 영어도 아니다. 초등학교 영어부터 시작한다

초등학교 교과서를 교재로 한다. 초등학교 교과서는 쉽지만, 군더더기가 없다. 내용이 명확히 전달되며 문장이 아름답다. 영·미 초등학교 교과서를 소리 내어 읽자. 이 정도만 익혀도 당신은 상품과 서비스를 설명할 수 있다. 아래는 『미국 초등학교 교과서에서 뽑은, ENGLISH READING Basic 6』에 나오는 문장이다.

Battle of Gettysburg

the deadliest battle in American history was the battle of Gettysburg. During the Civil War, there were many battles. however, the battle of Gettysburg was the largest and deadliest. the battle only lasted for three days! However, over 46,000 soldiers were killed during the battle. the battle started when the army of the southern states attacked the army of the northern states in Gettysburg, Pennsylvania. However, the southern states lost the battle. A few months later, the northern states finally won the war.

(『ENGLISH READING』, E2K 저, Brian J. Stuart 감수, 길벗스쿨)

이런 지문을 필사하거나 타이핑한다. 이것을 한국어로 번역한다. 번역본을 다시 영작한다.

(3) 영어로 에너지를 소진하지 않는다

앞의 (1)과 (2)의 기본과정을 마치면 하루에 한 시간 정도 영어를 즐긴다. 〈블룸버그〉 같은 경제지를 본다. TED나 미드는 자막판을 본다. 단어 모두를 찾아보려고 하지 않는다. 업무에 사용하지 않는 용어는 아무리 찾고 암기해도 어차피 잊어버린다. 전체를 통독하며 전체적으로 이해하면 된다. 필요한 경우 인공지능(AI) 번역기를 사용한다. 원어민이 아닌 성인에게 더 이상의 투자는 낭비이다. 그 시간에 고객을 만나고, 벗들과 즐기는 것이 낫다.

(4) 자신의 영어목표를 높게 잡지 않는다

초등학교 영어를 어느 정도 외우면 중학교 영어에 도전한다. 방법은 단순하다. 눈으로 해독하고 손으로 쓰고 소리 내어 읽는다. 두세 번 반복하지만 암기하려 하지 않는다.

(5) 인터넷 강의 초급과정을 반복해서 듣는다

하루 학습은 한 시간을 넘지 않는다. 영어로 스트레스를 받지 않아야 한다. 사업을 하는 사람은 할 일이 많다. 자신의 핵심역량에 자원을 투자하자.

(6) 페이스북이나 트위터를 영어로 시작한다

이때부터 글로벌 인맥이 만들어진다. 영문으로 소통한다. 간단한 기획서를 영어로 작성한다. 영어를 제2의 언어로써 사용한다.

제7장

라이프스타일이
무대를 바꾼다

싸이월드와 아이리버는 세계최초였지만 세계시장을 제패하지 못했다.

글로벌전략이 허술했기 때문이었다.

동네 축구선수와 월드컵대표의 라이프 스타일은 다르다.

스승을 찾고 고수에게 배워 세계일등과 겨루자.

분야별 월드베스트 10과 세계 100대 기업, 글로벌시장 벨류체인(Value Chain)을 파악하자.

국내시장과 글로벌 무대, 싸이월드와 페이스북

세계최초가 실종된 이유?

세계시장 진출을 결심한 당신, 어떻게 해야 글로벌 무대에 설 수 있을까? 싸이월드의 인기는 폭발적이었다. 한때 2,500만 가입자를 보유한 국내 최대 SNS로 기염을 토했다. 싸이월드의 시작은 페이스북보다 빨랐다. 페이스북의 시가총액은 530억 달러, 한화 625조 원(2019년)인데 현재 싸이월드는?

중국 정부는 페이스북의 사용을 막고 있다. 그러나 내가 만난 중국인들은 차단을 푸는 프로그램을 깔아 사용하고 있다. 페이스북 사용은 어떤 정부도 막아내기 어렵다. 그러나 한국에서 잘 나가던 싸이월드는 중국, 미국, 대만, 일본, 베트남 싸이월드 식으로 칸막이를 만들어 나라별 유저(User)가 그 테두리를 떠나지 못하게 했다. 그것은 공유와 개방이라는 시대정신을 거스르는 것이었다. 세상이 가는 방향, 지구촌 시장을 통합적으로 바라보는 힘이 없으면 사멸한다.

당신만의 세계지도는 있는가?

첫 강의에서
물어본 질문

한 대학에서 '글로벌 마케팅' 학점 강의를 시작했다. 첫 시간, 백지를 주고 아래에 관해 쓰도록 했다.

1. 관심 산업분야

2. 관심 산업에 속해 있는 글로벌기업 5~10개 이상

3. 일하고 싶은 기업 3개

결과는 충격적이었다. 졸업을 앞둔 학생들은 2번 문항의 글로벌기업에 대한 지식이 없었다. 두세 개도 채우지 못한 학생이 대부분이었다. 취업을 희망하는 기업도 국내 대기업 순위에 따랐다. 학생들은 지구촌 산업계를 지배하는 Fortune 500대 기업, 1,000위 순위에 들어가는 기업에 대해 배운 바가 없었다. 다른 학과라면 몰라도 경제와 통상을 공부하는 학생에게 그것은 아니었다. 그날도 학생들 책상에는 토익, 토플 서적이 놓여있었다. 영어가 오히려 세상을 가리고 있었다. 한국인에게 삼성, 현대, SK, LG, 포스코, GS, 한화 같은 기업명은 익숙하다. 사람은 알고 있는 범위에서 선택하고 행동한다. 한국에서 취업대란이 발생하는 이유는 자신이 인지한 기업으로 몰리기 때문이다. 그 교실 학생들은 한국의 인터넷매체를 보고 생활하고 있었으며, 네이버가 알려주는 지식으로 머리를 채웠다. 그들의 인생지도가 국내로 한정되어 있다는 것이 안타까웠다. 세계시장은 생각보다 크고 일자리는 해외에 있다.

존경하는
기업가가 없다?

기업의
사회적 의미

한 신문사의 주관으로 경희대, 서강대, 이대, 중앙대 등 수도권 대학을 돌며 '글로벌 마케팅과 취업전략'을 강의했다. 청강하는 학생들은 진지했다. 나는 앞서 전술한 세 가지 말고도 "존경하는 기업가를 쓰시오."라고 했다.

존경하는 기업가가 없다는 대답이 대부분이었다. 그런데 존경하지 않는 곳에 일자리를 얻으려는 것은 모순이 아닌가?

이 현실은 한국의 반기업적인 정서를 반영하는 것이다. 그러면서도 구직을 위한 취업특강은 성황이다. 지금껏 학생들이 자라고 생활하는 데 사용하고 있는 전기와 물, 통신, 컴퓨터, 자동차, 옷, 식료, 주택은 기업이 제공한 것이다. 그런데도 기업에 관해 공부한 적이 없다? 가끔 대학이 젊은이에게 무엇을 가르쳐 주는지 궁금해질 때가 있다. 국민 경제의 세 가지 기둥인 정부, 가계, 기업 가운데 기업은 재화를 생산하는 원천이며 고용을 짊어지고 있다. 우리가 사용하는 편의와 상품은 기업에서 나온다. 기업가를 묻는 것은 기업에 취업해서 삶을 꾸리려는 사람의 자세를 묻는 것이다. 기업가정신에 대한 존중, 상품과 서비스에 대한 지식, 기업사에 대한 인식은 당신을 온전히 한다.

글로벌시장 진출을 위한
마케팅 시뮬레이션

월드 베스트 10과
벨류체인(Value Chain)의 이해

다음은 한 학기 동안 지도하는 '세계 시장 진출을 위한 영업-마케팅 시뮬레이션'의 내용이다. 이 과정의 목표는 기업의 영업·마케팅 부서가 해당산업의 가치사슬(Value Chain)을 파악하게 하여 실전을 준비하는 것이다.

⑴ 글로벌기업에 대한 이해를 하게 한다

글로벌 마케팅을 모의(Simulate)한다. IT, BIO, 화학, 엔지니어링, 패션, 금융… 등에서 한 산업분야를 선택하게 한다. 그 분야의 World Top 10 기업을 숙지하게 한다.

인터브랜드, 포브스, 포천의 기업 순위를 탐색하면서 발굴된 기업의 홈페이지를 모두 열어보게 한다. 핵심제품과 서비스, 매출액, 주가 추이, 기업 역사, 창업자와 CEO, 직원수, 해외네트워크를 파악한다. 관련 기사를 검색한다. 경찰청 사이버 수사대와 같이 어떤 정황도 소홀히 하지 않고 꼼꼼히 사이트를 뒤지게 한다.

⑵ 다음 단계는 국내외 경쟁구도를 파악한다

예를 들면, 보안 솔루션 기업이 브라질 경찰청에 보안 시스템을 공급하는 수주 전쟁에 돌입했다고 가정한다. 당연히 에스원과 한화테크윈 같은 국내 보안기업은 하이크비전(HIKVISION), 다후아(Dahua), 쿠마히라

(Kumahira) 같은 해외 최상위 보안기업을 조사하고 그들의 공세를 예측할 것이다.

이 기업들이 속해 있는 보안 산업 생태계를 조사한다. 제품개발에 쓰이는 프로그램, 소프트웨어, 카메라 모듈과 영상 정보를 송수신하는 통신장치 제작사, 이것을 통합하여 서비스를 제공하는 기업, 경쟁사, 수요자, 구매자를 조사한다. 이것들 하나하나가 서로 밀접하게 연결되어 시장 욕구(Needs)에 수렴하고 있다. 산업의 가치사슬(Value Chain)이다.

⑶ 조사 이후에는 팀을 만들어 롤 플레이를 한다

SWOP 분석을 하고 STP 전략을 만든다. 이것에 창의적인 생각을 더한다. 디자인씽킹 방식으로 관찰하고 공감하고 충분한 아이디어를 풀어 놓게 한다.

⑷ SNS 홍보를 한다

이런 작업을 통해 찾은 글로벌기업에 SNS를 연결하고, 자사 홈페이지 링크를 걸어 알리게 한다. 다국어로 제안서를 만들고 보낸다. 이것은 국내외 영업을 위한 비즈니스 프로토타입(Prototype : 제품의 검증을 위한 초기모델)이라고 할 수 있다. 이렇게 한 학기를 지내면 놀라운 반응들이 나온다. 눈빛이 바뀐다. 머릿속이 달라졌다고 한다.

이 방식을 거듭하면 확실히 달라진다. 세계 경제가 한눈에 들어오고 나라 밖에서 얼마나 많은 기회가 있는지를 알게 된다. 한국경제가 어떤 비전을 가져가야 하는지도 생각하게 된다.

어떻게 컨설턴트가 되었는가?

김찬삼 세계여행기

내가 세상을 다니며 일하게 된 것은 책 읽기, 지도 보기, 여행을 좋아하는 아버지 영향이다. 아버지는 평소 읽은 책의 연고를 찾아 여행하셨으며, 신문 스크랩을 하셨고, 지도를 펴고 찾아갈 길을 상상하며 즐거워하셨다.

어린 시절, 아버지와의 여행은 행복했다. 아버지 서가에는 여행가 김찬삼 교수(1926~2003)의 『세계일주 무전여행기』가 있었다. 김 교수님은 한국을 대표하는 1세대 여행가이다. 1958년부터 세 차례의 세계일주, 20여 번의 세계 테마여행, 160여 개 나라, 1,000여 개 도시를 방문했다. 학생이었던 나는 그 문고본을 몇 번이고 읽었다.

당시 내가 살던 동네에서는 해외여행을 해본 사람이 없었다. 당시 지구촌 일주는 국민의 로망이었고 김 교수님은 낭만의 영웅이었다. 그의 여행기는 흥미로웠다. 여행기 속 사진과 글을 통해 지구촌에는 참으로 다양한 사람이 산다는 것을 알게 되었다. 세상에는 많은 도시가 있고 서로 다른 방식으로 산다. 아버지의 생활, 김찬삼 여행이 무의식에 스몄고 여행가처럼 이동이 많은 일을 하게 되었다.

(1) 위대한 승리, GE의 최고 경영자 잭 웰치를 만나다

어떻게 뉴욕주 허드슨 강변에 있는 GE 연수원 크로톤빌에 갈 수 있었을까? 대학시절 선배, 동지들은 노동조합을 만들고 결연한 투쟁을 했다. 악덕 기업은 노동자를 개돼지처럼 부려 먹었다. 그것에 항의한 전태일 열사가 분신했다. 그래서 돈이 된다면 영세상인의 먹거리까지 집어삼키는 재벌의 문어발식 경영에 찬성할 수 없었다. 반기업적인 정서 속에서 청년 시절이 시작되었다.

　이십 대 후반, 도쿄에서 비영리 단체인 '유스볼 재팬'이 운영하는 기업 탐방 활동에 몇 번 참가했다. 산업별로 으뜸기업을 방문하여 최고 경영자와 대담하고 공장을 견학하는 프로그램이었다. 식사를 제공했고 기념품을 주어서 한 달에 한 번, 주말이나 휴일에 시간을 냈다. 한국과 악연이 반복된 일본에 대한 궁금함이 많았을 때여서 일본 사회를 유심히 관찰했다. 지금도 기노쿠니야 서점 메인 코너를 채우는 것은 파나소닉 회장 마쓰시타 고노스케 같은 기업인의 저작이다. 마쓰시타는 자신의 이름을 딴 정치학교를 설립했고, 교세라 회장인 이나모리 가즈오는 일본사회를 이끌고 스승으로 대접받는다. 한 사회가 기업인을 존경하고 있다는 것이 충격이었다. 내가 만나게 된 기업인의 공적 의식에도 놀랐다.

　대학시절에 러시아와 중국 혁명사는 내 교과서이자 이정표였다. 베트남의 호찌민 선생은 제3세계 민중의 희망이었다. 학교 밖에서는 군부독재와 맞붙는 시가전이 이어졌고 강철 대오를 향해 최루탄을 쏘아댔다. 아우성과 절규가 뒤섞인 따갑고 매운 연막 속에서 부딪치고 달리다가 난 포로가 되었다. 영장 없이 연행을 당하고 닭장이라는 불렀던 경찰차에 끌려가서 무차별 구타를 당했다. 유치장에서도 폭행이 이어졌다. 이십 대였다.

　삼십 대 중반에 사업을 시작했고, IMF를 겪으며 업종을 전환하던 시기에 『위대한 승리』(Winning)를 통해 잭 웰치를 만났다. 웰치가 근무한 GE는 발명왕 토머스 에디슨이 1878년에 설립한 전기조명회사를 계승한 세계최대의 복합기업이다. 『위대한 승리』는 이 회사, 잭 웰치(Jack Welch) 회장의 경영 노하우를 담은 책이다. GE에는 회장이 절대적 권한을 행사하며, 후임을 지명하는 독특한 제도가 있다. 1981년, 잭 웰치(Jack Welch)는 전임 회장의 선택으로 46세에 최연소 회장이 되었다. 그는 일등 또는 이등 아닌 부문은 매각하거나 정리했다. 핵심에 집중하는 것으로 체질을 개선했고 M&A를 통해 사업구도를 바꾸었다. 6시그마, 세계화, e비즈니스 같은 경영혁신으로 GE를 초일류기업으로 성장시켰다. 나는 웰치 경영에 모두 찬성하는 것은 아니지만, 그를 통해 세계경영과 매출 4,500억 달러 규모의 사업방식을 알게 되었다. 그는 말한다. "승리는 위대하다. 단순히 좋은 것뿐이 아니라 위대하다."

옥천 농공단지에서 베어링을 만드는 회사가 있다. 이 회사는 20년 동안 꾸준히 성장했고 48명 직원이 연간 200억 내외의 매출을 올린다. 경상이익은 30% 이상이다. 그러니까 연간 60억 이상의 수익이 난다. 이 성과는 제품혁신, 고객중심, 강한 영업의 산물이다. 이 회사는 이익의 대가로 매년 스스로 제품값을 인하해 왔다. 그래서 세계적인 가격 경쟁력을 갖춘다. 이런 회사는 완성차 업계에서도 '을'이 아닌 대우받는 협력사가 된다. 특별한 노동쟁의가 없고 한번 입사를 하면 대부분 나가지 않는다. 직원의 연간 성과급은 자신의 월급보다 많고 주주 배당은 50% 이상이다. 이 강소기업은 지역에서 가장 큰 기부를 한다. 이처럼 기업의 승리는 매부 좋고 누이도 좋다. 노동자, 경영자, 주주, 지역사회 모두에게 좋다. 이보다 좋을 수 없다.

웰치는 말한다. 기업이 승리하면 더 많은 일자리와 기회, 희망을 품게 된다. 아이를 키우고 건강을 지키며 퇴직 후의 생활을 이어갈 수 있다. 승리를 통해 세금을 더 많이 내고 사회에 이바지한다. 그러나 기업이 실패하면 생활은 무너지고 가족은 해체된다.

잭 웰치의『위대한 승리』를 계기로 100년 이상 성장했던 기업을 탐구하기 시작했다. 지구촌 곳곳에서 30만 명 이상을 고용하며 천문학적 매출을 올리는 거대 복합 기업의 생태와 발전원리가 궁금해졌기 때문이다. 당연히 오시닝(Ossing) 시 허드슨 계곡에 자리한 GE의 비즈니스 스쿨, 크로톤빌(Crotonvile) 연수원(GE Management Development Institute)을 방문해야 했다.

삼성전자의 이재용 부회장도 이곳에서 연수했다. 그러나 나는 잭 웰치나 존 플래너리 현 회장처럼 헬리콥터를 타고 크로톤빌까지 날아가지 않았다. 난 시끄럽고 흔들리는 비행체를 그다지 좋아하지 않는다. 방문자 센터에서 신분을 확인하고 출입증을 받는 번거로운 절차도 거치지 않았다. 인터넷으로 산뜻하게 찾았다. 인터넷으로 발품을 팔면 세계경영을 하는 기업 내용을 살펴볼 수 있다. 몇 개 강좌를 다운로드했다.

⑵ 도전, 월드 베스트 100개 기업 방문

전력, 항공, 헬스케어, 운송… 부문의 GE는 놀라웠다. 뉴욕 록펠러 센터에 돋보이는 GE 로고가 선명히 들어왔다. 이 회사를 시작으로 세계 최정상 월드 100대 기업을 방문하기로 했다. 학창시절 러시아, 중국, 베트남, 쿠바 혁명사 순례에 이어 역마살이 도졌다. 100대 기업을 방문하는 인터넷 탐방을 매일 밤 지속했다. 애플, 아마존, 인텔, 오라클, 월트 디즈니, 유니레버, 글락소스미스클라인, 시멘스, 바스프, 시노팩, 엑손, 로열더치쉘 등 이런 기업의 홈페이지를 살펴보는데 한 회사당, 3~4일의 시간이 필요했다. 이 작업에 일 년 이상이 걸렸다. 십조, 백조 단위로 매출을 올리는 글로벌기업 홈페이지에는 풍부한 정보가 담겨있었다. 상징적인 이미지와 유효한 동영상이 가득했다. 그러나 『88일간의 세계일주』 같은 식이었다. 100대 기업탐방으로 산업 세상의 문은 열었지만, 깊이가 부족했다. 에펠탑에서 사진은 찍었지만 물랭루주를 배회하지 않은 채 파리를 떠난 것 같은 아쉬움이 남았다.

다시 100대 기업의 사업 현장으로 들어갔다. 이들 홈페이지의 모든 섹션을 열어본 이후에 관련 기사를 검색하는 일이었다. 이 작업 역시 회사당 며칠이 걸렸다. 어떤 회사는 몇 주의 시간을 잡아먹었다. 이런 작업은 근무시간에 할 여유가 없다. 출장지의 혼자 있는 객실에서, 휴일 카페에서 작업을 이어갔다. 이렇게 이 년을 넘기자 머릿속 한 부분에 새로운 세포가 생겼다. 상품과 서비스, 기업과 경제가 세계적인 시각으로 보이기 시작했다. 글로벌 100대 기업방문을 통해 막연했던 일터가 확연해졌다.

100대 기업방문은 놀라운 세계일주였다. 나는 확신하고 고객의 판로를 세계시장으로 안내했다. 세상에는 기자의 피라미드, 두바이의 브르즈 할리파, 경주의 첨성대 말고도 한 시대와 그 지역을 상징하는 기업이 있다. 오늘날 애플, 마이크로소프트(MS), 아마존, 구글, 테슬라, 소프트뱅크의 혁신이 시대를 이끌고 있다. 인류는 세계경제에 절대적인 영향을 주는 이들과 어떤 형태로든 반응하여, 협력하거나 대립하고, 극복하며 진화할 것이다.

(3) 마케팅 불변의 법칙, 알 리스와 잭 트라우트

존슨앤존슨(JONSON & JONSON)과 피앤지(P&G)는 130년 역사에 100조 원 가까운 매출을 올리는 전통기업이다. 인수합병을 통해 자신을 합성해 온 이 복합체의 핵심은 화장품, 의학 바이오, 화학 소비재가 아니다. 회사 가치를 시장에 전달하는 뛰어난 커뮤니케이션 회사이다. 나는 존슨앤존슨과 P&G를 통해 실무적인 마케팅 영감을 얻을 수 있었다. 100년 넘게 지속성장을 하는 기업에는 무엇인가 있다. 더구나 치열한 소비재 시장에서 마케팅 전쟁을 수행하는 회사에는 레오나르도 다 빈치 같은 천재적인 마케터들이 있다. 이들이 연출하는 이미지와 동영상만으로도 사업적 감성은 풍요로워졌다.

알 리스와 잭 트라우트의 저서인 『마케팅 불변의 법칙』, 『포지셔닝 POSITIONING』, 『경영불변의 법칙』, 『비즈니스 전략』 등은 마케팅을 하는 사람이라면 반복해서 읽어야 하는 교재다. 책 속에 사례로 올려진 20세기 상품과 마케팅 전쟁에는 '기업 승리의 원리'가 있다. 이 멘토들이 해석한 '한니발의 로마 원정과 제너럴모터스 방어전선'은 내가 걸었던 100개 도시, 만났던 1,000개 기업을 통해 복기되었다.

⑷ 현대 경영학의 아버지, 피터 드러커

"미래를 예측하는 가장 좋은 방법은 미래를 창조하는 것이다"(피터 드러커)

피터 드러커는 1909년 태어나 96세로 생을 마칠 때까지 한 세기 동안 인류의 사회경제 생태를 관찰했다. 법학, 철학, 경영학, 정치학을 넘나드는 그의 저작에는 해박한 지식, 역사와 사회에 통찰, 인간과 조직에 관한 식견으로 가득차 있다. 그는 '마케팅'과 '지식 노동자'라는 단어를 만든 사람이다. 포스트 자본주의를 정보사회가 아닌 지식사회로 정의했다. 기업을 존재하게 하는 것은 '고객'이며 '시장'이라고 주장하며 사회적 책임을 강조했다. 그는 고교졸업 후 면제품 회사에서 수습생으로 일했으며, 기자와 증권사 애널리스트, 교수까지 여러 직종을 거쳤다. 그의 자서전을 보면 청년시절에 신문기자로 일하면서 취재하고 편집하며 밀도 높게 일을 배웠던 방식에 대해 인상적으로 기술했다. 이런 경험이 그를 이론에만 갇힌 서생에 머무르게 하지 않고, 개인과 조직이 목표를 달성하게 하는 '경영 컨설팅'이란 분야를 개척하게 했다. 스스로 '사회생태학자(Social Ecologist)'라고 부른 그는 『프로패셔널의 조건』, 『경제적 인간의 종말』, 『협동의 개념』 등 39권의 저작을 출간했다.

드러커의 관점은 오늘에도 새롭고 독특하며 논쟁의 주제가 된다.

그는 경제적 불평등에 대한 해결은 경제를 성장시키고, 노동생산성을 높여야 하는 것으로 보았다. 새로운 것을 창출하는 기업가정신을 강조하면서 혁신을 지속하는 기업가 사회를 구상했다. 기업의 이익은 위험에 대처하기 위한 미래비용으로 생각했다. 고객만족이라는 목표를 달성하기 위한 두 가지 기능은 혁신과 마케팅이며, 21세기 지식근로자는 경영자이기 때문에 평생학습과 자기경영을 해야 한다고 주장했다. 드러커 박사는 오늘날 기업문화에 지대한 영향을 끼쳤다. 많은 자기계발서가 다루는 시간관리, 성과법칙, 경영원칙도 대부분 그의 자식들이다. 피터 드러커 전도사로 불린 이재규 박사의 번역이 없었더라면 그의 깊은 생각을 알지 못했을 것이다.

참고 | 피터 드러커 어록

"기업 목적은 고객을 창출하는 것이다."

"고객이 사업을 정의한다."

"고객만족이 없는 것은 사업이 아니다."

"기업의 생산요소는 자본, 노동, 지식이다."

"'사적 기업'의 존재이유에 대한 가장 강력한 근거는 이익추구가 아니다. 그것은 바로 손실감수이다."

"최고경영자 본연의 과업은 어제의 위기를 해결하는 것이 아니라 남다른 내일을 만드는 것이다"

Odyssey 6
기준점을 바꾸면 차원이 달라진다

분기점을 넘다. 벤치마킹(Benchmarking)

월드 베스트 100대 기업을 방문하고 사업 카테고리의 강자를 파악하면 산업 생태계가 눈에 들어온다. 여기에 더해 현지 경쟁사 10개사를 알아냈다. 조사하고 학습하는 사이에 출장을 만든다. 해외도시의 광고를 판독하고 현지 기업을 방문하며 현장 투어를 한다.

출장 가방에는 책 몇 권이 들어있다. 독서의 경제성은 직접 만나지 않더라도 동서고금을 통해 최고의 현자를 만날 수 있다는 것이다. 월드 베스트의 위대한 기업가와 혁신적인 파괴를 보고 나면 지상에서 이탈하려는 비행선처럼 무엇인가 꿈틀거리는 것을 느낀다. 뛰어나가 날고 싶은 열망이 생긴다. 독서와 검색으로 시작한 세계탐방은 자연스럽게 배우고 따라잡고 싶은 기업에 관심을 갖게 한다.

현존하는 것이든지, 100년 전 것이든지, 국내기업이든지, 글로벌기업이든지… 누구와 마주칠지 모른다. 무엇인가 운명 같은 대상이 나타난다. 인지를 최대로 확장하고 부지런히 찾은 으뜸 기업이다. 스티브 잡스는 베끼고 혁신했다. 당신의 롤모델은 지구촌 메이저 선수이다. 전국체전과 올림픽은 기준점이 다르다. 이렇게 목표와 기준이 정해지면 시골에 있어도 지방에 있어도 글로벌전략을 구사한다. 민박집을 운영하더라도 'Trip Adviser'에 올리는 게스트 하우스를 만든다. 글로벌전략을 가진다는 것 자체가 경쟁력이다. 보는 것을 넓히고 시선을 높이면 차원이 달라지고, 하는 짓이 다르면 팔자가 바뀐다.

Odyssey 7

소비하는 여행스타일을 바꾸자

멕시칸 마리오와 유대인의 교환여행

세계일주를 떠나는 젊은이들이 적지 않다. 학생은 휴학하고 어떤 젊은이는 회사에 뼈를 묻겠다며 들어왔다가 느닷없이 회사를 박차고 나와 공항에 갔다. 결혼식 축의금을 모아 세계일주를 떠난 청년 부부, 전 가족이 몇 년에 걸쳐 지구촌 일주를 하는 사람도 보았다. 배낭을 메고 떠날 수 있는 자유로운 영혼이 부럽다. 서점에는 많은 여행기가 있다. 크게 보면 해외여행 자유화 세대의 '여행 1.0'을 벗어나지 않는다. 돈을 쓰고 모바일에 눈을 박으며 다니는 패턴화된 여행이 많다. '여행 2.0'은 무엇일까? 여행을 통해 세계인과 교환할 수 있는 가치를 만드는 것이다.

젊은이에게 권하는 것은 짠내투어가 아니다. 무엇인가 만들어 내는 프로젝트이다. 첼리스트 사라 장은 일 년 내내 세계 곳곳에 공연 예약이 되어있다. 골프투어에 아마추어는 참가비를 내지만 프로는 돈을 받는다. 어떻게 하면 프로가 되어 여행할 수 있을까?

멕시칸 마리오를 서울 지하철 1호선 구간에서 만났다. 지금도 좌판을 벌이는지 모르겠다. 한국에서 노동하는 남편을 만나기 위해 멕시코에서 아내가 왔다. 이때 현지 인디오가 만든 선이 굵고 색상이 뚜렷한 액세서리를 잔뜩 가지고 와서 좌판을 꾸리고 개당 오천 원, 만 원에 팔았다. 현지 구매가의 8배가 넘는 수지였다. 멕시코에 돌아갈 때는 한국제품을 구매한다. 이런 방식이 노동판을 벗어날 수 있게 한다.

파리 센 강 변을 걷는데 20대 초반 아가씨가 미소를 지었다. 이스라엘 텔아비브에서 온 학생이었다. 자신이 그린 그림을 판매하고 있었다. 습작 수준으로 내 눈에 들어오지는 않았다. 그러나 그런 그림도 사주는 사람이 있어 몇 점 팔았고 다음 행선지를 위한 경비를 번다고 했다. 부모에게 지원을 받았거나 아르바이트로 번 돈을 쓰면서 다니는 것이 아니었다. 온천으로 유명한 일본 벳푸에서도 골목에 좌판을 깔고 소품을 파는 노란 머리, 파란 눈의 앳된 소녀들을 만났다. 10대 후반, 이스라엘에서 왔고 친구와 세계여행 중이라고 했다. 이런 식의 교환여행을 하는 유대인 청소년을 여러 도시에서 만났다. 보따리무역과 같은 그들의 배낭여행은 독특했다. 몇몇이 짝을 지어 현지 민예품들을 구매하고, 다음 여행지에서 팔아 경비를 마련한다. 그 돈으로 다시 현지 토산품을 구매해서 또 다른 국경을 넘는다. 이런 과정을 통해 자신이 여행한 나라의 문화, 물가, 상관습을 체험한다. 도전과 자립력이 강해지는 방식이다. 유대인이 세계경제를 쥐락펴

락하는 것에는 다 이유가 있다.

한국 젊은이도 만났다. 짧은 직장생활을 통해 마련한 비용으로 배낭여행을 한다고 했다. 공원에서 자고 경비를 아끼며 이동하는 청년이었다. 최소 비용으로 생존하는 서바이벌 게임 같았다. 다행히 최근에는 창의적 여행을 하는 젊은이가 늘었다. 무엇인가를 생산해서 판매하며 재생산하는 교환여행은 한 단계 높은 전략을 필요로 한다.

클립으로
집을 만드는 교환의 가치

레드클립과 백수청년의 교환여행

빨간 클립 하나(One Red Paperclip)로 집을 마련한 청년 카일 맥도널드.

"나는 이 클립으로 집을 마련하려 한다. 그래서 좋은 물건과 이 붉은 클립을 교환하자."

붉은 클립 하나(One Red Paperclip) 프로젝트는 흥미로웠다. 클립 하나로 시작하여 집을 마련한 25세 캐나다 청년 카일 맥도널드의 9개월 프로젝트는 교환이 가치를 낳는다는 것을 증명한 여행이었다.

이 백수 청년은 물물교환 사이트에 붉은색 클립을 올렸다. 이것을 물고기 모양 펜으로 바꾸고 수제 고리와 교환했다. 이어서 발전기 → 맥주

통 → 스노우 모빌 → 2인 야크 여행권 → 박스 트럭 → 음반녹음계약서 → 1년 치 렌트권 → 연예인과 오후를 함께할 기회 → 스노우볼 → 영화 배역 계약서로 바꾸었고 마지막에는 2층짜리 집이 되었다. 붉은색 클립은 14번의 교환과정을 거쳐 집으로 탈바꿈하였다. 기발하지 않은가? 가치는 이동할수록, 위치를 옮길수록, 교환할수록 부가가치가 높아진다. 백수 청년은 기획과 실행으로 클립과 집을 합친, 그 이상의 가치를 만들었다. 책을 출판하고 TED에 출연하여 명사가 되었다.(『빨간 클립 한 개』, 카일 맥도널드 저, 안진환 역, 소담출판사)

글로벌 창업자를 만들다

불편한 여행, 실전 글로벌창업학교

하루는 컨테이너에 수출선적을 하고 있는데 전화가 왔다. 내 블로그 '무역일기'를 구독하고 있다는 한 기관의 기업지원 과장이었다. "대표님의 지도로 해외 비즈니스를 실습할 수 있는 프로그램을 만들었으면 좋겠습니다." 그래서 '실전형 글로벌 창업자 양성과정'이 만들어졌다. 이후 이 프로그램은 다양한 형태로 진화하여 고교생, 대학생, 예비창업자, 기업인이 참가했다. 여행 총감독이 된 나는 이들에게 불편한 여행을 하게 했다. 대중교통을 스스로 이용하게 했으며 하루에 6시간 이상을 걸어서 이동하게 했다. 구체적인 안내보다는 목적지를 찾아가도록 유도했다. 상하이, 광저우, 이유, 오사카, 홍콩 등지에서 시장조사, 구매, 판매, 통관 실습을 하게 했다.

이 도시들은 한국에서 비행 3시간 거리에 있고, 1,000만 명 이상이 사는 곳으로 창업과 영업 실습에 딱 좋은 도시들이었다. 홍콩에서는 패션워크에 나가 스스로가 연출하는 스트리트(Street) 쇼를 하게 했다. 이들 가운데 몇 분은 글로벌 셀러가 되어 지구촌 도시를 비행한다.

광저우 연수 사진
(고교생, 대학생, 벤처기업과 스타트업을 대상으로 여러
해외도시에서 글로벌 창업프로그램을 운영했다.)

십수 년 전에 발로, 몸으로 만든 이 과정을 블로그에 공개한 이후 많은 단체가 유사 프로그램을 쏟아 냈다. 기획서만 받아가고 어딘가에서 행사를 하고 입을 닦은 사람도 있다. 그러나 개의치 않는다. 내가 담고자 했던 실용적인 생각이 널리 퍼지면 그만큼 사회에 이바지한 것이 아니겠는가? 이 과정에 참가했던 고교생은 자신이 제작한 공예품을 이베이에 올렸으며 몇몇 대학클럽은 소호무역을 시작했다. 해외에서 취업하거나 세계시장에 도전하는 젊은이가 나왔고, 해외창업에 입문한 철없는 아저씨들은 업종을 바꾸어 부인의 구박을 받았다.

우디 앨런에게
배우는 것

영화 〈미드나이트 인 파리〉에 담긴
관계의 전략

영화감독 우디 앨런이 연출한 영화 〈미드나이트 인 파리〉(Midnight in PARIS)는 노스텔지어를 통해 자신의 이야기를 풀어내는 '계산된 마케팅'이다. 영화는 파리라는 도시를 안내하는 화면으로 채우면서 유럽과 미국 중산층의 대화소재가 무엇인지를 알려준다.

할리우드에서 잘 나가는 시나리오 작가 '길'과 약혼녀 '이네즈'가 파리에 온 것으로 영화는 시작한다. 그녀는 여행계획을 처음부터 잘못 짰다. 파리엔 자신과 다른 매력을 지닌 경쟁자들이 너무 많다. 남자친구와 여행할 때는 여신의 도시인 상트페테르부르크나, 상냥한 아가씨가 넘치는 엥겔 힐스, 젊은 여자가 벗고 누워있는 카프리 해변도 피하는 것이 좋다. 사르코지 프랑스 전 대통령의 부인인 카를라 브루니가 미술관을 안내하는 가이드가 되어 깜짝 출연한다. 주연인 '길'은 안내인과 색다른 만남을 가진다. '길'은 작업의 달인답게 영부인에게 프랑스 작가의 글을 읽어 달라고 한다.

만약 당신이 남경에서 통역으로 수고해준 여성에게 "내일 루쉰의 소설, 『아Q정전』 몇 구절을 읽어 주실 수 있겠습니까?", "남경성벽 벤치에서 기다릴게요."라고 한다면 '길'과 같은 수작을 하는 것이다. 만약에 '길'이 서울에 와서 경복궁을 안내하는 문화 해설사에게 박범신의 소설 『은교』의 몇 문장을 더듬더듬 물어본다면? '너를 거기 구름 젖은 길가에 두고 떠날 때'가 무슨 뜻인가요? 이렇게 묻는 것처럼 말이다.

'길'은 파리의 골목에서 시간여행에 빠져들었다. 노천카페에서 헤밍

웨이, 피카소, 피츠제럴드, 달리, 거트루드 스타인 같은 문화계의 명사를 만났다. 이 대목에서 연출자 우디 앨런의 복선을 읽을 수 있다. 문화적 교감이 정서적 교감을 낳는 것이다. 이들 예술가의 작품세계가 우리가 상대하는 영미권 기업인의 문화적 토양이라고 할 수 있다. 영업을 하는 사람은 견본 말고도 나눌 수 있는 것이 있어야 한다.

Odyssey 11

관계가 지속되지 않는 이유?

역사, 문화의 이해가
지구촌 시민과의 관계를 깊게 한다

　　　　　　　　　　해외사업이 지속되지 않는 이유는 무엇일까? 출장을 다니다 보면 지난 홍콩과 같은 난리를 겪기도 한다. 항공기 이착륙이 무기한 연기되어 다음 일정이 언제 고지될지도 모른다. 이때 아수라장이 된 출국장을 관찰하면 유럽과 미국인들은 두툼한 책을 꺼내 읽는 사람이 꽤 있다. 일본인도 문고판 도서를 펼친다. 일부 한국인은 항공사 직원이나 여행사 가이드에게 거세게 항의한다. 그들도 상황의 피해자일 뿐 비행을 다시 하는데 어떤 영향력도 없는 사람인데 말이다.

내 세대는 대학시절, 조정래 작가의 『태백산맥』을 읽었다. 우리 또래 일본 상사맨은 도쿠가와 시대를 그린 『대망』, 종합상사 이토추(伊藤忠商事株式会社) 이야기를 담은 『불모지대』, 메이지유신 직후부터 러일전쟁까지를 그려낸 역사소설 『언덕 위에 구름(坂の上の雲)』을 읽었다. 80년대 대학에 다녔던 한국인이 황석영의 『장길산』, 이문열의 『젊은 날의 초상』을 읽은

것과 같다. 선술집에서 맥주를 마시며 나누는 이들과의 대화에는 개화기 지사나 경영인들의 소재가 적지 않다. 이들의 독서에는 세계전략이 들어 있다. 상대의 생각하는 방식을 알 때 사업의 이해를 조절할 수 있다.

중동 비즈니스를 연결하는 한 에이전트는 아쉬움을 토로했다.

"사우디 왕세자가 한국을 방문하면 대통령이 오찬을 주최하고 대기업 총수들이 줄을 서지만 정작 기업들은 돈 버는 것 말고는 관심이 없어요", "한국은 원전도, 병원도 건설로 생각을 합니다.", "건설 말고도 산유국과 할 수 있는 것이 너무도 많은데 문화적 틈새를 찾지 못하고 있어요.", "일본이나 중국 기업은 아랍어를 하는 중동인력을 체계적으로 키우고 이맘(이슬람교 교단 조직의 지도자를 가리키는 하나의 직명)의 도움을 받으며 문화적으로 접근을 합니다.", "한국인들은 열사(熱砂)의 나라에 들어와서도 검은 양복을 입고 서툰 영어로 사업 이야기만 해요."

"이슬람 문화에 대한 이해도 없어요.", "심지어 공사계약을 딴다고 들어온 사람들이 전 세계 14억 무슬림 모두가 사용하는 인사말인 '앗살라무 알라이쿰'(안녕하세요! 당신에게 평화가 함께 하기를 이라는 뜻), '와알리쿠뭇 쌀람'(앗살라무 알레이쿰에 대한 대답)조차도 모르고 들어와서 영어로 인사를 합니다."

"아랍인의 감정을 고려하지 않는 것이지요."

외국인 친구 10명,
라이프 스타일을 바꾼다

국내에서 하는 글로벌 연습,
청국장 아저씨와 글로벌 프랜들리

자신의 페이스북에 몇 명의 외국인이 들어와 있는지를 살펴보자. 스타일을 세계시민으로 바꾸는 것에는 몇 사람 이상이 필요한 것이 아니다. 한 사람을 만난다는 것, 이것을 시인 정현종은 "어마어마한 일이다."라고 했다. "한 사람의 일생이 오기 때문이다."(정현종, 『방문객』 중에서)

사람과 사귀면 취미, 음식, 생활에 변화가 생긴다. 그의 친구도 알게 된다. 그의 나라를 방문하게 되고 그의 문화 속으로 들어가게 된다.

포후드 씨는 우즈베키스탄 청년이다. 유학 와서 대전 솔브릿지대학을 졸업했다. 블로그 이웃이 그 청년을 소개했다. 그는 한국에서 취업하고 싶어 했다. 고객사 가운데 건축용 패널을 만드는 회사가 있어 그를 소개했다. 한국어는 서툴렀지만, 러시아어와 원어민 수준의 영어를 했다. 패널회사는 그의 입사로 수출목표를 CIS 지역으로 확대했다.

한국 생활이 안정되자 고국에 있는 아내를 불렀고, 그 우즈백 새댁은 대전에 우즈백 식당을 차렸다. 가끔 집사람과 색다른 음식이 먹고 싶을 때 포후드 부인이 운영하는 식당에 놀러 간다. 그들이 한국에 정착한 지 10년이 되어간다. 가끔 그와 식사를 하는데 한국말이 제법 늘었다.

"사장님 은혜에 감사합니다."
"결혼하고 한국에서 살게 된 것은 사장님 덕분입니다."

외국에서 유학했다고 모두 그 나라에서 취업하고 생활하는 것은 아니다. 기계가 사람을 대체하는 시대에 취업은 내국인도 외국인도 쉽지 않다. 포후드 씨 이후부터 취업을 부탁하는 외국인이 꾸준히 생기고 있다. 유학생은 용기를 가지고 자신을 변화시키는 사람이다. 물선 곳에 그냥 가는 것이 아니다. 나는 이 외국인들을 도와 한국을 좋아하게 하고 싶었다. 열정적인 사람을 품는 사회는 좋은 '낯선 사람 효과'를 얻는다. 면접해서 느낌이 좋고 경력이 적절하면 협력사에 소개한다.

라킴은 카이스트에서 공부했던 청년이다. 방글라데시에서 그의 사촌들이 한국에 왔다. 대전에 있는 중견기업인 '동양강철'에 견학을 하게 했다. 그들은 수준 높은 한국기업의 생산과정을 잘 살펴보았다. 그때는 내가 그들 나라 수도, 다카에 가리라고 생각하지 않았다. 그러나 2년 후 방글라데시에 일이 생겼다. 출장길, 다카에서 라킴의 사촌들과 다시 만났다. 그들은 건설사와 무역회사를 경영하는 건실한 사업가들이었다. 나는 현지를 시찰하는 장관 같은 예우를 받으며 그들의 사업장을 돌아보았다.

라킴의 형제들을 방글라데시에서 다시 만났다.
건설업과 무역을 하는 건실한 실업가들이다.

출근 전에 지난주 광저우에서 온 전시전람 대표 티나에게 음성인사를 보냈다. 웨이신으로 하는 통화는 비용도 들지 않는다. 아침 공기를 담은 인사에 채 몇 분도 걸리지 않는다. 국경 넘어있는 사람을 이어주는 것은 이런 메시지다. 점심은 회사 근처 식당에서 청국장을 먹었다. 오후에는 타이베이에 연락할 것이다. 다음 달에 타이완에 가서 POS를 제조하는 대만 회사를 방문하기로 했다. 그 회사 제임스 회장은 차를 가지고 공항에 나올 테니 해변에 가서 점심을 먹자고 했다. 지난번 한국을 방문했을 때 인사동에서 식사대접을 한 것을 갚으려는 것 같다. 이처럼 청국장을 먹어도 글로벌 활동을 한다. 어떤 시대의 비즈니스도 사람은 사람을 만나는 일을 한다. 4차 산업혁명이 와도 로봇으로 영업을 대체할 수 없다. 국내에 있는 외국인 친구를 통해 즐거운 소통, 해외영업 연습을 해보자.

차원이 다른 걸인의 세계여행

독일인 피터,
내용에 따라 스타일이 달라진다

가끔 어울리는 친구 가운데 글 쓰고 영화 찍고 도 닦는다고 떠도는 자유로운 사람들이 있다. 하루는 전화가 왔다.

"피터라고 하는 거지가 독일에서 왔어. 책도 몇 권 썼다고 하는데 신문에 대문짝만 한 인터뷰가 났어. 한국에 와서 강연을 하고 다니는데 대전에서는 우리가 초대를 했어. 계룡산을 보고 싶대."

일월, 겨울이었다. 중년 남자, 독일인 피터는 맨발 차림에 누더기를 걸치고 나타났다. 그는 브랜딩을 잘했다. 무소유 철학자라고 했다. 철학회 초대로 이 나라 저 나라를 주유하고 있었다. 그의 여행법이 궁금해졌다.

그가 오고 가는 항공료는 초대하는 곳에서 낸다. 자신은 돈을 소지하지 않는다. 걷다가 필요한 것이 있으면 그 앞에 선다. 그러면 지켜보는 사람이 그 물건값을 치른다. 물건은 소유하지 않고 사용한다. 그래서 그와 함께 온 일행이 먹은 밥과 막걸릿값도 내가 냈다. 그래도 고맙다(Danke schön)는 말은 하지 않았다. 대단한 내공이었다.

이후 걸인의 생활을 관찰하게 되었다. 한국에서는 구걸자가 적선자를 마주 보지 않는다. 인도 거지는 내 눈을 정면으로 응시했다. 이집트는 졸졸 따라다니기까지 했다. 필리핀은 어린이가 별처럼 총총한 눈빛으로 손을 내밀었다. 그날 피터는 추종자를 달고 다녔던 플라톤이었다.

노숙 컨설팅, 츠쿠바의 노숙자

　　　　　　　　　　츠쿠바 청년회의소(JCI) 30주년 기념식에 참가하고 있었다. 숙소인 Epochal 호텔을 나와 아침 산책을 나섰다. 이월 찬바람에 외투 깃을 올리고 걷는데, 손을 비비고 있는 남루한 모습의 남자가 보였다. 정갈한 공원에서 낯선 풍경이었다. 흥미가 당겼다. 그의 낡은 자전거 바구니에는 과자 봉투와 빵조각이 있었고 신선한 아침 공기에 퀴퀴한 몸냄새가 섞여 코에 들어왔다. 혹시 그가 통 밖에 있는 철학자 디오게네스(Diogenes)가 아닐까 싶어 대왕 알렉산더처럼 햇볕을 비켜서서 인사를 했다.

"오하이오 고자이마스?"

그는 고개를 들어 멀뚱멀뚱 나를 쳐다보았다. 맨발에 슬리퍼를 신었는데 발은 동상에 터져 있었다. 여전히 손을 열심히 비비고 있었다.

"지금 무엇을 하고 있나요?"
"운동을 하고 있습니다. 가장 효용적인 운동이지요."
"발이 시리지 않나요?", "양말이 필요합니까?"

나는 신고 있는 '무등양말'을 벗어 주고 싶었다.

"괜찮아요.", "이대로가 좋아요."

1인당 GDP 4만 달러의 경제대국에서도 노숙자는 발생한다. 노숙의 구조와 생활을 알고 싶었다. 산책을 포기하고 대화를 시작했다.

"구청으로부터 생활보조금 같은 것은 받지 않나요?"
"주소가 도쿄로 되어 있어 받을 수가 없어요. 그래서 병원도 갈 수 없지요."
"그렇다면 왜 도쿄로 돌아가지 않습니까?"
"도쿄는 노숙자가 살기에는 너무 붐비는 곳이지요. 대우도 좋지 않구요. 그쪽
  에는 나 같은 사람이 너무 많습니다."
"먹는 것은 어떻게 해결합니까?"
"초밥집이 문을 닫을 때 남은 음식을 얻거나 식당 쓰레기통을 뒤지면 먹을
  만한 것이 있습니다. 슈퍼들도 유통기간이 지난 것들을 버립니다."

오십 대 중반인 그는 노숙자가 되기 전, 이삿짐센터에서 일했으며 동거하는 가족은 없다고 했다. 무력해 보이는 그에게도 생존전략이 있었다.

첫째, 비경쟁 부분에서 노숙을 한다.

도쿄는 단속이 심하고 도쿄지사 이시하라는 노숙자들에게 매정하다. 시골이 노숙에 자유롭다.

둘째, 적기(Just In Time)를 잡는다.

남은 음식을 버리는 늦은 밤, 새벽에 움직인다. 초밥집은 팔다 남은 것은 남기지 않고 버린다. 슈퍼마켓이 식료품을 버리는 시간을 파악했다.

셋째, 노숙환경을 파악한다.

밤을 보낼 수 있는 안락한? 장소와 노숙자에게도 개방되는 공공장소를 알고 있다.

넷째, 고정 거래처를 확보한다.

금융거래도 한 은행과 거래를 집중하면 금리혜택과 서비스를 받을 수 있다. 고정적으로 들리는 식당이 있다고 했다. 노숙자는 음식을 얻고, 버리는 사람은 사람을 도왔다는 위안을 얻는다. 행복하냐고 물었다.

"행복이라고 해야 할지 뭐라 해야 할지. 그렇다고 행복하지 않은 것은 아닌데…."

사람은 주거를 선택할 권리가 있다. 처한 상황이 어찌 되었든 노숙도 주거의 한 형태이다. 컨설턴트로서 직업본능이 발동했다.

"스마트폰을 손에 넣으세요. 걸인들이 도심으로 가는 것은 자선과 마주할 확률이 높아서입니다. 사람이 모이는 곳은 사이버 공간이 필요합니다. 블로그를 개설하거나 페이스북 페이지를 만드세요. 유튜브에 영상을 올리세요. 광고비를 받으려면 유튜브가 좋습니다. 제목은 무엇이라고 해야 하나? 행복해지고 싶어 하는 사람은 많으니까 '행복한 노숙'이라고 제목을 붙이면 어떨까요? 그리고 하루하루의 생활을 올리세요. 당신처럼 최소한으로 살아가는 방법을 알려 주세요. 팔로워들이 생기면 후원계좌를 여는 것도 괜찮겠지요. 가끔은 히비야 공원으로 가세요. 사람이 몰리는 곳에서 예비 노숙자에게 강연하는 겁니다. 당신이 몸을 누이는 공원 한 모퉁이를 세상이 주목할 수도 있습니다. 발언에 귀를 기울이는 사람도 생깁니다. 웅변조로 말할 것은 없습니다. 지금처럼 힘 풀고 말하면 돼요. 가끔 이동의 자유와 주거권, 생존권, 노숙자 연대 같은 단어를 넣으세요. 이것은 프랑스혁명 이래 중요한 개념이 되었으니까요. 이렇게 나가면 시간당 만 엔 정도의 강의료가 생길 것이고 미친척 중의원에 출마한다고 하세요. 유명해질 겁니다."

그날 이후, 나도 노숙에 도전했다. 한 사실을 구체화하려면 직접 해야 하기 때문이다. 다른 출장으로 도쿄에 다시 갔다. 수입상 마츠바라 씨를 불러내 술을 잔뜩 마시고 헤어졌다. 취기에 용기를 내 우에노역 뒤편에 있는 공원에 갔다. 그곳은 노숙자의 성지로써 밤이 되면 노숙인들이 모여든다. 골판지 상자를 모아서 바람을 막아놓은 작은 움막이 보였다. 덩치가 큰 개집 같은 모양이다. 이런 형태 말고도 상자를 모아 잠을 청하는 사람들이 있었다. 나도 그 근처에서 종이상자로 둥우리를 만들고 누웠는데 잠이 오지 않았다. 평소 주량보다 두 배 이상 마셔서 꽤 취한 상태였지만, 그곳에서 풍기는 지독한 지린내를 참을 수 없었다. 자정이 넘은 시각, 견디다 못한 나는 그 노숙처를 떠나 공원 벤치로 갔다.

걸인은 역사상 오래된 직업이다. 두 사람을 거지로 볼 수는 없지만, 츠쿠바 노숙자와 독일인 피터는 차원이 달랐다. 한 사람은 지역 근거형이었고, 다른 한 사람은 자신의 콘텐츠로 세상을 주유(周遊)하고 있었다.

무의식을
바꾸는 첫 화면

초보 마케터를 위한
글로벌 사이트

식탁 맞은편 TV에서 CNN은 총격이 벌어진 브레이크 뉴스를 전했다. 글을 쓰는 현 시점은 일본 국회 예산안 심의기간이다. 퇴근 후에는 NHK를 본다. 주말이나 휴일에는 소파에 앉아 잠깐씩 CCTV를 통해 중국 소식을 듣는다. 한 사건에 대한 다양한 시각, 세상의 흐름을 느끼는 것이 청취의 목적이다. 외국어에 집착하지 않는다. 화면을 즐기면 된다. 경제뉴스는 지구촌에서 시시각각으로 생성된다. 이번 주에 구미공단에 있는 고객사에 다녀와야 한다. 이 회사가 소성하는 알루미늄은 세계 경제와 밀접히 연결되어 있다. 한국 산업이 어려움을 겪는 것은 중국이 성장하는 반면 세계는 저성장에 빠져있기 때문이다. 한국 방송과 종편은 국내 정치에 경도되어 있다. 격변하는 세상의 키워드를 잡아내려면 자신만의 채널편성이 필요하다.

의식은 무의식의 발현이다. 무의식은 행동의 근원이다. 무의식이 행동으로 나타나고 행동은 습관이 되며 그 습관으로 인생을 산다. 현재를 개선하고자 하면 무의식에 영향을 주는 자극과 환경을 바꾸어야 한다. 세계시장에 진출하고자 하다면 당신에게 들어오는 시청각 환경을 바꾸어야 한다. 국내에서 생성되고 버무려지는 정보만으로 세상을 보는 사람은 대부분 몇 가지 방식만으로 생각한다. 정보원이 단순하기 때문이다. 국내 인터넷 포털과 언론이 비슷한 패턴으로 쏟아 내는 정보가 당신의 세계화를 막는 장애물이다. 사업 범위도 그 수준으로 머물게 된다. 지구촌 단위의 사업을 하고자 하면 정보채널을 바꾸어야 한다.

참고 | 글로벌 마케터를 위한 시사(時事) 추천 사이트

- 블룸버그(https://www.bloomberg.com) : 아침 출근 전 들르는 글로벌경제 운동장, 세계 100여 지역에 1,200여 특파원을 파견하여 생생한 경제뉴스를 제공한다.
- 비비씨(http://www.bbc.com) : 영국 BBC가 제작하는 종합뉴스채널로 미국과는 다른 서방의 시각을 보여 준다.
- 알자지라(http://www.aljazeera.com) : 아랍권을 대표하는 방송사. 아랍어와 함께 영어 방송이 있다. 아랍의 관점을 느낄 수 있다.
- 일본경제신문(http://www.nikkei.com) : 일본을 알기 위한 경제채널. 경제시사를 세밀하게 분석한다.
- 사우스 차이나 모닝 포스트(http://www.scmp.com/frontpage/international) : 1903년에 설립된 홍콩신문. 가끔 한반도 문제로 특종을 터트린다. 인터넷판 'Video of the day'에는 홍콩시민의 일상을 담는다.
- 봉황망(凤凰网)(http://www.ifeng.com) : 중국 뉴스, 경제, 금융, 연예, 커뮤니티를 제공하는 포털사이트다.
- 이란 데일리(http://www.iran-daily.com) : 이란 방문을 한다면 이곳을 북마크해 놓고 Business 면을 열어보는 것이 좋다. 테헤란 방문 전 아자디 타워의 공기를 마실 수 있다.

제8장

비대면시대,
영업대표를 위한
디지털 플랫폼

검색에 없으면 당신은 없다.

내용을 채우고 품질을 높여서 세상에 노출하자.

확장은 인간 본연의 생명 활동이다.

일기일회(一期一會), 땀 흘려 만든 기회를 놓치지 않겠다고 굳게 마음먹자.

연결과 소통을 통합하는 도구(플랫폼)를 만들고 증강시키자.

쉐일라 니콜슨의 누드러닝,
프로에는 사생활 없다

검색에 없으면 당신은 없다.
비대면(Uncontact)시대, 영업대표의 온라인 전략

　　　　　　　　　　쉐일라 니콜슨(Sheila Nicholls)은 크리
켓이 열리는 경기장을 실오라기 하나 걸치지 않은 알몸으로 완벽히 가로
질렀다(Sheila Nicholls streaking at Lords Cricket Ground, London, 29th May 1989). 봄 학
기를 맞아 집단으로 벗고 달리는 UC 버클리의 누드 러닝은 유명하다. 그
러나 그 영국 가수의 스트라이킹은 집단의 힘에 묻어 달리는 이벤트와는
다른 것이었다. 그녀는 온전히 자기 생각과 행동으로 자신의 벗은 몸을
사람의 시선 위에 고스란히 드러냈다. 그녀는 아름다웠다. 젊은 여성이 벌
이는 나신의 질주를 막아선 심판과 경찰, 놀란 관중의 제지를 뚫고 달리
던 미끈한 다리와 흔들리는 가슴, 운동장을 가로지르며 두 팔을 번쩍 들
어 올렸던 몸짓과 환희의 표정이 생생하다.

　　영업대표의 일상과 반일상은 모두 일과 관련되어 있다. 시장에서 일하
는 프로에게 사생활은 없다. 나는 홈페이지와는 다른 스타일로, 비공식적인
것과 일과 관련된 생활을 페이스북에 올린다. 홈페이지에는 고객사 소식을
영문으로 작성해 구글검색에 노출하고, 중국과 중화권 시장진출을 희망하
는 고객을 위해서는 중문으로 웨이보(Sina Weibo)에 소식을 올린다. 회사가
취급하는 아이템과 국내외 고객사, 수출상담, 투자유치 같은 프로그램은 구
글과 바이두(Baidu)를 포함해 어떤 사이트에서도 검색할 수 있게 한다.

　　비즈니스 인맥 사이트 링크드인(https://kr.linkedin.com)에는 해외고객을
위해 영문으로 작성한다. 페이스북에 회사페이지를 운영하고 있다. 국내

용으로 네이버 블로그와 카카오스토리를 적절하게 사용한다.

누가 내 인터넷 신상을 턴다면 술 마시고 흔들렸던 모습, 범칙금을 내며 경찰서 앞에서 인증샷을 날렸던 것, 출장지에서 비행기를 놓쳐 어이없었던 표정이 적나라하게 노출될 것이다. 페이스북이나 카카오스토리에서 지인이 올린 것을 포함한다면 나는 숨을 곳이 없다. 사이버공간에서 마케팅은 다 벗고 운동장을 가로지르는 누드러닝과 같다. 그러나 프로들은 노출한다. 수 억 명이 지켜보는 경기를 치르는 선수는 카메라 초점을 피하지 않는다. 지금으로부터 삼십 년도 더 된 시절, 무명가수 니콜슨은 홀딱 벗고 달음박질하여 자신을 알렸다. 그녀의 음악도 알려졌다. 세상의 프로들은 누드러닝을 한다. 가수 레이디 가가(Lady Gaga)에게 비밀은 없다. 모든 공연과 투어일정이 공개된다. 그녀가 알든 알아채지 못하든 파파라치, 네티즌 카메라는 그녀의 일상을 훔친다. 훔친 조각들이 세상에 퍼져 그녀에게 달리는 유튜브 조회수가 백만 건, 천만 건, 십억 건이 넘는다. 그녀의 공연 〈Bad Romance〉는 공연장 밖에서 7억 명이 시청했다. 월드 슈퍼스타다.

영업, 마케팅은 몸을 던지는 것이다. 쌍파울로 전시장에서 상품판촉을 돕는 도우미 여성들은 적극적이었다. 촬영에 앞서 동의를 구하자 멋진 포즈를 잡아 주었다. 열심히 설명하고 밝게 미소 지었다. 이렇게 유쾌한 모습은 자신이 알리는 회사와 제품에 관한 호감을 높여준다. 모스코바에서도, 두바이에서도 멋진 프로가 있었다. 국내의 한 전시회에서 촬영을 피하는 모델이 있었다. 카메라를 외면하는 사람이 왜 판촉을 하는지? 일의 본질을 생각할 일이다. 브라질 올림픽 개막식에서 슈퍼모델 지젤 번천은 수십억 명이 시청하는 리우경기장을 당당하게 걸었다.

영업하는 마케터가 노출이 두렵다면 일터를 떠나야 한다. 일하다 보면 어처구니없는 일을 당하기도 부끄러운 실수를 하기도 한다. 프로도 실패를 한다. 때로는 그늘 속으로 숨고 싶다. 그러나 밤 골목을 다녀도 차량에 부착된 블랙박스는 돌아간다. 감추고 숨는다는 것이 이상하다. 영업은 회사를 대표해서 고객을 만나는 일이다. 회사와 나, 상품, 행진을 하자.

영업은 생명활동, 만나면 연결하라

일기일회(一期一會),
고객을 놓치지 않는 네 단계

다도(茶道)에 '일기일회(一期一會)'라는 농밀한 표현이 있다.

> "당신과 만나는 이 시간은 두 번 오지 않는 단 한 번이다."

영업은 만나는 행위이다. 만나고 공감하고 교환하는 것, 호모 사피엔스의 고유한 기능이다. 왜 사람을 만나는가? 사람을 통해 세상이 연결되었기 때문이다. 만남을 통해 당신은 확장된다. 간부사원이 만나는 사람이 두세 명을 넘지 않는다. 임원이 사무실에서만 식사한다면? 인적자산이 없는 조직은 번창하기 어렵다. 강연을 하면 사오십 명 청중 가운데 5% 정도가 적극적으로 질문하고 명함을 준다. 그러나 대부분 거기까지다. 사업을 하는 사람에게, 24시간은 자산이고 활동은 투자이다. 고객(잠재고객)을 만난 기회를 놓치지 말자. 비용을 들여 땀 흘려 얻은 인연을 놓치지 않겠다고 단단히 마음을 먹어야 한다.

(1) 고객을 놓치지 않는 첫째 단계, 먼저 메시지를 보낸다

세미나에 참가했다. 강사의 강의 모습을 스마트폰으로 한두 장 정도 찍어 놓았다. 행사를 마치고 명함을 교환했다. 받는 명함은 그 현장에서 스마트폰에 입력했고, 그 입력을 불러와 조금 전에 찍었던 사진과 함께 메시지를 보냈다.

"오늘 새로운 것을 배울 수 있었습니다. 고맙습니다."

이 메시지에 대한 답이 돌아왔다. (답을 하지 않는 사람도 있다.)

그 순간 스마트폰 화면에 카카오톡 친구 화면이 뜬다. 서로가 연결되었다는 상큼한 신호이다.

(2) 고객을 놓치지 않는 둘째 단계, 상대를 검색하고 메일을 보낸다

다음날 출근을 한다. 어제 받은 명함을 보면서 인터넷 검색을 한다. 그의 활동, 저서 사업을 살펴본다. 이렇게 하면 어느 정도 상대의 윤곽이 잡힌다. 메일을 작성한다. 메일을 통해 다시 한 번 인사를 하고 회사소개 파일을 첨부한다. 이런 메일에 대해 모두가 회신을 주지는 않는다. 답신이 오면 그가 성실하거나 나에게 관심이 있다는 것으로 생각할 수 있다. 사업은 서로 성의와 관심이 있는 사람들이 시작한다.

(3) 고객을 놓치지 않는 셋째 단계, 통화한다

회신을 받으면 한 단계 진도를 더 나간다. 통화한다. 육성에는 또 다른 힘이 있다.

"강사님 바쁘실 텐데 회신을 주셔서 고맙습니다. 근처에 오실 때 연락 주세요.

괜찮은 찻집 몇 곳 있습니다."

⑷ 고객을 놓치지 않는 넷째 단계, 만난다. 공감하고 행동하라

이렇게 소식을 주고받다가 구체적인 공감을 발견하면 적극적으로 행동한다. 상대를 방문하거나 사무실로 초대를 한다. 자연스럽게 차를 마시고 식사를 할 수 있다. 일기일회(一期一會)가 다시 찾아온 것이다. 이때 자료를 주거나 요구한다. 관계가 시작되는 순간이다.

해외에서 만난 바이어도, 수출상담회나 전시회에서 만난 사람도 이러한 수순으로 인연을 맺는다. 영업의 임무는 만나면 연결하는 것이다. 영업은 회사의 공적인 시간과 비용을 들이는 투자행위이다. 성과가 따라야 한다. 사람을 만나는 것이 인생이기 때문에 만남을 관리한다는 것은 인생을 관리한다는 것이다. 이렇게 받은 명함은 스마트폰 어플과 사무실의 명함 등록기를 통해 회사의 자산으로 환치시켜야 한다. 사원이 일을 통해 맺는 인맥은 조직의 공용자산이다.

하루도 쉬지 않고 사람을 만나는 분이 있다. 바쁜 사람일수록 시스템을 만들어 정리하지 않으면 도대체 내가 누구를 만나고 무슨 이야기를 했는지 모르게 된다. 그런 분의 사무실을 방문해 보면 수북한 명함이 갈 곳 없이 쌓여 있다. 연결하고 정리하지 않으면 인적 자산은 축적되지 않는다. 만남을 기록하고 연결해서 양방향으로 소통해야 가치 있는 인맥이 된다.

존슨은 유명 프랜차이즈를 아시아 시장에 들여오는 컨설턴트이다. 홍콩과 광동 방송을 넘나들며 출연한다. 그가 서울에서 열린 상담회에 초청받아 왔다. 나에게 배정된 바이어는 아니었지만, 행사 틈새에 인사를 나누었다. 나는 사진을 찍자고 했고 현장에서 페이스북으로 연결했다. 그가 홍콩으로 돌아간 이후 몇 번 메신저로 연락을 주고받았지만, 반응이 뜸해졌다. 몇 달 후, 홍콩 출장이 생겨서 현지에서 만나고 싶었다. 그래서 메신저로 "미혼인가요? 한국 여성을 어떻게 생각하나요?"라고 물으니 뜨거운 반응이 왔다.

영업달인이라고 해서 처음 만난 사람에게서 어떤 상품이라도 판매할 수 있는 초능력자 같은 사람은 아니다. 인맥은 하루아침에 만들어지지 않는다. 만나면 연결하고 적극적으로 소통하지 않으면 인연이 주는 기회를 놓치게 된다. 연결은 상대를 통해서 내가 확장되는 사회적 생명 활동이다. 영업달인은 성실하고 부지런히 시스템을 만들고 관리한다.

해외영업의 그물망, Facebook과 Wechat은 사이버이력서

셀레나 고메즈와 소믈리에 카시올라

해외영업은 SNS 이전과 이후로 나눌 수 있다. 페이스북은 해외에서 만난 인연을 놓치지 않게 했다. 사람들은 페북과 위챗, 카카오톡 같은 도구로 소통한다. 지난날에는 편지를 썼다. 지금도 무지개 빛살 무늬 항공 엽서에 아련한 설렘을 느낀다. 그 시절에는 제품을 찍고, 필름을 현상해서 봉투에 넣고, 우체국에서 해외로 보냈다. 내 세대의 무역은 항공우편과 텔렉스, 팩스를 거쳐 메일과 페이스북으로 이동했다.

메일은 정보전달의 혁명이었지만 최근에는 미국의 엔디, 이란의 살라리, 방글라데시의 하룬과 메일을 보낼 것도 없다. 공유하고 싶은 자료는 올리고 메신저로 소식을 주고받는다. 페이스북의 활용은 비즈니스뿐 아니라 흥미로운 단체나 저명인과도 관계를 맺을 수 있게 한다. 매혹적인 가수 셀레나 고메즈(Selena Gomez)에 페이스북 친구신청을 했다. 립스틱을 입으로 씹는 이 아가씨의 도발적인 공연이 궁금했다. 나는 그녀의 페북 페이지 '좋아요'를 누른 61,841,321명째 사람이 되었다.

인터넷으로 국경과 시차는 무너졌다. 페이스북과 트위터 같은 SNS로 소통은 속도를 얻었다. 페이스북의 시장가치가 500조 억 원이 넘는 것에는 이유가 있다. SNS(Social Networking Service)는 물, 석유, 전기와 같이 없어서는 안 되는 산업 유틸리티(Utility)가 되었다. 이 소셜미디어로 사진과 동영상을 올리고 문자를 붙이는 지구촌 소통에는 막힘이 없다.

그러나 늘 보낼 수는 없다. 한 방향만으로 발신한다면 스토커로 오해받을 수 있다. 상대의 사정을 고려하지 않은 채 전화를 할 수도 없다. 내 음성이 보이스피싱처럼 들릴 수 있다.

얼마 전 웹페이지를 제작한다는 동문을 만났다. 행사 때 딱 한 번 마주쳤는데 후배라면서 여러 번 전화를 주었다. 사무실을 찾아와서 식사를 대접했다. 그가 돌아간 후, 그의 명함을 통해 인터넷으로 회사를 살펴보고 페이스북에 들어가 보았다. 홈페이지의 내용은 빈약했고 눈에 띄는 콘텐츠도 없었다. 페북에 달려 있는 그의 친구들을 살펴보았다. 웹 개발과 관련된 사람을 찾을 수 없었다. 그가 준 제안이 특별하지도 않았다.

오늘날 이력서는 온라인 속에 있다. 페이스북과 웨챗이 이력서이다. 세상에서 가장 많은 소통이 이루어지고 검색이 가능한 매체에서 자신을 표현해야 한다. 한 번도 만난 적은 없지만, 메일로 제안서를 받은 바이어는 내 계정에 들어와서 내가 어떤 사람인지 사업적 가치가 있는지 판단할 것이다.

몇 년 전, 대전 와인 페스티벌에서 마주친 소믈리에인 카시올라와는 페이스북으로 인연을 이어가고 있다. 와인트로피에서 심사를 하는 그녀와 대화는 길게 이어지지 못했다. 나를 만나러 온 것이 아니었기 때문이다. 그러나 그녀의 페이스북을 통해 와인 소믈리에의 재미있는 세계를 알게 되었다. 카시올라는 소믈리에로서 세계 곳곳의 와인 품평회에 참석하고 와이너리를 여행한다. 올해 아시아 와인 그랑프리에서도 반갑게 다시 만났다. 다시 만날 수 있었던 이유는 간단하다. 페북 친구를 맺어놓고 상대 포스트에 '좋아요'를 누르거나 댓글을 달면서 관심을 보였다. 내가 수출하는 품목 가운데에는 인삼주나 복분자 같은 민속주가 있다. 그러나 판매량이 늘지 않았다. 따라서 수출뿐이 아니라 한국 전통주, 민속주도 와인이나 사케처럼 마케팅을 해야 한다. 그래서 늘 판촉기획안을 늘 머리에 넣고 다닌다. 예산이 확보되면 카시올라가 운영하는 소믈리에 네트워크에 협조를 요청할 생각이다.

필리핀 대통령 두테에르가 마약과의 전쟁을 벌이며 마약 사범 3,000여 명을 처형한 때였다. 마닐라에서 열리는 '그린에너지전'에 고객사의 전기 분전기를 출품했다. 나는 사전에 들어가 시장조사를 하고 있었다. 고객사 대표와 직원들은 며칠 후, 아키노 공항으로 들어왔다. 사건·사고가 잦고 시내 총격이 일어나는 마닐라에서 고객안전이 걱정되었다. 행사진행을 도울 현지 요원이 필요했다. 필리피노 몇 사람을 추천받았는데 코퍼즈 씨는 미국 군사학교에서 교육을 이수한 이력서를 보냈다. 그의 페이스북에 들어가 보았다. 군사캠프에서 훈련을 받은 모습, 낙하산을 타고 C-130 수송기에서 점프하는 모습이 있었다. 당연히 그를 고용했다.

명함과 주소록,
고객 데이터를 자원화한다

디지로그형 데이터 관리,
땀 흘려 얻은 기회를 놓치지 않겠다는 각오

기업활동의 모든 것은 비용이다. 원부자재부터 시작하여 인건비, 운영비, 사무실 임대료, R&D, 창고와 재고 비용, 복사기 토너와 복사지까지 모든 것에 돈이 든다. 사업을 위해 빌린 이자는 일요일에도, 대체 휴일에도 쉬지 않는다. 세금이 밀리고, 카드 대금과 보험이 연체되면 어김없이 가산금을 내야 한다. 경영자는 삶 자체가 비용에 포위되어 탈출구를 찾는 투쟁이라고 할 수 있다. 시장의 최일선에서 싸우는 영업 · 마케팅에도 막대한 비용이 든다. 오고 가는 항공과 차비, 숙박, 선물과 접대, 견본 제공…… 다 돈이다. 영업에는 회사의 재화뿐 아니라 기회비용까지도 사용하고 있다. 그 기회비용이 사업과 인생을 결정한다. 이것을 선택하였으므로 다른 기회를 포기한 것이다. 그래서 피 같은 시간과 돈과 기회를 투자하여 애써 만난 사람을 흘리지 않겠다고 결심해야 한다. 고객정보시스템을 만들어야 한다.

기초적인 고객정보가 명함과 주소록이다. 명함과 주소록은 단순한 연락처가 아니다. 개인과 팀, 회사가 만드는 인적자산관리시스템이다. 이 시스템을 활용하여 주기적으로 웹진을 만들어 보내거나, 분기에 한 번 정도 오프라인 모임을 한다면, 이 네트워크는 살아있는 어장이 된다. 회사의 데이터시스템은 기존 어플을 사용할 수도 있고, 회사에 맞게 개발할 수도 있다. 업종에 따라 밴드를 만들어 소통하는 것도 플랫폼이라고 할 수 있다.

기억력이 좋지 못한 내가 스스로 만든 기록의 원칙이 있다. 한 장소에서 한 장의 사진을 찍는 것이다. '웃으면 복이 와요.'라며 "하나 둘 셋" 하고 사진을 찍는다. 사진 기억은 텍스트보다 선명하다. 명함을 받으면 곧바로 스마트폰에 입력하고 간단한 메시지와 사진을 전송한다. 회신을 주는 사람이 내 기록에 남게 되고 인연이 시작된다.

다음 단계는 만난 사람과 회사를 검색하는 것이다. 영업하는 사람이 구글이나 바이두, 네이버에서 검색되지 않으면 존재하지 않는 것과 같다. 명함은 클라우드 서비스가 되는 어플로 입력하여 개인정보로 남기지만, 회사에서는 '명함정리기'를 사용해 회사 주소록에 저장한다. 회사 주소록을 프로젝트, 산업, 국가별로 분류한다. 회사원 모두가 모은 명함정보는 이렇게 데이터가 되었다. 저장을 마친 명함은 각자 A4 용지에 복사하여 만난 순서대로 묶어 놓는다. 이것은 기억을 되살려 주는데 그만이다. 한 달에 한 번은 그동안 만났던 사람의 명함을 복사한 A4용지철을 보며 점검한다. 업무상 중요도를 표기하고 전화한다. 이렇게 하면 악수하고 이야기를 나눈 사람을 디지털과 아날로그 방식으로 동시에 관리할 수 있다. 이것은 영업에 큰 힘을 발휘한다. 만약 테헤란 출장이 있다면 그동안 한국에서 만났던 이란 유학생, 상담회에서 만났던 이란 바이어, 지난 전시회에서 만났던 이란 셀러를 검색하여 출력한다. 명함 검색을 통해 처음 가는 출장은 알뜰해진다.

Odyssey 5
스마트워크, 일의 재구성과 행복한 작업

불필요한 것을 버려 효용을 높이자

나는 감성도 라이프스타일도 아날로

그식이다. 스마트폰보다는 종이 신문을 읽고 잡지를 구독한다. 국내에 있을 때도 이동하면서 일한다. 기계 작동에도 익숙하지 않다. 그래도 스마트워크는 할 수 있다.

사업파트너들 가운데 칠십이 넘은 회장님도 계시고 오십 대, 사십 대 임원도 있지만 삼사십 대 청장년층이 주류이다. 나에게 코칭을 청하는 이십 대 청년도 있다. 경력이 많다고, 젊다고 일을 잘하는 것이 아니었다. 유능한 사람은 스마트워크를 한다. 스마트워크라는 것이 컴퓨터나 스마트폰을 잘 다룬다는 것이 아니다. 코딩을 직접 하는 것도 아니다.

영업은 사업 수주, 마케팅은 시장확보라는 목표를 달성해야 한다.

경영학의 스승, 피터 드러커는 체계화된 목표달성 능력을 지식근로자의 제일 큰 덕목으로 보았다. 목표달성을 위한 효용이 높은 일 처리 방식이 스마트워크이다. 이 가운데 가장 기본적인 능력이 '시간관리'이다. 내가 시간관리를 하지 못하면 조직의 목표관리를 할 수 없다. 따라서 스마트워크란 자신과 팀과 파트너의 일을 관찰하고 반복되는 패턴을 발견하여 불필요한 것은 버리고, 우선순위에 따라 중요한 일에 집중하는 것이다. 전문가는 혼자 일할 수 있지만, 혼자 일하는 것은 리더가 일하는 방식이 아니다. 리더는 조직의 목표달성을 위해 공유와 호환, 피드백 방식으로 일 처리를 해야 한다.

작업도구는 작동이 잘 되면 된다. 그래서 아이폰이나 최신 갤럭시, 드롭박스나 에버노트를 사용할 것인가는 중요하지 않다. 스마트워크는 자신이 가지고 있는 도구의 모든 기능을 사용하는 것이 아니다. 필요한 기능을 능숙하게 익혀 일의 효율이 높이는 것이다. ICT 개념을 이해하고 중요한 기능을 중심으로 나와 팀원, 파트너가 업무를 시스템화하고 동조화하게 한다. 나는 그동안 종이 노트에 메모하다가 구글 메모로 전환했다. 네이버 메모도 사용해 보았다. 그러나 구글도 네이버도 번거로웠다. 그래서 늘 열고 사용하는 카카오톡을 통해 자신에게 문자와 음성을 보내는 방식으로 메모하고 있다. 이 방식은 다른 어플을 여닫을 것 없이 기록할 수 있는 즉시성과 전달력, 복원성에 그만이다.

스마트워크는 조직과 함께 일하는 방식이다. 자신이 하는 일을 동시적으로 팀과 파트너, 고객에게 알리고 사람과 정보를 연결하게 한다. 불필요한 동작을 하지 않으면 효율은 높아지고 일은 즐거워진다. 중요하지 않은 일을 오래 하는 사람이 있다. 긴 통화로 시간을 보내는 사람도 있다. 어떤 사람과 며칠 전에 이야기했고, 지금도 한참을 듣고 있는데 무슨 말인지 모르겠다. 자신이 주장하는 내용을 정리하지 않았기 때문이다. 통화하기 전에 상의할 내용을 간략히 문자로 주고 전화로 보충한다면 내용은 명료해지고 시간은 줄어든다.

불필요한 일을 하지 않으면 우리의 시간, 공간, 비용은 더 귀한 곳에 사용할 수 있다. 일은 할수록 능숙해지고 편해져야 한다. 달인은 아름답다.

Odyssey 6

영업 필살기,
즉시 공유하고 일치시킨다

고객과 함께 만드는
나레이션(Narration, Story, 敍事)

비즈니스에서 일어나는 아이디어와 고객을 놓치지 않고 팀의 시너지를 높이는 스마트워크 원칙은 다음과 같다.

⑴ 즉시성, 그 자리에서 일어나는 일은 그 자리에서 처리한다

현장에서 일어나는 일은 그 자리에서 실무적으로 해 버려야 한다. 그래야 일이 밀리지 않는다. 상담을 마치면 바로 상담내용을 클라우드에 기록한다. 기록한 내용을 보면서 보충해야 할 것이 있으면 더하고, 검색을 위해 태그를 붙여 저장한다. 명함을 받으면 스마트폰이나 데스크톱에서 인물, 제품, 기업을 검색한다. 당일에 이 작업이 여의치 않으면 다음 날까지는 인터넷 검색을 마친다. 이후 회사소개서를 첨부하여 메일을 보낸다.

부산 벡스코에서 열린 수출상담회에 참가했다. 선박 기자재를 취급하는 구매자들과 상담을 마쳤을 때는 오후 6시가 다 되고 있었다. 나는 전시장 복도에 있는 카페에 들어가 노트북을 펴 놓고 상담내용을 정리했다. 받은 명함을 통해 홈페이지를 찾아보고 그 회사 방명록에 간단한 인사를 남겼다. 페이스북으로 상대를 찾아 연결하고 메신저를 통해 회사소개서를 보냈다.

It was nice meeting you today. I looked at your web site just before. It was great. I think we're going to be a good partner. please keep in touch. thanks.

⑵ 현장 정보를 고객과 파트너와 공유한다

회의를 마치면 내용을 정리해서 주요 참가자에게 전송하고 확인을 받는다. 회의에 관심이 있는 파트너에게는 클라우드를 통해 동시적으로 자료를 공유한다. 메일도 속도가 느리다. 이 메일은 좀 더 공식적인 수단이다. 카카오톡이나 메신저를 통해 속도를 높인다.

고객은 이렇게 정리한 내용을 보는 순간부터 믿음이 생긴다. 즉시적 공유가 신뢰를 만든다. 필요한 경우 프로젝트 파트너들과 단체방을 만들어 작업내용을 공유하며 실시간 협업을 한다. 구글드라이브 같은 서비스는 어디서나 액세스할 수 있고 공유기능이 있어 해외파트너들과 함께 작업할 수

있다. 즉시적·동시적 협업을 하면 일의 선상에 고객과 파트너와 내가 정렬된다.

(3) 영업대표와 팀원과 현장을 일치시킨다

프로젝트 수주는 혼자 하는 것이 아니다. 현장에서 뛰는 사람과 전방을 지원하는 팀과의 팀워크가 성과를 결정한다. 현장에서 찍은 사진은 모바일 단체방에 올려 팀원이 현장에서 어떤 일을 하는지 알게 한다. 고객과 상담한 내용도 올린다. 고객의 메일은 팀원과 공유한다. 필요한 자료는 함께 학습한다. 팀리더는 팀원이 사업내용을 숙지하고 있는지 점검한다. 프로젝트 성공을 위해 함께 뛰고 있다는 일체감이 필요하다.

(4) 감사의 속도는 빠를수록 좋다

출장을 마치는 날이면 여유 있게 공항에 간다. 탑승 비행기가 내려다보이는 라운지에서 차 한잔을 주문하고 출장기간에 만났던 관계자들에게 감사의 메시지를 보낸다. 필요한 경우 통화를 한다. 중국인에게 위챗 음성을 남기면 별도의 비용은 들지 않는다.

陈老师,很高兴这次出差见到您。 杭州是个美丽的城市。 来韩国的话请联系我。 谢谢。(진 선생님, 이번 출장에서 뵙게 되어 기뻤습니다. 항저우는 아름다운 도시더군요. 한국에 오시면 연락 주세요. 감사합니다.)

이런 인사말은 언어별로 몇 개씩 스마트폰에 저장되어 있다. 간단한 문구이지만 상대에게 주는 인상은 깊다.

(5) 시장조사, 영업 준비는 늘 하고 있어야 한다

상담 전에 상대에 관해 정보조사를 한다. 해당 분야의 시장과 경쟁사, 글로벌 동향 파악은 기본적인 일이다. 영업 대표는 비상벨에 출동하는 소방대원처럼 언제라도, 어떤 곳이라도 출동할 준비가 되어 있어야 한다. 해외 프로젝트는 제안서로 시작된다. 이를 위해서 회사는 산업별로 시장 정보를 업데이트하고 기본적인 제안서는 미리 써놓아야 한다. 어떤 대원이 출동해도 이것을 바탕으로 제안서를 만들고 영업할 수 있게 한다.

⑹ 전송과 연결로 사업이 시작한다

협력사를 통해 소개받은 태양광 기업, 송 이사와 면담 후, 인맥 관리 앱을 통해 전화번호를 입력하고 메시지를 보냈다.

"이사님 오늘 고마웠습니다. 태양광 발전에 대해 배울 수 있었습니다."

이 짧은 메시지를 통해 상대에게 일에 대한 의지를 보인 것이다. 스마트폰에 깔린 앱이 작동하여 SNS로 자동 연결되었다. 고객도 내 이름과 전화번호를 입력한 것이다. 메시지 전송, 앱 연동으로 사업을 시작하는 것이다. 상큼한 스마트워크다.

⑺ 저장과 분류가 히스토리(History)를 만든다

지구촌 현장에서 찍은 수만 장의 사진에 장소와 일자, 태그를 붙이지 않아 사진 한 장 찾는데 이삼일이 걸린 적이 있었다. 그래서 출장을 마치면 일정 전체를 하나로 묶어 제목을 붙이고 일자와 제목을 달아 저장한다. 태그는 연상과 복원을 돕는다. 기록은 복원으로 생명을 얻는다. 스마트워크의 원칙은 두 번 또는 세 번 안에 원하는 정보를 찾게 하는 것이다.

상담을 마치고 회사에 돌아오면 받은 명함은 회사 명함 정리기를 통해 서버에 저장한다. 내가 단체방에 상담내용과 사진을 올렸기 때문에 팀원은 이 명함이 의미하는 역할을 알고 있다. 팀원 한 사람 한 사람도 이 같은 방식으로 한 곳에 고객정보를 축적하게 한다. 이것은 회사의 중요한 인적 정보이며 자산이다. 회사는 서버에 상담내용과 사진, 명함 정보를 프로젝트별, 산업별, 지역별로 분류하고 저장한다.

어느 날, 입사한 지 일 년이 조금 넘는 외국인 직원이 스캐너로 저장한 명함 정보가 자신의 컴퓨터 용량을 잡아먹는다고 데이터를 삭제했다. 재난이 발생한 것이다. 나는 상당 기간 공황에 빠졌다. 회사가 별도의 서버를 마련하지 않고 데스크톱에 저장하게 했고 데이터의 중요성을 반복해서 교육하지 않은 탓이다. 중요정보는 회사 서버와 클라우드에 각기 저장을 해야 한다. 정보관리에 관한 교육은 반복해야 한다.

하루를 마치면 열심히 살았던 흔적인 SNS, 문자 메시지를 쭉 살펴본다. 현장에서 찍은 사진이 스마트폰 갤러리에 저장되어 있다. 최선을 다했던 시간이 영사기처럼 돌아간다. 하루가 모여 삶이 되고 일터의 기록이 사업의 서사(敍事, Narration)가 된다.

(8) 홈페이지는 시장개척의 사이버사령부다. 정보는 축적되고 증강된다

영업은 일대일(一對一)로만 하는 것이 아니다. 영업을 통한 네트워크는 마케팅 플랫폼으로 진화해야 한다. 대표적 플랫폼이 홈페이지이다. 잘 만든 글로벌 홈페이지는 열 직원 부럽지 않다. 홈페이지는 영업 지원본부이며 마케팅 전쟁의 전략 도구로써 전술적 기능을 수행하는 사이버 사령부이다. 한글과 영문을 기본으로 사용하고 표적 시장에 맞게 중국어, 일본어, 아랍어로 작성한다. 검색에 최적화해야 하며 국제표준에 따라야 한다. 검색에 없으면 회사는 없다. 주요한 회사 활동은 홈페이지에 올린다. 프로젝트 진행과 시장 소식도 홈페이지에 알린다. 고객사의 상품정보를 영

문, 중문으로 홈페이지에 올려 SNS 채널과 연동하게 한다. 이렇게 여러 사원, 부서가 생산하는 사업정보는 축적되고 증강된다. 홈페이지는 나를 알릴 수 있는 것뿐이 아니라 잠재 바이어를 유입시킬 수 있다. 많은 채널의 SNS, 유튜브, 기사 홍보, 광고 터미널이 인터넷 홈페이지이다. 홈페이지가 현장영업을 튼튼하게 받쳐준다. 홈페이지가 허접한 영업은 무력하다. 북경 조어대에서 만난 사람들과 명함을 교환했다. 그동안 설명한 인맥 관리 수순에 따라 정보를 입력하고 상대의 위챗을 통해 회사 홈페이지 URL을 보냈다. 그 속에는 세계 여러 나라에서 활동했던 수출과 투자유치 활동, 취급하고 있는 제품과 서비스, 협력사 정보가 들어있었다.

코로나19 이후, 비대면 시대가 되었다. 영업을 위한 온라인 지원, 이보다 더 중요한 수단은 없다. 사람을 만나서 보내는 신호에는 반응하게 되어 있다. 바이어는 자신의 스마트폰에서 내가 보내준 회사 URL를 열어볼 것이다.

Odyssey 7
스마트워킹,
분석하고 평가하고 개선하는 프로세스

하드락은 오래 들을 수 없다. 스마트워커가 되자

서울에 있는 한 물류회사에 영업을 왔다. 어떻게 알았는지 여러 번 전화가 와서 약속을 잡았다. 오십 대 중반 사장과 이십 대 후반 대리, 두 사람이 승용차로 내려왔다. 사무실에서 수출 항로와 할증에 관한 이야기를 나누었다. 때가 되어 식사를 대접했다.

그들은 "점심, 잘 먹었습니다. 잘 부탁합니다."라고 하면서 떠났다. 무더운 여름날이었다. 그들이 올라가고 일주일이 지났지만 어떤 연락도 오지 않았다. 내 전화번호를 입력했으면 카카오톡 창이 뜰 텐데 동행한 대리는 연결조차 하지 않았다. 젊은 사람이 건성으로 일을 하는 것이다. 전술한 '고객을 놓치지 않은 네 단계' 가운데 첫 번째인 '먼저 인사 메시지를 보내는 것'부터 하지 않았다. 그들은 왜 시간과 돈을 들여 내려왔을까?

도요타는 "이익을 내지 못하는 행동은 일이 아니다."라고 한다. 서울에서 온 그들은 시간과 비용을 투자한 하루를 날려 버렸다. 기회를 날려 비즈니스의 목적을 버린 것이다. 이런 식으로 전국을 다닌다고 하더라도 무엇을 얻을 수 있을까? 일이 엉망인 것은 관찰하지 않고, 연구하지 않고, 뒤처리(Follow Up)하지 않기 때문이다.

영업·마케팅에 필요한 스마트워크가 있다. 스마트워크를 설계하기 전에 일과 고객, 시장에 대한 관찰이 있어야 한다. 일의 프로세스에 따라 팀과 자신의 행위를 분석하고 시스템을 재구축해야 한다. 스마트워크의 핵심은 불필요한 일을 하지 않으며 필요한 일을 빠뜨리지 않아, 협업의 시너지를 높이는 것이다. 시스템은 단순할수록 좋다. 스마트워크를 하면 정보와 아이디어는 즉각적으로 공유할 수 있고 정보는 증강된다. 비용은 줄어들고 시간을 절약한다. 스마트워크를 시스템화하면 나와 팀이 함께 일하며 고객과 공감이 커지고 성과가 높다. 그래서 일하는 것이 즐겁다.

스마트워킹을 하지 않으면 하드워커(Hard Worker)가 되고 만다. 하드워커는 일은 열심히 하는 것 같은데, 시간이 갈수록 일이 불어나 일에 치이고 생활이 뒤죽박죽된다. 많은 수의 하드워커는 대부분 애사심이 깊고 한때 일을 잘했던 사람이었다. 팀 플레이어를 하는 것보다, 팀원을 키우는 것보다, 지금 하는 일이 급하고 자신이 하는 것이 진척이 빠르므로 일을 껴안은 것이다. 그러나 하드워킹의 어느 시점에는 내가 누구를 만났고 어떤 작업을 했는지 모를 지경이 된다. 하드워커가 더 열심히 일하면 어글리 워커(Ugly worker)로 발전된다. 이 뜨거운 경지가 되면 얽히는 일에 몸과 마음이 지쳐 짜증이 잦아진다. 불만과 감정의 노예가 되어 고객과 싸우고 팀원에게 불쾌한 엔트로피를 증가시킨다. 결국, 닥치는 일만 해도 버거워서 정작 중요한 일을 하지 못한다. 나중에는 일을 관리할 수 없게 되고 돌이킬 수 없는 사고가 생긴다.

종합상사 해외 지사장으로 은퇴하고 컨설팅 회사를 창업한 L 씨는 전형적인 하드워커(Hard worker)이다. 현장이 아닌 높은 자리에서 영업 관리를 했기 때문에 정작 자신이 할 수 있는 일은 그다지 많지 않다. 텔렉스로 무역하던 시절, 그 방식으로 일하기 때문에 젊은 실무자들과 업무 동조가 안 된다. 보내주는 자료를 잘 읽지 않고 정보 관리에 서툴다. 그래서 네이버에 있는 기초적인 질문을 하고, 물었던 것을 또 물어본다. 업무 집중도가 높은 오전에 긴 통화를 한다. 대화에 화려한 과거는 많지만 새로운 것이 없다. 일이 생기면 큰소리로 사람을 들들 볶아 주변 사람이 여간 피곤해하는 것이 아니다. 취미에는 열정을 쏟지만, 독서는 하지 않기 때문에 새로운 산업에 대한 이해가 떨어진다. 인터넷 Alerts(알리미)도 사용하지 않고 RSS(Rich Site Summary)를 붙여놓지 않아서 정보탐색에 시간이 걸린다. 당연히 프로젝트를 맥락적으로 파악하지 못한다. 우리는 하드락커처럼 큰소리로만 일할 수 없다. 하드워커, 어글리 워커가 되지 않으려면 자신이 하는 일과 시스템을 주기적으로 평가하고 개선해야 한다.

영업은 전략이다.
해외투자유치의 구조

북경 조어대,
중국 국가급 투자유치대회

북경, 상해, 심천은 스타트업의 용광로이다. 중국은 신생벤처와 미래에 많은 투자를 하는 나라이다. 이 열기에 힘입어 한국기업에 투자할 중국의 전략적 파트너가 필요했다. 어떻게 콧대 높은 기관투자가를 만날 것인가? 중국인 친구를 통해 투자회사를 소개받고 독한 백주를 마시며 관계를 만드는 것에는 한계가 있었다. 그래서 북경 조어대에서 열린 국가급 창업 투자 유치 대회인 Chian EV100에 참가했다. 조어대에는 모택동 주석, 주은래 수상이 살았고 김대중, 빌 클린턴 대통령, 김정일 국방위원장까지 수많은 귀빈이 묵고 회담을 했던 국가 영빈관이다. 이 대회는 중국 과학기술부, 재정부가 지도하고 있었으며 공청단(중국 공산주의 청년단)과 초상은행이 후원했다. 2012년 첫 대회부터 3만 개 이상의 기업이 참여했으며, 창업기업이 유치한 금액은 1조 8천억 원(약 100억 위안)이 넘는다. 참가에 비용이 들었지만, 이 대회를 통해 중국의 창업 인프라와 투자 경로를 파악하게 되었다. 참가 기간에 중국 투자사, 기술 마케팅 회사, 기술 기업을 한 장소에서 만났다. 수조, 수십조 펀드를 운용하는 회사들과 같은 참여자로서 만나고 이야기를 했다. 이 사람들 메일 주소와 연락처를 확보했다. 기업의 시장 진출을 돕는 사람으로서 전략적 선택이었다.

제9장

천기누설,
어떻게 바이어를 찾는가?

바이어 발굴은 영업활동의 알파며 오메가이다.

쌍끌이 어망처럼 백방으로 인연을 찾고 현지 네트워크를 만들어야 한다.

거래선을 찾는 것은 사자 사냥보다 어렵지만

바이어를 파트너로 만드는 것은 야생 곰을 길들여서 아내로 삼는 것과 같다.

바이어발굴은
해외사업의 알파와 오메가

사자사냥보다 어려운 거래처 발굴

그동안 온갖 방법으로 바이어를 찾았다. KOTRA와 정부기관의 알선, 한국무역협회, 미국상공회의소, 화상(華商)연합회, 홍콩무역발전국, JETRO 같은 외국 통상기관에 요청, 수출상담회 참가, 현지탐문, 협력사 소개, 광고 등 할 수 있는 수단을 다 동원했다.

처음에는 내 제품에 대한 해외구매자를 찾는 것으로 시작했지만, 이런 일을 십 년 이상 하다 보니 바이어를 발굴하고 시장정보를 제공하는 것이 사업이 되었다. 그러나 국가 단위로 파는 자와 사는 자, 파트너를 연결하는 일은 적지 않은 미스매칭(Miss Matching)에 빠졌다. 징그러운 늪에 빠진 것이다. 그래서 바이어를 찾는 것보다는 차라리 헤밍웨이가 되는 것이 나을 뻔했다. 헤밍웨이처럼 하는 사자사냥은 바이어 발굴보다 쉽다. 차를 타고 다니며 총을 쏘는 사람이 이빨과 발톱만 있는 사자보다 유리하기 때문이다. 지난해 러시아 바이어인 알렉세이는 돌아오는 겨울에 시베리아로 곰 사냥을 하러 가자고 했다.

나는 겨울이 오기 전까지 틈틈이 웹사이트를 찾아다니며 곰 사냥을 어떻게 하는지 살펴보았다. 수렵 허가기간에 사냥꾼은 헬기를 타고 극동의 북쪽으로 가서, 곰이 다니는 길목에 천막을 치고 며칠을 기다린다. 곰을 만나기까지 이삼일 또는 열흘 이상 잠복하기도 한다. 이렇게 며칠 사냥사이트 구경을 했더니 눈 덮인 숲에서 곰을 쫓는 장면이 머릿속에 그려졌다. 발자국을 추적해 가는데 드디어 시야에 곰이 들어왔다. 나는 군 시절 K-1, M-16 소총, 콜트45 등 여러 종류의 화기를 다루었다. 100M, 300M

전방 과격을 명중시키는 괜찮은 사수였다. 숨을 고르고 호흡을 멈추고 라이플의 방아쇠를 당겼다. 산만 한 곰이 쓰러진다. 머릿속 상상만으로도 뜨거운 피 냄새가 났다. 겨울이 왔다. 곰 같이 체구가 큰 알렉세이에게 연락하기 전날, 꿈을 꾸었다. 피를 흘리며 쓰러진 어미 곰 옆에 새끼 곰들이 울고 있었다. 한국에 있는 예비사냥꾼과 생체(生體)는 멀리 떨어져 있지만, 자신을 '죽이려고 하는 살기(殺氣)를 느끼고 있구나.' 하는 딱한 느낌을 받았다. 살생(殺生)을 하지 않기도 했다. 사냥을 접었다.

바이어발굴은 해외영업의 알파이며 오메가이다. 진지한 노력과 창의력이 필요하다. 사자나 곰을 잡는 일도 해외구매자를 발굴하는 것에 비하면 유희에 지나지 않는다. 영업에 성과가 없으면 매출은 무너지고 회사는 기운다. 회사가 쓰러지면 많은 이가 삶을 잃어버린다. 채권의 협박을 받고 두려움에 떤다. 새끼는 가장이 비극적인 사태를 당하기 전까지 그 고통을 알 길이 없다. 일이 끊기고 벼랑에 몰리기 전에 판로를 열어야 한다. 영업의 사명은 가족과 회사, 협력사를 먹여 살리는 것이다.

Odyssey 2
전지현을 만나게 해달라고 하면?

거래는 은밀한 것, 나만의 파트너를 찾아라

대한민국 통상지원기관 서비스는 세계 최상급이다. 미국, 싱가포르, 일본, 호주 그 어떤 나라도 한국처럼 바이어를 찾고 연결까지 해주지 않는다. 코트라가 벤치마킹을 했던 일본무역진흥기구 JETRO(https://www.jetro.go.jp)와 미국상공회의소(https://www.uschamber.com),

세계화상기구(http://www.wcec-secretariat.org)도 산업과 기업정보를 제공하는 것으로 일을 그친다. 이들 국가에서 기업활동은 정부의 일이 아니고, 자유인에 의해서 설립된 민간기업이 스스로 알아서 해야 하는 일이기 때문이다. 그래서 산업과 기업을 시장에 연결하는 전문적인 에이전트가 발달되어 있다. 한국에 왜 수조 원 단위의 매출과 수천 명 이상의 컨설턴트를 보유한 맥켄지앤드컴퍼니, 베인앤드컴퍼니, 보스턴컨설팅그룹 같은 서비스 기업이 탄생하지 않는지? 생각할 일이다. 그 회사들이 가지고 있는 것은 생산을 위한 거대한 공장과 대규모 기계장치가 아니다. 인재와 지식이 있을 뿐이다.

아무튼, 정부의 수출지원 기관에 바이어를 의뢰하는 것은 한국기업이 해외 구매자를 찾는 일반적인 방식이다. 기업 요청을 받은 기관은 인터넷으로 검색해서 구매자 리스트를 가지고 있는 컨설팅 회사에서 자료를 구매하기도 하면서 현지에서 수집한 데이터에 추가한다.

금산세계인삼엑스포 기간에 인삼 수출요청이 왔다. 나 역시 생각난 것은 농수산식품에 관한 정보와 해외네트워크가 있는 농수산물유통공사(AT)였다. 역시 AT 홍콩지사는 정확히 대응했다. 홍콩 바이어 추천명단이 왔다. 날아가 만난 사람은 70대 노인으로 인삼업계의 거상이었다. 그의 집안은 100년 이상 고려인삼을 취급했으며, 자신이 만든 네 개 회사에서 한방약재를 취급하고 있었다. 그는 예의 있게 방문자를 맞이했다. 차를 대접하고 자신이 집필한 인삼 책을 주었다. 그러나 거래에는 관심이 없었다. 그는 이미 한국을 비롯하여 중국, 미국 등 주요 인삼기업과 거래하고 있었다. 그러나 한국에서 시장개척단이 오면 그를 찾았고 다른 기관도 그의 회사를 소개했다. 한국에서 바이어 초청행사가 열리면 잘 알려진 그를 초대했다. 그는 분명 홍콩시장에서 영향력이 큰 분이었지만 나는 '정관장'이 아니었다. 큰 바이어는 정관장을 생산하는 'KGC인삼공사' 같은 메이저가 아닌 이상 깊이 상대해주지 않았다.

정부기관이 초청하는 바이어는 업계에 노출된 사람이 많다. 잘 알려진 이들은 이미 경쟁사와 거래하고 있다. 그러나 큰 사업을 하는 사람은 구매자(Buyer)도 판매자(Seller)도 노출하지 않는다. 거래의 실상은 은밀하다.

사업중개를 하는 나에게 인터넷을 통해 찾아온 사람, 한두 번 만난 업체가 바이어 명단을 달라고 떼쓰는 경우가 있다. 그러나 나 말고는 자신이 거래하는 사업정보를 알려 주지 않는다. '축 수출계약' 플래카드를 배경으로 악수하며 웃는 사진은 둘만의 연애를 끝내고 결혼식장에서 찍는 기념사진과 같다. 그 사진의 여자는 당신의 아내가 아니고 노출된 바이어도 당신의 사람은 아니다.

국책사업을 하는 한 협회는 수행계약을 하기도 전에 바이어 명단을 요구했다. 계약 이후에 명단을 제공할 수 있다고 했으나 담당자는 명단을 요구했다. 견본을 보여줄 수밖에 없었다. 직·간접적으로 확보한 규모가 큰 회사명단이었다. 이 정도 회사는 공개해도 신용이 없는 기업, 확인되지 않은 사람과 거래하지 않는다. 유한양행, 녹십자, 한미약품 같은 제약사에게 제3세계 회사가 자기소개를 하고 EMS로 견본을 보낸다고 해도 크게 신경 쓰지 않을 것이다. 관계가 없고 본 적도 없는 상대에게 주는 제안에는 특별함이 필요하다. 주책없는 외국인 아저씨들이 있다. 소메야상은 걸그룹 카라에게 넋이 나갔다. 나는 구분이 어려운 규리, 승연, 하라, 영지에 대해 거의 모든 것을 안다. 한 번만이라도 승연을 만날 수 있다면 죽어도 여한이 없겠다고 했다. 승연 씨가 좋아할 리 없는데…. 한심하지만 좀 딱한 생각이 들었다. 카라의 홈페이지 주소(http://kara.dspmedia.co.kr)를 가르쳐 주었다.

"한국에 오시면 연락해 보세요."

인터넷 무림,
알리바바와 아마존

사이버거래를 시작하라

구글, 알리바바(www.alibaba.com), 콤파스(www.kompass.com), 옐로페이지(https://www.yellowpages.com)는 시장조사를 위한 1차 정보사이트다. 알리바바에는 총알부터 고양이 과자, 인조 숙녀까지 세상의 모든 것을 거래한다. 아마존(Amazon.com)과 이베이(Ebay.com)에도 지상의 모든 것이 펼쳐져 있다. 마케터는 이 사이트들의 성격과 분류 체계, 검색 알고리즘을 이해해야 한다. 몇 달은 이들 거래 사이트에 빠져야 한다. 진돗개를 수출할 방법이 있고 돼지 백신도, 선박도 팔 수 있다. Shell, HDL, HP, RASTAL도 이런 회사와 거래한다. 당신이 전자상거래 사이트에 가입하는 것으로 바이어 발굴이라는 탐험을 시작하게 된다. 회사를 등록하고 상품을 올리며 판매를 시작한다. 새롭고 엄청난 세계를 맛볼 것이다. 한 편으로는 사이버 무역에 입문하는 것과 동시에 엄청난 양의 스팸과 현란한 유혹을 받게 된다. 거래제안을 하고 견본만 따가는 선수가 모이기도 한다. 사기 고수들이 즐비한 사이버 무림은 단순하지도 안전하지도 않다. 글로벌 거래 사이트에 등재된 정보는 대부분 실제와 다른 것들이다. 일정 규모를 넘는 거래에는 현장 확인이 필요하다.

세라의 편지,
우아한 메일의 함정

'미션 임파시블'의 미션,
의심의 벽을 돌파하라

어떻게 하면 톰 크루즈의 〈미션 임파시블〉처럼 의심의 벽을 뚫고 임무를 완수할 수 있을까? 한 엔지니어링 회사 위탁으로 베트남 바이어 발굴을 시작했다.

고객사의 요청이 오면 구글, 알리바바, 콤파스 같은 사이트를 통해 수백 개의 사이트를 뒤지고, 그 속에서 100개 회사 이상의 잠재 바이어를 찾는다. 절대적인 시간이 필요한 작업이다. 오랜 시간 컴퓨터 화면에 보고 있으면 안구건조증에 걸리고 눈은 토끼처럼 빨갛게 된다. 프로젝트 담당자가 이렇게 가망구매자 리스트를 확보하는데 3주가 걸렸다. 그 목록을 보면서 한 회사 한 회사 홈페이지를 열고 아이템 관련성 여부를 확인하는데 2주 시간이 더 필요했다. 다음 단계는 상품소개를 첨부하여 거래를 제안하는 메일을 발송하는 것이다. 다음은 거래를 제안하는 마케팅 담당자의 우아한 편지다.

Hello cơ điệo lạnh KOanO Dūog,

My name is Sarah, a consultant at HD Trading. HD is recognized by the Korean government, to represent prominent Korean companies and seek collaborative opportunities with relevant companies overseas. We engage in trading, global marketing, and consulting, have been in this business for over 20 years, had and are still arranging countless successful cooperative works.

We came across cơ điệo Dũng, and would like to know more about your business, products, projects you engage in, with the possible opportunity for prospective joint projects with a prominent Korean ○○ company, ○○ Engineering, I would like to introduce. Following is the URL to the ○○ Engineering.

Please take a thorough look, and get back to me, if you have any additional questions. I have attached our company introduction for your information.

Sincerely,

Sarah
Global marketer

몇 건의 회신이 왔을까? 5주를 투입했지만 단 한 건 응답이 왔다. 그 것도 자동 발송 프로그램으로 돌아온 메일이었다. 이 메일은 정확한 어법과 공손한 태도로 작성했고 '정부의 인정', '우수한 회사', '장래성 있는 제휴' 같은 우아한 단어를 넣었다. 그래서 알지 못한 곳에서 발송한 우아함이 오히려 수신인의 의심을 불렀을 것이다. '나이지리아에서 활동하는 무역 사기꾼이 한국으로 장소를 옮겼나?'라고 생각했을 수도 있다. 메일에 첨부한 회사소개 메일과 열어 달라고 했던 URL 역시도 바이러스를 숨긴 해킹 프로그램으로 의심했을 것이다. 모르는 사람이 보내는 해외메일과 첨부파일은 열어보지 않는다. 나 역시도 해외에서 온 정체불명의 메일을 열고 개인정보가 빠져나간 적이 있다. 바이러스에 하드디스크가 먹통이 되어 버린 적도 있었다.

유학생과 다른
다문화 주부

메일,
현지 통화,
거래제안

　　　　　　　　　　바이어를 수배하는데 5주를 투자했다. 우아한 메일을 보냈지만, 결과는 없었다. 막히면 다른 방법을 찾아야 한다. 수소문해서 한국에 유학 온 베트남 학생을 만났다. 그와 파트타임 계약을 하고 리스트를 주어서 국제 전화를 하도록 했다. 회사에서 호찌민, 하노이 등지에 있는 100개 회사에 통화를 시도했다. 그 남학생은 똑똑했으나 어찌 된 일인지 반응이 시원치 않았다. 우리는 고민에 빠졌다. 또 다른 채널을 찾기로 했다. 다문화지원센터를 통해 한국에 시집와서 사는 30대 후반의 베트남 여성을 소개받았다. 그녀는 대학에 다니지는 않았지만, 내용을 전달하는 통화 수준이 학생과는 달랐다. 이 주부는 한국-베트남 통역을 수행한 경험이 있어 양국 기업에 대한 이해가 있었다. 비즈니스 통화는 정보뿐 아니라 온도를 전달해야 한다. 상담을 해보자는 현지기업의 반응이 생겼다.

쌍끌이 어망,
현지 네트워크를 확보한다

백방으로
인연을 찾아라

현지 네트워크를 통해서 세일즈를 대신해줄 현지인을 찾았다. 그 사람에게 프로젝트 설명을 하고 관심을 보인 현지기업을 방문하게 했다. 그러나 해외에서 자신을 대신해 일해줄 사람을 찾는다는 것은 만만하지 않다. 지사가 있으면 좋겠지만 여의치 않으면 지난 방문에서 만났던 현지인, 통역자, 체류교포, 유학생, 학교동창… 백방으로 인연을 찾는다. 대행인을 찾으면, 그 사람에게 찾아가서 바이어를 확인하고 상담하도록 한다. 현지 대행인이 방문한 내용을 보고 가치 있다고 판단하면 출장준비를 한다. 해외시장 개척을 위해서는 현지에서 약속한 사람만 달랑 만나고 오는 것이 아니다. 현지인을 사귀고 유력자와 친교를 맺으려 노력해야 한다. 정부고위직, 지역유지, 산업계 리더와 협력자가 된다면 좋다. 쌍끌이 어선처럼 모든 네트워크를 동원해 가능한 인적자원을 발굴해야 한다. 해외영업은 사람을 건져 올리는 일이다. 하나의 그물망처럼 서로 연결시키는 일로 그물망에 관한 생각을 늘 하고 있어야 한다. 택시기사에게도, 호텔과 민박집에서도, 식당에서도 필요한 정보를 얻을 수 있도록 안테나를 세운다.

며칠 후 호찌민행 비행기에 탑승했다. 이렇게 잠재구매자를 찾으면 현지로 날아간다. 한 아이템에 세배 수, 네 배수의 기업을 확보한다. 구매 가능한 기업을 만나면 규모와 설비, 판매현장을 돌아보고 거래를 위한 협상을 한다.

파트너 발굴은 야생 곰을 길들여 아내로 삼는 것

**"거래선 정보,
어떻게 구할 수 있었습니까?"**

환경설비를 제작하는 G 사는 매출 300억 규모의 중소기업이다. 이 회사는 인구 2억 6천만 인도네시아 시장에 진출하고 싶으나 어떻게 거래선을 확보해야 하는지 막막하다고 했다. 며칠 후, 인도네시아 환경산업의 먹이사슬을 요약한 자료를 건넸다. 그 속에는 바이어 명단이 들어가 있었다. G 사의 마케팅 담당이사 눈이 휘둥그레 해졌다. 나는 자카르타에서 수출상담회를 몇 번 개최했다. 이때부터 회사는 인도네시아 산업정보와 현지기업에서 넘어온 정보들을 꾸준히 보충하고 있었다. 그 명단에 있는 사람은 회사 임직원과 내가 상담하고 차 마시고 식사를 하며 겪어 온 사람들이었다.

기업명부를 찾아 연락하는 것은 일의 시작이다. 영업으로 거래가 가능할 잠재적 관계로 만들어야 한다. 말도 다르고 인종, 문화가 달라 어떤 인연도 없던 사람을 찾아 친구로 삼고 거래를 한다는 것은 야생 곰을 길들여서 아내로 삼는 것과 같다. 성질이 급하면 동굴을 뛰쳐나가는 호랑이가 된다. 몇몇 기업은 한 이년, 해외영업을 해보고 안 되니까 좌절하고 저주를 퍼붓고 포기했다. 바이어 발굴은 모니터에 있는 그래프를 보며 단타 매매하는 주식거래가 아니다. 묘목을 심었다고 당장 열매가 열리지도 않는다. 내 상품과 서비스를 구매하는 상대를 만난다는 것, 국경을 넘어 사업을 함께하는 파트너를 만난다는 것은 운명적인 사건이다. 이 운명을 위한 영업은 나무를 기르며 숲을 가꾸는 것과 같다. 물을 주며 정성을 다하고 계절을 기다리며 돌보자. 거래처 발굴은 꾸준히 하는 것이다.

세상은
연결되어 있다

식당에서 마주친
이라크 대사와
거리에서
잡아탄 택시까지

(1) 한 식당에서, 주일 이라크 대사를 만났다

수출상담회를 마치고 도쿄 레인보우 브리지가 보이는 호텔에서 저녁 식사를 하고 있었다. 눈앞에 한 무리의 체구 좋은 아랍인들이 보였다. 그 사람들에게는 무엇인가 질서가 잡혀 있었고 사뭇 진지해 보여서 무슨 조직 같은 느낌이 들었다. 궁금함을 참지 못해 그들이 음료대로 올 때를 기다렸다 물었다.

"Hello! Nice to meet you. Where are you from sir?"

그들 가운데 한 사람이 낮고 굵은 음성으로 자신을 소개했다. 일본 주재 이라크 대사 페일리(Lukman Faily)라고 했다. 명함은 가지고 있지 않다고 했다. 서로 몇 마디 주고받았고 이라크 재건이 잘 되기를 바란다며 인사를 마쳤다. 귀국하고 그가 정말 대사인지? 일본 주재 이라크 대사관 홈페이지를 열어보았다. 그날 그 식당에서 본 그 얼굴이 홈페이지에 있었다. 다시 구글을 열고 대사의 이름을 넣어 검색했다. 대사는 컴퓨터 공학을 했고 영국에서 생활하며 20년 동안 정보기술 분야에서 일한 엔지니어였다. 사담 후세인 정권이 붕괴하자 신정부에 발탁되었고 2010년 이라크 외무부 대사로서 일하고 있다. 대사께 메일을 보냈다. 그는 한국 주재 대사관으로 내 메일을 넘겨 이라크 상무관을 소개했다. 이렇게 이라크와 라인이 생겼다. 현재 페일리 씨는 미국 주재 이라크 대사로서 재임 중이다.

(2) 택시기사에게 야후재팬의 통신판매 회사를 소개받았다

시코쿠에서 규슈로 돌아온 출장 마지막 날이었다. 후쿠오카 대전 사무소로 가는 길에 택시를 탔다. 그런데 이 기사 아저씨 호기심이 많았다.

"어디서 오셨나요?"
"한국에서 왔습니다."

내가 무슨 일을 하는지 궁금해했다. 묻지 않았지만 "정년퇴직을 하고 택시를 몰고 있다."라고 자신을 소개했다. 내가 "무역 중개를 합니다. 거래선 발굴을 위해 일본에 왔습니다."라고 말하자 친척이 규모 있는 통신판매 사업을 한다며 전화번호를 주었다. '통판천국'이라는 상호였다. 그는 운행 중에 그 회사에 전화까지 했다. 그리고 '통판천국'에 가면 사장에게 "야마미의 소개를 받았다고 하세요. 잘 대해 줄 것입니다."라고 했다. 한국에 돌아와서 인터넷 확인을 했다. 야후재팬에서 쇼핑몰을 운영하는 회사였다. 택시기사에게 판로를 소개받기는 처음이었다.

제10장

몰두하고 즐기는
출장의 전략

출장은 목표가 분명한 투자행위이다.

오지에서 성궤를 찾는 탐험처럼 비즈니스 출장은 모험으로 가득 차 있다.

몰두의 즐거움, 생생한 현지정보를 수집하자.

출장보고서는 해외진출을 돕는 가이드북이 된다.

즐거운 출장, 성과 300%에 도전해 보자.

인디아나 존스,
여행과 출장의 차이

출장은 목표가
선명한 투자행위

비즈니스 출장은 탐험가의 모험 같다. 스티븐 스필버그 감독의 영화 시리즈에 나오는 '인디아나 존스' 박사는 중년의 고고학 교수이다. 그는 성궤를 찾으러 고대유물과 신비가 숨겨진 오지로 길을 떠난다. 존스 박사를 연기하는 해리슨 포드는 가죽 재킷에 페도라 모자를 쓰고 채찍을 들고 있다. 출장길에 당신은 비즈니스 슈트를 입고 상품견본에 노트북을 챙겼다. 악당을 물리치고 성궤를 찾는 고고학자와 경쟁을 뚫고 계약을 따내는 당신과의 공통점은 모험이다.

출장준비와 현장에서 이루어지는 상담, 기업방문, 시장탐방은 흥미진진하다. 한 번의 출장에서도 수집되는 자료와 정보량은 경영대학원에서 한 학기를 공부하는 분량 이상이 될 것이다. 시장개척을 위한 수고와 위험은 존슨 박사가 목숨을 걸고 보물을 찾는 타니스와 판콧 궁전, 페트라의 모험 이상이다.

비즈니스 출장은 목표가 선명한 프로젝트이다. 해외영업은 언어와 문화와 인종이 다른 상대에게 상품을 전하고 시장에 침투해야 하는 전투이다. 협상, 전시, 세미나, 협력사 방문을 위한 해외출장에는 막대한 비용이 들어간다. 숙박, 항공, 차량, 접대… 이 모든 것이 비용이다. 그러나 코로나19 이후 비대면 시대에는 메일로 정보를 전달할 수 있고 전화로, 인터넷으로 일처리를 하는데 굳이 출장을 왜 가는가? 그것은 현장에서 사람과 사람이 할 수밖에 없는 일을 하기 위해서다. 눈을 보면서 정보 이상의 것을 주고받으려 하기 때문이다. 따라서 비즈니스 출장에서는 주어진 시간에 최소경비로 최대효능을 올려야 한다. 피 같은 돈을 아끼기 위해서 국내에서는 두세 번에 걸쳐서 하는 일을 출장지에서는 한 번에 몰아서 한다. 출장지에서는 아침부터 회의를 잡고 하루에 서너 곳 이상 현장을 방문한다. 자정이 넘어 잠자리에 들 때까지 일정을 확인한다. 틈틈이 시장조사를 하며 협력사 판촉행사에 참여한다. 일반적인 여행은 즐기고 와 버리면 되지만, 비즈니스 출장은 일을 안고 돌아올수록 잘 다녀온 것이 된다. 그동안 하늘길 바닷길에 뿌린 출장비를 땅에 쏟았다면, 땅 부자가 되었을 것이다. 출장은 시간과 비용과 싸움을 한다. 준비 잘한 출장에 비용은 줄고 효과는 높다.

Odyssey 2
1년 전부터
시작하는 출장기획

처녀지 시장조사는
사장이 직접

"내년에는 석유, 가스값이 반등할 거야." "루블화는 안정을 찾을 것이고… 그래 신시장으로 러시아를 공략하자."

이렇게 출장준비가 시작된다. 최소한 몇 개월 전부터는 출장 일정이 정해진다. 비즈니스 출장은 자유여행이 아니다. 국내, 해외 여러 관계자와 내용과 일정을 조율하는 협업이다.

"연말결산과 연초를 피해서 상반기를 마무리하고 6월쯤 러시아에 다녀오는 것이 좋겠다."

현지 에이전시에 연락하고 러시아 친구에게는 메신저를 보내고, 오고 가는 길에 참가할 전시회를 찾아 놓는다. 회사가 처음으로 진출하는 지역은 사장이 먼저 시장조사를 다녀온다. 처녀지의 첫 출장에는 스스로 정보를 수집하며 출장준비를 한다. 출장에서 복귀하면 현지에서 조사한 것을 바탕으로 시장 진출전략을 만들고 팀을 꾸린다. 그다음에 직원을 보낸다. 첫 프로젝트를 직접 실행하지 않으면 그 일에 대한 개념이 잡히지 않고, 일머리가 늘지 않는다. 경영자로서 그 프로젝트에 들어가는 공력과 시간에 대해 알 수가 없어 직원의 업무를 적절하게 조절할 수 없다. 더디지만 현지일정도 여행사에 모두 맡기지 않고 항공, 숙박, 물류, 공공서비스, 편의시설의 비용을 확인한다. 이렇게 체득한 경험과 정보는 고스란히 고객의 해외진출을 지원하는 재료로 쓰인다.

월요일 주간회의에서 러시아 출장이 확정되었다. 러시아는 거래실적이 없는 처녀지이다. 출장목적은 구매자를 발굴하고 사업 인프라를 만드는 것이다. 어떻게 하면 효용적인 출장을 만들 수 있겠는가? 마케팅 담당 이사와 몇 번 더 토론했다. 회의실에 들어가 품목 담당자와 진출시킬 상품 점검을 했다.

독서,
근원적인 해외진출 준비

지식 없는 경험은 축적되지 않는다

회사의 출장준비와 개인 준비는 다르다. 개인적으로도 출장 준비에 들어갔다. 퇴근길에 들린 곳은 서점이었다. 처음 가는 나라에 출장이 잡히면 석 달 전부터 관련 서적을 읽는다. 출발이 한 달 안으로 들어오면 퇴근 후 서재에서 인터넷으로 조사한다. 인터넷 작업은 시간을 잡아먹는 하마이다.

자료를 읽다 보면 어느새 자정이 넘어 잠이 부족해진다. 바이어 연락, 방문지 수배, 상담장 임차 같은 일들은 공식적인 준비로 업무시간에 하지만, 출장에 필요한 모든 일을 회사에서 처리할 시간이 없다. 수출마케팅 회사에서는 한 사람이 하루에도 네다섯 건 이상의 프로젝트를 처리하기 때문에 다른 일을 할 시간이 없다. 그래서 휴일에는 카페에 박혀 러시아 자료를 읽었다. 러시아는 인구 약 1억 4만 명에 국토면적이 한국의 77.4배가 되는 큰 나라이다. 역사와 사회에 대한 이해 없이 사업한다면 숲에서 길 모르고 헤맬 것이다.

산 정상에 올라 지상을 내려다보면 산맥과 하천, 평야와 거주지, 공단이 한눈에 들어온다. 시장조사의 첫 단계는 이처럼 역사와 산업을 톱다운(Top-down)방식으로 전체적인 윤곽을 파악한다. 한 지역과 주제를 개괄하려면 단행본으로 된 책이 좋다. 서점에 가서 러시아에 관한 책들을 모조리 뽑아낸 다음 비교적 쉽게 읽을 수 있는 것을 골랐다.

『이야기 러시아사』 김경묵 저, 청아출판사
『신 러시아, 러시아인 이야기』 김병호 저, 매일경제신문사

『러시아 극동을 주목하라』 박정민, A.스타리치코프 공저, 한울

『주말이 행복한 러시아어 회화 첫걸음』 이성민 저, 김영사

『러시아』 김광범 저, 성하출판

Odyssey 4

120개 나라 여행, 구글어스

위성으로 출장지를 미리 보는 즐거움

출장을 떠나기 전 하는 일이 있다. 위성탐색을 통해 출장지를 미리 돌아보는 것이다. 구글어스(http://earth.google.com)에 들어가서 지구를 돌리면서 현지를 살피는 것은 큰 재미다. 구글어스는 전 세계 도시의 지도, 지형, 3D 건물정보를 제공한다. 구글어스에 사용되는 위성 사진은 지상으로부터 약 600~800km 떨어진 상공에서 촬영한 것으로 1m²를 한 개 점으로 표시하는 수준이다. 이 해상도는 날이 갈수록 좋아지고 있다.

러시아 개척의 시작을 블라디보스토크로 정했다. 출장이 한 주 앞으로 다가왔다. 구글어스로 전체적인 지형을 눈에 넣었다. 위성에서 본 블라디보스토크는 해안선을 따라 시가지가 형성되어 있었고 시원한 도로가 길게 뻗어 있었다. 시청사에 러시아 국기가 펄럭이고 있는 것이 보였다.

출장지에서도 하루를 활력 있게 보낼 수 있게 아침 산책이나 조깅을 한다. 구글어스로 예약한 호텔, 근처 호수, 트레킹이 가능한 산길을 눈여겨보았다. 여기에서 위성탐색을 마쳐야 했는데 그만 옆길로 새고 말았다.

러시아 본토와 주변 국가까지 구글어스를 돌리며 날아다녔다. 지난번 다녀온 카자흐스탄, 우즈베키스탄과 그 인접 국가인 키르기스스탄, 몽골이 정겹게 보였다. 출장 비행을 할 때는 차장을 통해 구글어스로 본 지형과 육안으로 보이는 대륙을 맞추어 본다. 비행 속도를 계산해서 내려 보이는 곳이 어느 곳인지? 즐기는 퍼즐게임이다.

며칠 후 블라디보스토크에 도착했을 때는 시가지에서 부두와 해변으로 이어지는 산책로를 정확히 찾아냈다. 구글어스로 살펴본 지형을 머리에 넣고 왔기 때문이다. 이렇게 위성 답사를 해 놓으면 현지에서는 여유가 있고 일정이 즐거워진다.

나의 비즈니스 출장은 한 지역의 산업, 교통, 물류, 관광 등 중요한 비즈니스 인프라를 점검하고 바이어를 발굴하는 프로젝트이다. 초행길에서 현지 자원과 정보를 최대한 수집한다. 이런 출장은 준비가 만만치 않고 체력 소모가 극심하지만, 이런 방식에 맛이 들면 뿌듯한 충만감이 생기고 해외 프로젝트를 지휘할 수 있는 능력이 길러진다.

그동안 UN 가입국 227개 가운데 120개 이상의 나라를 방문했다. 지난 달에는 칠레의 산티아고와 콘셉시온(Concepción)에 다녀왔다. 언제 이렇게 다 다녔느냐고요? 유엔이나 여행사 직원이 아니라면 불가능할 것이다. 그것은 몸으로 한 여행이 아니었다. 인터넷을 통해 구글어스로 방문한 나라 수이다. 작업하다가 머리가 막히면 가끔은 가보지 않았던 나라에 구글어스를 타고 날아 간다.

미지의 문을 여는 무역통계,
KITA.NET

출장 필독,
무역통계와 '국가 · 지역정보'

한국경제의 대외의존도는 80%를 넘는다. 이런 통상 국가의 시민과 기업은 정보력이 높아야 한다. 블라디보스토크에 오기 전 구글어스로 지형을 숙지했고, 산업정보를 숙지했으며 통계를 찾아보았기 때문에 나의 현지 활동은 입체적으로 조립되고 있었다.

블라디보스토크는 1860년 중-러 베이징 조약에 따라 러시아가 중국으로부터 할양받은 땅이다. 시베리아 횡단철도의 시발점이며, 러시아의 태평양 항구인 이 도시 인구는 약 63만 명이다. 주요산업으로는 수산, 조선, 물류업이며 모스크바와는 9,302km 떨어져 있다. 이곳 인근에서 중국, 북한, 러시아 세 나라의 국경이 만난다. 구글어스에서 내려다본 해안도로가 아름다워서 조깅화를 가지고 갔었지만, 매연과 거센 바람에 날리는 흙먼지 때문에 달릴 수 없었다. 위성 영상은 시청 깃발까지 보여 주었지만, 공기의 질까지는 잡아내지 못했다. 이것이 현지에 와야 하는 이유다.

출장이 잡히면 한국무역협회 홈페이지(kita.net)에 들어가 취급하는 상품 통계를 확인한다. 취급상품의 HS 코드를 통해 해당지역과 한국 사이의 수출입 동향을 파악한다. 한국무역협회 통계자료실 K-stat에는 국내통계, 해외통계, 세계통계, 맞춤분석, 통계 가이드가 있어 계량적 분석에 유효하다. 코트라의 '국가 · 지역 정보'에는 나라별 산업 통상현황이 요약되어 있다.

출장길 행복한 도구, 음악

백만 송이 장미와 빅토르 최

러시아 음악 〈백만 송이 장미〉 CD를 샀다. 차이콥스키의 곡도 내려받아 스마트폰에 담았다. 현지에서는 전설적인 록 가수 '빅토르 최'의 CD를 사야겠다. 출장지 이동과 이동 사이에 공백이 생긴다. 오래 운전을 하거나, 장거리 버스를 타거나, 며칠 철도 여행을 할 경우도 있다. 이때 음악을 들으면 행복해진다. 음악은 여행 피로를 풀어주는 치료제 같다. 퇴근 후 이 음악을 틀어놓고 구글 지도(http://earth.google.com)를 보며 러시아 전역을 돌아보니, 지금 닥터 지바고의 땅에 와있는 것 같다. 위성을 내려, 블라디보스토크 항을 보았다. 항구에는 군함과 여객선 몇 척이 정박해 있었다.

출장계획서

출장 내용을 담는 기획

러시아 시장진출을 위한 출장이 정해졌다. 출장 내용을 담는 기획서를 만든다.

〈블라디보스토크 출장계획서〉

1. 목적
□ 신규시장으로 떠오르는 극동 러시아 블라디보스토크 진출 거점확보

2. 방법
□ 현지전시회 참가
□ 바이어 방문상담 병행
□ 블라디보스토크 시장조사

3. 전시회명 : 제14회 블라디보스토크 델라그로 (DALAGRO-FOOD PRODUCTS)
4. 장소 : 러시아 블라디보스토크 Sport Complex Champion
5. 운영방법
□ HD Trading이 마케팅을 지원하는 제조기업과 공동진행
□ 사전에 박스 단위 제품을 블라디보스토크로 보내 해관에 정식 통관
□ 사전 매칭한 바이어와 상담
□ 제품 현장판매
□ 전시회 이후에는 자동차부품시장 현지조사

[홈페이지]
www.dalexpo.vl.ru

[바이어 회사소개]
□ 8 office, ●● Krasnogo znameni, Vladivostokcity
□ Importer from Asian (trading, wholesaler)
□ Establish 2008   □ He had imported Korean products.
□ About 20 Container each month.

[제품평가]
□ Citron tea : taste good, it is good with bread & tea
□ Sea weed, ginseng(red ginseng), high interests

[진행]
Invite to the buyer meeting
□ Give him the price list and our catalog

출장기획서에는 이 밖에도 예산과 세부항목, 호텔정보, 통역원 정보, 바이어 리스트, 한국공관, 블라디보스토크 상공 기관, 대중교통 이용법, 간단한 러시아 말, 블라디보스토크의 통상정보와 통계를 담는다.

Odyssey 8

출장활동과 기록

정보는 힘이다, 휴먼 네트워크

자, 이렇게 준비하여 드디어 현장에 왔다. 구매자, 관계자, 기관에 예약한대로 정한 일정을 수행한다. 그러나 현지상황은 변한다. 천재지변도 있고 테러가 발행하고 바이어가 약속을 바꾸기도 한다. 일정은 융통성 있게 운영하지만, 영업목표는 변하지 않는다. 구매자를 발굴한다. 파트너를 찾는다. 시장 진출 기반을 확보한다. 전력투구한다.

⑴ 출장일지

출장일지는 날마다 쓴다. 모든 상담을 현장에서 기록한다. 출장에 수행하는 상담 한 건 한 건, 방문지 한 곳, 한 사건에 대해 기록한다. 클라우드에 작성하지만, 통신 사정이 좋지 않은 곳에서는 종이 수첩에 마인드맵 방식으로 메모한다. 노트북으로 회사양식에 맞추어 작성하면 보고서를 완성하는 시간을 절약해준다. 팀과 공유할 것은 회사 단체 대화방에 올린다. 출장자가 이 시간 지구촌 어느 곳에서 무엇을 하고 있는지 팀원에게 알려 공감하게 하고 함께 일하도록 한다.

(2) 현지정보수집

본능적으로 손에 잡히는 대로 자료를 모은다. 호텔에 꽂혀있는 관광 정보, 객실에 비치된 지역 산업 안내와 전화번호부도 모은다. 방문하는 기관, 대학, 기업 팸플릿과 책자를 수집한다. 일과를 마치고 객실로 돌아오면 이것들을 죽 살펴본다. 자료 가운데 가치가 있다고 판단한 것은 가져와 귀국 후 회사 서가에 꽂는다. 이 속에는 인터넷과는 다른 생생하고 따끈한 정보가 들어있다.

(3) 해외사업의 기반, 휴먼 네트워크

현지에서 만난 관계자와 기업, 기관을 모두 기록한다. 현지에서 만나는 모든 사람의 인적 정보를 확보한다. 현지인, 방문회사, 상담자는 물론 택시기사, 식당, 거리에서 나누어 주는 전단도 받아둔다. 통역과 일정 안내를 하는 분들께는 여사님, 선생님으로 예우하며 협조를 받는다. 계약한 금액 이외에 고마움을 전하는 개인사례를 한다. 해외교민을 통해 소수민족으로 사는 동포의 강한 정신을 배우고 여러 정보를 얻을 수 있다. 그러나 사람 말에 전적으로 의존해서는 안 된다. 사람에게는 인식범위와 경험의 한계가 있기 때문이다. 현지에서 만나는 사람의 태도, 교양, 정보의 질 등을 관찰한다. 표시 나지 않게 면접하는 셈이다. 이렇게 만난 분들 가운데 호감 가고 일 궁합이 맞는 사람과 파트너가 되었다.

출장일기,
사건 중심에 생각을 적다

아이디어 발생,
블라디보스토크 일기

충무공의 『난중일기』는 하루하루의 군무를 적고 자신이 느낀 것을 적어 넣은 기록이다. 출장일기도 현장에서 일어난 사건에 자신의 소회를 적으면, 몇 년이 지나도 그 상황, 그 느낌을 복원할 수 있다. 나는 노트북 또는 블루투스 자판을 가지고 다니며, 당일 일어났고 수행했던 내용을 그때그때 기록한다. 스마트폰으로 현장방문의 주요장면을 찍는다. 이것은 생생한 사진일지로 회사 마케팅의 자원이 된다. 객실로 퇴근한 이후에 하루일기를 쓴다. 네이버 블로그에 이런 이야기를 연재했는데 포스팅한 글이 이천 건이 넘었다.

블라디보스토크 일기

(1) 도착

호텔에 짐을 풀고 시가지를 한 바퀴 걸었다. 하늘에 체공했다가 땅에 내려왔을 때, 바다를 떠다니다 육지에 닿았을 때, 나는 걷는다. 걸으면서 기압과 멀미에서 시달렸던 몸을 회복시킨다. 블라디보스토크는 항구를 중심으로 도시가 만들어져 있었다. 하늘에서 볼 때는 조용히 반짝이던 도시가 거친 바람이 불자 도로에 먼지들을 잔뜩 흩뿌렸다. 찬 바람에 외투 깃을 올리고 몸을 앞으로 숙이며 걸었다.

(2) 식당을 찾아 현지식

배가 고파졌다. 안내자가 없는 산책이어서 스스로 식당을 찾아야 했다. 호텔에서 식사하자는 의견이 있었지만, 역으로 갔다. 시베리아 횡단 열차가 출발하는 곳이다. 지구촌 어떤 곳에도 역 근처에는 식당이 있다. 표준화되어 있는 호텔 음식보다는 현지인이 즐기는 저녁을 먹고 싶었다. 우리는 어렵지 않게 식당을 찾아냈다. 사람들이 식탁에서 먹는 것을 보고 그것을 달라는 주문을 했다. 후식도 맞은편 테이블에 앉은 사람이 즐기는 케이크를 주문했다. 그런데 익숙한 맛이 아닌가? 초코파이 맛과 비슷했다. 오리온 초코파이 '정'이 왜 인기가 있는지 알 것 같았다.

(3) 전시회 참가, 부스를 열었다

전시회에 참가했다. 한국에서 연락한 구매자들이 찾아왔다. 이 밖에도 많은 관람객이 관심을 보였다. 상담내용은 업무일지에 남긴다.

(4) 상품 시장조사

시장조사를 위해 출동을 했다. 어제 전시장 지원을 했던 옥산나도 아침 화장을 마치고 출근을 하고 있을 것이다. 박 실장이 이 파란 눈의 아가씨를 마음에 들어 하는 것 같아 점심은 따로 하자고 했다. 이 여성도 한국 총각이 마음에 들어야 할 텐데……. 하루 동안 택시를 빌렸다. 호텔에서 시내 지도를 얻어서, 지도 위에 대형마트 빠루스, 재래시장 뻬르바야, 아르세니예프의 동네 시장, 쳄페뮤피니아의 야외시장, 지코트 백화점과 자동차 매매 시장을 표기했다. "기사님, 이곳들 순서대로 갑시다."

(5) 부두 하역장, 유망한 수출 아이템

화물이 잔뜩 내려져 있는 컨테이너 야드에 건설용 중장비들이 눈에 들어왔다. 두산, 현대라는 표식이 또렷하다. 속초와 부산항에서 실린 한국산 자동차부품, 전자 제품, 시계, 담배, 마요네즈, 라면, 과자, 김이 이 항구로 들어와 시베리아 내륙까지 풀린다. 러시아인이 좋아하는 한류 상품 가운데 오뚜기 식품의 마요네즈가 있다. 72년 마요네즈 출시 이후 이 한 품목의 누적 판매액이 1조 원을 넘겼다. 동서식품의 프리마도 러시아 시장을 사로잡았다. 건설 장비, 건축 자재, 의료기기, 자동차, 식품이 이 극동 시장에 유망해 보인다.

(6) 중국인 장악, 페르바야 잡화시장

극동의 소비재도 중국인이 장악했다. 세계 어떤 곳을 가더라도 중국산 잡화의 생산과 공급이 무섭다. 중국 상인의 수와 양, 가격과 속도에 질린다. 이제는 중국과 중국 방식으로 싸울 수 없다. 다른 방식의 전투를 유도해야 한다. 광저우 도매시장, 이유 소매시장에서 보았던 저가 상품들이 산더미처럼 공급되고 있었다. 중국인들이 러시아 극동으로 넘어와 직접 장사를 하고 있었으며 중국에서부터 대량의 상품을 수송할 수 있도록 페르바야 시장까지 철도를 끌어다 놓았다.

(7) 러시아 식료품 시장

검은 빵, 소시지, 유제품을 시식했다. 맛과 품질이 뛰어났다.

(8) 상품시장 순례, 지코트 백화점과 건축자재 시장

베르사체 같은 명품은 있었지만 젊은 여성들이 좋아하는 mango, ZARA는 입점되지 않았다. 이 사실은 중국에 진출한 이랜드가 러시아에서도 기회가 있으리라는 것을 의미한다.

아침부터 부지런히 서두른 덕에 하루 만에 이 시장들을 다 돌아볼 수 있었다. 초행의 도시에서는 뒷골목 가게들, 길변 상점, 재래시장, 자동차 시장, 건축시장, 농수산물도매시장, 편의점, 대형할인마트, 백화점, 특수 양판점… 시장이라는 시장은 다 뒤지고 다닌다. 보고 만지고 맛보고 견본을 구매한다. 차량기사와 통역 안내원 마리나는 나처럼 여행하는 사람은 처음 보았다고 했다. 이런 식의 시장탐방을 지구촌 도시마다 반복하는 것은 흥미롭지만 지치는 일이기도 하다. 그러나 지구촌 시장순례는 고객의 판로를 설계하는 컨설턴트로서의 직무다. 광저우에서 시작하여 타슈켄트, 나이로비까지의 시장순례, 이 덕분에 세계의 상품시장을 통섭하게 되었다.

⑼ 현지시민들과 대화

극동대학을 방문했다. 학생들은 명랑했다. 카페에서 일하는 아가씨에게 가고 싶은 여행지를 물었다. 그들의 시선은 유럽과 미국에 있었다. 불과 2시간 거리에 아름다운 섬, 제주를 알지 못했다. 시민들에게 '시내 도로가 왜 이리 엉망인지? 시장(市長)은 무슨 일을 하는가?'라고 물었지만, 시큰둥하게 크렘린에게 물어보라고 했다. 새로운 도시에 가면 현지인과 많은 이야기를 하려고 한다. 임대 차량 기사 빅토르는 안성의 피혁공장에서 일한 적이 있다. 그와 점심을 먹으면서 한국과 러시아의 생활에 관하여 물어보았다. 한국은 나쁘지 않았지만, 이곳에서 버는 것과 큰 차이가 없어서 다시 한국에 갈 생각은 없다고 했다. 아르바이트 여행안내를 하는 사샤는 한국에 가보고 싶어 했다.

⑽ 나이트클럽에서 거절당하다

이틀째 밤거리 산책을 나섰다. 젊은이가 우글거리는 골목을 발견했다. 골목 건물 주위에서 시커먼 녀석들이 담배를 피우고 있었는데 불량해 보였다. 건물 안이 궁금했다. 걸어 들어가 현관을 열자 현란한 조명과 귀청 터지는 음악이 들렸다. 몇 녀석 덩치들이 따라 들어와 뭐라고 말했다. 알아들을 순 없었으나 홍대카페에서 거절당했던 그 내용이었을 것이다.

"아저씨는 입장할 수 없습니다."

"왜?"

"(…물을 흐리기 때문이죠.)"

"이 자식아, 난 딸을 찾으러 왔어."

⑪ 디자인 발굴, 야간 편의점과 보드카

러시아 수출을 위해서는 러시아인이 좋아하는 디자인을 찾아야 한다. 그 디자인은 소비재 포장에 있다. 하루 일정을 마치고 호텔로 들어가기 전에 편의점에 들렀다. 어두운 시각, 30대 중반 여성이 혼자 가게를 지키고 있었다. 이 점원은 상품 배열을 살피고 제품들을 들었다 놓았다 하며, 사진을 찍고 표기 사항과 디자인을 유심히 살피는 이상스러운 동양 남자에게 반쯤 겁을 먹은 것 같았다. 긴장한 표정으로 지켜보더니 나가라고 강한 손짓을 했다. 아 마담… 난 상냥한 남자인데… 인사치레로 눈에 보이는 보드카 한 병을 샀다.

⑫ 산업 인프라 조사

빅토르의 차를 타고 블라디보스토크 항구와 항만을 살펴보았다. 여객선, 화물선, 군함들이 정박해 있고 작은 연락선들이 그사이를 오가고 있었다. 하역장에는 한국과 일본에서 실어온 자동차와 중장비가 가득하다. 항구 건너편 공장 굴뚝에서는 검은 연기가 하늘 높이 올라가고 있었다. 출근길에는 차들이 도로를 가득 메우고 있었다. 땅이 큰 나라에서는 건설장비와 자동차 장사가 잘된다. 철도 역사와 연결된 컨테이너 야드와 물류

시스템을 눈여겨보았다. 나는 건축자재를 수출하는데 지난달에 8개 회사의 90여 제품을 태국에 보냈다. 어떻게 하면 그 제품을 이곳 극동까지 수출할 수 있을까?

⒀ 수출 아이디어의 발견

러시아에는 한국의 공항 운영시스템이 유망할 것이다. 한국은 세계 최고 수준의 공항 운영능력을 보유한 나라다. '발전소 안전성 시뮬레이션' 해외판매에 대한 자문요청을 받은 적이 있다. 시스템 수출의 과정도 일반 제품과 다르지 않다. 해외수주를 위한 TFT를 만들고 전문가들과 워크숍을 하며 해당국가를 조사한다. 프로토타입을 만들어 보내고 시연하면서 주문자 환경에 맞는 제품을 완성한다. 인근 공항을 탐방하여 개선점을 찾는 프로그램도 넣는다. 다음 단계로는 러시아 항공 관계자를 초청하여 우리의 선진 시스템을 보여 준다. 모스크바로 들어가는 셰레메티예보 국제공항을 보면 인천공항이 얼마나 훌륭한지 알 수 있다. 한국 공항의 작동은 스마트하며 빈 공간이 없고, 공간을 놀리지도 않는다. 러시아에는 블라디보스토크 말고도 소치, 이르쿠츠크, 하바롭스크 같은 공항 비즈니스가 가능한 곳이 수두룩하다. 이들에게 한국 수준으로 운영 체계를 올리자고 제안할 수 있다. 러시아의 외환 사정이 여의치 않으면 수주 비용을 천연가스와 석유로 받아도 좋다. 공항과 도로 등의 기반시설 운용에 노하우를 가지고 있는 호주의 매쿼리 그룹(Macquarie Group)같이 한국공항공사도 공항 시스템과 인프라를 수주하는 것은 어떨까?

출장보고서,
비즈니스 내비게이터

당신이 만드는
해외사업 가이드북

여행은 집에 돌아오는 것으로 끝이 나지만, 출장은 다녀오는 것으로 일이 시작된다.

출장 중 대부분은 하루에 셋, 넷 회사를 방문하고 매일 저녁 일정이 이어졌다. 먼 곳에서 왔다고 초대하는데 내 취향대로 음식을 고를 수 없다. 권하는 술잔도 받지 않을 수 없었다. 귀국하면 그동안 과업에 대한 부담, 안전에 대한 걱정, 이국의 음식과 술, 먼지와 익숙지 않은 냄새들로부터 긴장이 풀려 몸은 녹초가 된다. 일 아닌 여행을 할 때가 있었다. 머리가 어찌나 시원하던지 그렇게 행복할 수 없었다. 휴식을 위한 여행에서는 불편한 숙박과 교통도 문제 되지 않았다. 아무리 무거운 배낭을 메도 즐거웠다. 성과에 연동하지 않는 여행은 그야말로 천국 같다. 그러나 회사를 먹여 살려야 하는 비즈니스 출장은 차원이 다르다. 귀국 다음 날 사무실에 복귀할 때면, 그동안 밀렸던 일과 받아 온 일에 대한 압박으로 정신은 각성되지만, 해외에서 압축적으로 일했던 일의 여독이 풀리면서 몸살을 앓는다. 그렇지만 출장 다음 날 쉬지 않는다. 피로를 푸는 방법은 평소와 같은 리듬으로 생활하는 것이다.

출장을 다녀와서 시급하고 중요한 일은 출장보고서를 작성하는 것이다. 이것은 반드시 해야 하는 것으로 미루지 말아야 한다. 현지에서 일했던 과정 자체를 보고서에 담아야 한다. 출장은 회사 재원을 투자한 행위로서 팀원의 출장은 회사의 집단 지성과 노하우로 전환되어야 한다. 보고서를 통해 한 사람의 출장은 팀원 전체의 과업으로 공유한다. 출장을 거듭하면 해외사업의 지능은 발전한다. 그래서 전임자의 출장이 다음 팀원의 출장을 돕는 가이드가 된다. 출장보고서는 다음 횟수에 보강되는 해외사업의 안내서며 비즈니스 내비게이터가 된다.

Odyssey 11

출장, 후속처리가 중요

사업의 성패를 가르는 후속처리(Follow up)

작성을 마친 보고서는 회사에 제출하여 전체 팀원이 읽게 한다. 작성자와 팀은 완성된 보고서를 가지고 회의를 한다. 팀은 출장보고서를 통해 사업전략을 점검하고 후속조치를 한다. 계약서를 검토할 것, 견본을 보낼 것, 가격을 제안할 것 등 구체적인 후속조치가 이 자리에서 만들어진다. 72시간 안에 출장기간에 만났던 바이어에게 감사 메일을 보낸다. 견본을 배송한다. 이 발신에 회신을 주는 상대는 성의가 있는 것이다. 일은 성의를 가지고 있는 사람과 하게 된다. 출장보고서를 기준으로 본격적인 일이 시작된다.

전시회, 현지상담회에 무수히 참가했어도 주문을 받지 못했던 사람의 특징은 메일과 견본 한번 보내고 일을 마쳤다고 생각했다는 것이다. 견본은 보내는 것으로 일을 시작하는 것이다. 출장 이후에 때로는 문자를 보내고 전화를 건다.

"지난번 보내드린 프로그램은 설치해보셨나요?"

"어떻습니까?"

사용하지 않았으면 사용하게 한다. 이렇게 사후처리를 반복하면 현지에 파트너가 생기고 이분들이 모여 회사의 현지 네트워크가 된다. 필요한 관계자는 한국에 초청한다. 일 추진이 필요한 경우 다시 방문한다. 이것이 출장 후속조치(Follow up)이며, 이 후속조치의 반복이 처리순환(Follow through)이다. 출장의 성패는 현지 활동 이상으로 사후처리(Follow up)에 있고 이것은 한 번에 끝내는 것이 아니라 반복하는 것이다. 계약은 거래를 만드는 지속적인 업무처리 순환(Follow through)에 있다. 상대는 내가 하는 일 속도와 사후처리, 일솜씨, 열정 등 모든 것을 지켜본다.

(1) 회계정산

보고서 작성보다 먼저 하는 일이다. 날짜별로 모아둔 영수증을 정리하여 회계처리를 한다. 출장지에서 경비는 하루하루 지출 순서대로 영수증을 모아 놓았기 때문에 별도로 정리할 것은 없다. 이렇게 하면 일이 밀리지 않는다. 사용명세는 엑셀로 정리하여 경비총액을 계산한다. 회사 업무로 사용한 것과 개인용도로 쓴 것을 분류한다. 항공, 숙박, 현재 교통, 접대비 등 총금액에 출장일수를 나누면 하루에 투자한 비용을 알 수 있다.

(2) 자료정리

전시회에서 발품을 팔아 수집한 브로슈어와 카탈로그, 상품견본을 분류해 회사 서가에 보관한다. 산악인의 배낭은 산행할수록 가벼워지지만, 비즈니스 출장은 시간이 지날수록 무거워진다. 프로젝트와 관련된 책을 사고 전시회를 돌면서 자료를 수집하며 견본을 구매하기 때문이다. 종이 자료들을 넣으면 가방은 돌덩이같이 무거워진다. 바로 이 무게, 이 생생한 자료를 수집하러 간 것이다.

(3) 명함정리

전시회와 상담회에서 받은 명함은 산업 카테고리별, 나라별로 분류하고 정리한다. 명함은 명함 스캐너를 통해 입력하고 데이터화한다. 명함정보는 회사 CRM(Customer Relationship Management, 고객관계관리) 시스템으로 편입한다. 이것이 회사 보안자료인 국가별, 산업별 인명록이 된다.

(4) 감사 메일 송부

관계자와 찍었던 사진을 첨부하여 감사 메일을 보낸다. 이때 회사와 상품소개를 첨부한다. 필요한 전화를 한다. 공개해도 좋은 사항, 공개해도 좋다는 동의를 받으면 회사 홈페이지와 페이스북에 내용을 올려 그 페이지의 URL를 보낸다. 그 링크에 바이어가 '좋아요'를 누르고 댓글을 다는 순간, 그와 관계자는 나의 출장 활동을 볼 수 있다. 이것을 인터넷 검색에 걸리게 하여 마케팅 그물을 펼치게 한다.

제11장

영업 본선,
바이어 상담

바이어 상담이야말로 기운을 다해서 치르는 영업의 진검승부다.

상담 전에 조사, 정보교환과 더불어 협상을 해놓아야 한다.

출장지 상담은 호텔에서 마무리할 수 없다.

성배는 현장에 있다. 상대를 방문하자.

한 장소에서 세 번의 기회를 만드는 상담장 필살기를 익히자.

영업의 꽃, 바이어 상담

판매냐? 구매냐?
비즈니스 진검승부

영업의 꽃은 바이어 상담이다. 그동안의 노력, 경험과 지식, 창의력은 구매자와 마주 앉아 판매제안이라는 진검승부에서 발현된다. 당신은 상품과 서비스를 사줄 인연을 찾아 이역만리를 날아왔다. 해외출장은 시간과 비용이 드는 비싼 여행이다. 그 정도 돈이라면 지중해 요트여행을 즐길 수 있지만 바이어를 찾는데 투자하고 있다. 이번 출장에서는 그동안 만났던 러시아 상인들과 회사에서 수배한 십여 명의 명단을 가지고 왔다. 출장계획서에는 아래와 같이 바이어 명단들이 정리되어 있다.

Vostok – Zap●d (Super Go●d)	
담당자	Mr. U●onko G●igoriy U●ievich
주 소	K●aba●ovsk,Russia
홈페이지	N/A
E-mail	gri●●●iudovenko@supergo●d.biz
전 화	7-4●12-31-67-3●
구사언어	Russian, English
연간매출액	N/A
업 종	Whole trade service

이 회사는 러시아 극동 최대급 유통기업으로 전시회에서 만난 적이 있다. 극동 시베리아 지역에 2,080개 매장을 보유하고 있다.

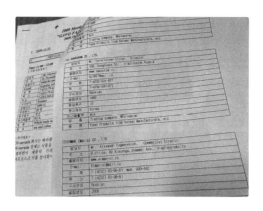

출장 전 바이어명단을 확보하는 데 최선을 다한다.
담당자정보, 홈페이지, 전화번호, 사용언어, 회사 규모를 파악해 놓는다.

상담에는 상대의 눈과 태도를 보면서 진지하게 상담한다. 약간의 유모
를 섞는다면 더 좋겠지만 문맥이 안 맞으면 썰렁해질 수 있다. 바이어의 사
업성격과 규모, 시장환경은 미리 숙지한다. 비상장기업일 경우 매출과 직
원수, 유통채널에 관해 묻는다. 상대의 미묘한 표정도 살피며 그 이면의 생
각까지도 읽도록 한다. 오늘 상담한 고객은 네 사람이었다. 이 가운데 두
업체가 관심을 보였다. 그들은 내가 어떤 회사를 만나는지 물었다. 같은 지
역의 경쟁사를 의식하고 있다. 극동 도시에 한국 회사가 오면 삼성, 현대,
LG, 두산, 오뚜기식품, 한국야쿠르트 정도로 수준 높게 생각한다. 중소기업
도 한국 대표가 되는 셈이다. 제품품질을 높여야 하는 책임을 느낀다.

한 사람의 구매자가 회사의 운명이 바꾸기도 한다. 핵심적으로 말하
고 분명한 인상을 남겨야 한다. 준비와 예행연습이 필요하다.

참고 | 상담의 전략

- 상담 전에 상대를 파악한다.
- 상담연습을 한다.
- 사전조사는 여유와 유모를 잃지 않게 해준다.

- 견본을 놓고, 준비한 자료를 바탕으로 해서 회사와 상품을 핵심적으로 소개한다.
- 상품소개는 자료로 한다. 말로 길게 하지 않는다.
- 동영상 설명은 효과가 높다.

바이어는 당신이 취급하는 상품을 수백 번 수천 번 보아 온 프로들이다. 척 보면 아는 사람들에게 산만하게 말하는 것을 삼가해야 한다. 당신의 장황한 설명이 통역을 거치면 더 길어진다는 것을 생각하자. 미국의 소설가, 마크 트웨인은 "사형수도 목사의 설교가 길어지면 천당 가기를 포기한다."라고 말했다. 핵심 없이 '내 제품이 세계최고'라며 길게 자화자찬하는 것은 상담을 망치는 길이다.

- 경쟁사를 비난하지 않는다. 차별점을 설명한다. 기성품을 개선했거나 새로운 기능이 있으면 알린다.
- 맛을 보게 하거나 사용하게 하거나 사용한 결과를 보게 한다.
- 공인된 기관의 데이터나 시험결과를 첨부한다.
- 잇몸치료제 〈이가탄〉 광고처럼 '씹고 뜯고 맛보고 즐기게' 한다.

Odyssey 2

상담은 상담 전에 해놓는 것

거래선 방문, 위험을 대비하는 포트폴리오

상담 전에 회사소개서와 상품소개서를 발송해 놓는다. 시장조사를 하고 (잠재) 구매자를 분석하면서 경쟁사 파악을 해 놓는다. 바이어는 구글이나 웨이신에서 찾아 페이스북이나 위챗에 연결한다. 이렇게 하면 며칠 후에 만나는 사람이 '무엇을 하고 있는지?

어떤 것을 좋아하는지?'를 알 수 있다. SNS로 연결되면 만나기 전에 몇 번씩 소식을 주고받을 수 있어 상담 본선의 분위기가 좋아진다.

출장이유는 일을 옮겨서 하는 것이 아니라, 추진했던 일들을 현지에서 확인하고 한 단계 더 진행하려고 가는 것이다. 계약을 앞두고 현장확인이 필요할 때도 출장을 간다. 최초의 상담에서는 견본을 직접 사용하게 한다. 이처럼 인터넷으로 할 수 없는 직접적인 교감을 위해 출장을 간다.

호텔 상담 이외에도 상대의 사업장을 방문한다. 안락한 호텔에서는 생생한 현지정보를 얻을 수 없다. 상대가 일하는 현장을 보고 분위기를 파악하고 부가적인 정보를 얻어야 한다. 복도와 화장실을 보면 그 기업 상태를 알 수 있다. 이런 것까지가 정보활동이다. 그동안은 담당자와 일대일(一對一) 소통했지만, 회사 방문을 통해 그의 동료를 만날 수 있어 추진하는 프로젝트의 안전을 보장해준다.

사업하다 보면 파트너가 사고를 당하거나 죽기도 한다. 이렇게 되면 상영하던 영화필름이 갑자기 끊기는 것과 같다. 그래서 유사시에도 지금까지 해왔던 프로젝트를 이어줄 사람이 필요하다. 따라서 규모가 큰 프로젝트는 팀 대 팀으로 만나 안전장치를 해야 한다. 조셉은 한국에서 컴퓨터 주변기기를 수입하는 레바논 바이어였다. 어느 날, 출근 전 CNN 뉴스를 보는데 수도 베이루트가 폭격을 당해 시가지에서 검은 연기가 치솟는 것이 아닌가? 걱정되어 연락했으나 소식이 없다.

카라치 출장 중이다. 파키스탄의 IBL은 1887년에 설립된 130년이 넘은 유통사로 하이츠나 마스 같은 유명 제품을 수입한다. 최근 헬스케어 제품인 SEARLE의 판촉에 열심이다. 파키스탄은 빈국이지만 2억이 넘는 인구에 고급 브랜드를 소비하는 계층이 존재한다. 이 회사 임원 제프리는 MBA를 마친 인재다. 본사 방문을 통해 제프리와 상급자, 동료, 여비서 등 여러 담당자와 인사를 했다. 실무적인 일을 마치면 바이어와 식사를 하면서 여러 이야기를 나눈다. 만약 그가 다른 회사로 이직해도 프로젝트는 이어갈 수 있다. 공식일정을 마치면, 바이어가 사는 마을을 방문하거나, 시티투어를 부탁한다. 이런 시간은 상대를 좀 더 가까이 관찰할 수 있게 한다. 그래서 영업은 상담만 하는 것이 아니다.

파키스탄 카라치에 있는 LBL 본사를 방문했다.
출장 가는 이유는 고객의 소리를 듣고, 현장을 확인하고 프로젝트의 안전을 보장하기 위해서다.

Odyssey 3

효과적인 상담회, 이인일조

현장에서 만드는 협상팀

여권에는 400회 이상 출입국 도장이 찍혔다. 한번 출장에서 열 명 안밖의 관계자를 만났고, 이십여 년 동안 1,000회 이상 면담 및 상담을 했다. 상담은 혼자보다 두 사람 이상이 팀을 만들면 시너지가 크다. 두 사람이 함께하면 한 사람은 상담 자체에 집중하고, 다른 한 사람은 기록하고 사진을 찍는다. 상담 후에는 서로 주고받은 내용을 요약해서 사진과 함께 보낸다. 이것은 그날 상담의 온기가 식기 전에 해야 하는 일이다.

경영 형편이 좋지 않을 때는 혼자 출장을 가게 된다. 혼자서, 처음 가는 입국장에 떨어지면 낯선 분위기에 긴장된다. 큰 회사, 여러 명 임원이 대기하고 있는 상담장에 혼자 들어가는 것도 떨렸다. 그러나 프로는 혼자서 일을 할 때도 해야 하는 일들을 온전히 이행한다. 대화하면서 메모를 하고 셀프 촬영으로 기록을 남긴다. 현장에서도 카카오톡이나 위챗에 연결하고 사진을 전송한다. 현장처리이다.

그렇지만 상담은 아무래도 팀을 이룰 때가 효과가 있다. 통역이 있다면 내용을 기록하고 사진을 찍도록 부탁을 해둔다. 해당 언어에 자신 있어도 중요한 상담에는 통역 지원을 받는다. 상담에서 외국어로는 다 표현하지 못하는 미진함을 남기지 말아야 한다.

숙소에 돌아와서는 상품과 회사소개서를 메일로 보낸다. 본사에 연락해서 견본 발송 지시를 한다. 오늘 만난 바이어의 사업장을 확인하기 위해 다음날 그 회사를 방문한다. 그곳에서 좀 더 구체적인 이야기가 이어진다.

출장에서는 상담자와 식사를 하려고 한다. 영업은 밥 먹는 일이다. 지난날을 돌아보니, 밥 먹은 사람과 실무만 처리하고 온 사람과 관계 차이는 컸다. 처음 만난 사람과 식사를 하는 것은 그도 나도 불편하다. 상대가 이성이라면 식탁을 사이에 두고 먹는 모습을 보이는 것도 편하지 않다. 브라질리아에 혼자 갔는데 상대가 저녁초대를 했다. 그들의 홈그라운드에서 여러 명이 나온다면 난 낯선 사람에 둘러쌓여 구경거리가 되기에 십상다. 이럴 때는 전날 상담을 도왔던 통역과 함께 행사에 참석했던 다른 회사 직원을 초대한다. 아군의 진용을 갖추면 식탁 질문이 나에게만 몰리지 않는다. 두 사람 이상이 되면 만찬을 주도할 여유가 생긴다.

상담회장을 벗어나라.
성배는 현장에 있다

시장개척은 천로역정

오늘도 지구촌 곳곳의 호텔에서, 컨벤션에서, 상담회장에서 수많은 비즈니스 상담회가 열린다. 책상머리 행정이나 연구실에 갇혀 있는 창업처럼 호텔에서 끝이 나는 비즈니스 상담은? 바이어를 잡는 방법은 한둘이 아니다. 살아있는 영업을 위해서라면 편안한 시설에 머물지 말고 상담장을 나와야 한다.

월마트나 코스트코(COSTCO) 같은 글로벌 유통회사와 거래하고 싶다면 해당 제품을 납품하는 벤더나 수입자를 찾아야 한다. 최초의 바이어 발굴은 컨설팅 회사에 의뢰하거나 현지 상공회의소에 문의할 수 있다. 월마트의 담당자와 관계가 있다면 등록된 업체를 소개받을 수 있겠다. 그러나 인연이 없으면 담당자 면담 자체가 어렵다. 자사의 홈페이지 후면에 있는 인터넷 신청 절차를 밟으라는 안내를 받을 뿐이다. 이때 매장에 나가면 실마리를 찾을 수 있다. 매장 선반에 놓인 상품은 세계적인 경쟁을 뚫고 수많은 절차를 거쳐 안착한 것이다. 이 상품 뒷면 표기사항에 수입자 정보가 선명히 박혀있다. 이렇게 현장에 답이 있다.

세계 각국의 구매자를 기업에 연결(Matching)하는 것은 수출마케팅 회사의 일이다. 그동안 천여 명이 넘는 바이어를 지자체와 협회, 기업에 공급했다. 이렇게 해외구매사를 확보한 것에는 별다른 방법이 있었던 것이 아니다. 나 역시도 상담회에 참가했고 전시회에서 만났고 거래 알선 회사를 통해 소개받았다. 그 소개를 나(회사)의 인적 자산으로 만드는 것은 소개받은 상대를 방문하는 것이었다. 바이어는 도시에 있어도 생산 현장은 오지에 있는 곳이 많았다. 비행기 삯에 차비가 들고 가는 길이 험해도 현장을 찾았다. 광산, 해안가, 사막의 변두리 마을까지 사업장이 있었다. 거기까지 가야 현장을 보았다고 할 수 있다. 기업인은 시장을 개척하는데 '천로역정'과 같은 길을 걷는다.

상담의 성패, 통역

현지통역은 사업 파트너

해외영업의 성패는 사전조사, 바이어 수배, 통역에 달려있다. 상담에서 통역의 역할은 절대적이다. 엉터리 통역과 일하면 일이 이상해진다. 업계 용어를 모르거나 비즈니스 통역에 대한 훈련이 되어있지 않은 사람이 제멋대로 의역한다면 상담은 꼬인다. 통역은 상담자의 말에 자신의 감정, 의견을 섞지 말고 정확하게 전달해야 한다. 상담자도 통역이 아니라 상대를 보면서 이야기해야 한다. 이렇게 하지 않으면 바이어가 당신을 보지 않고 통역과 대화하는 것으로 흘러가 버린다.

현지어에 능통한 사람은 통역 없이도 협상할 수 있지만 중요한 상담에는 전문통역의 도움을 받는 것이 좋다. 상담자는 자신의 언어 변환이 아니라 자신의 상품에 집중해야 한다. 중요한 상담은 전문통역의 도움을 받고 일상적인 대화나 현장방문과 파티에서는 외국어로 소통하는 것이 좋겠다. 상담 전에는 통역과 사전 설명회를 가진다. 상담하기 전에 제품과 회사를 통역에게 충분히 설명해야 한다. 전문통역은 해당 국가에 대한 정보가 많고 다양한 기관과 기업에 서비스를 해왔기 때문에 상품을 보는 안목이 높다.

상해, 도쿄, 호찌민과 같이 주요 도시는 반복적으로 오고 가면서 사업을 하게 된다. 이때 호흡이 잘 맞는 통역과 지속해서 일한다면 효과가 크다. 통역도 생명 바이오, 화학소재, 재난안전과 같은 특화된 분야가 있다. 이런 분야 통역사는 그 일이 반복되면서 해당 산업에 대한 이해가 깊어진다. 상담 직후에는 통역과 함께 상담일지를 검토한다. 상담을 마치면 대부분 통역과 인연이 끝이 나지만 해외사업의 인적 자산이라고 생각할 수 있다. 상품 카탈로그와 견본을 증정하면서 현지정보와 아이디어에 대한 협조를 구한다. 신상품이 나오면 알리고 정성껏 자문을 구한다.

이제까지 많은 기업이 세계시장의 문을 열기 위해 하늘길을 오고 갔지만, 성과가 적었던 것은 품질과 마케팅, 언어의 장벽 때문이다. 어처구니없는 상담은 현지에서 공부하는 학생에서 종종 생겼다. 해당 산업에 대한 지식과 비즈니스 경험 없이 한국어를 하는 현지통역인에게도 문제가 일어났다. 한국에서도 상담회를 주관하는 기관이 비용을 아끼려고 얼치기 통역을 고용하기도 한다. 전문통역사는 강도 높은 훈련을 받은 전문인이다. 전문가와 일할 때는 당연히 차이가 있는 비용이 발생한다. 국가에서 주관하는 상담회는 전문통역사를 투입해야 한다. 사업 성공을 위해 비용을 내는 것이다.

아랍어, 베트남어는 들어도 무슨 뜻인지 짐작이 되지 않는다. 그날 하노이에서 통역에게 의지했는데 답답했다. 통역의 도움을 받는 사람도 그 나라 언어에 대한 기본적인 이해가 있어야 한다. 세상은 영어만으로 돌아가지 않는다. 특정 지역과 현지 사업을 하는 회사는 전 직원이 그 나라의 기초 언어는 구사할 수 있도록 역량을 강화해야 한다. 기초 언어란 숫자를 그 나라 언어로 말하는 것, 상황에 맞는 인사, 문자를 소리 내서 읽는 수준이다. 이 정도만 해도 현지에서 나쁜 경우를 피할 수 있다.

세 번의 접촉, 분명한 메시지

한 장소, 한 행사에서 세 번 만나기

해외시장개척단이 있다. 이 용어가 공격적이라고 해서 시장사절단이라고도 하는데, 자신의 상품과 서비스를 가지고 해외 도시에서 바이어와 만나는 행사를 한다. 그런데 같은 업종끼리, 우르르 몰려다니는 데 문제가 있다. 외국인 친구는 검은 머리에 비슷한 양복을 입고 다니는 한국인을 구분하기 어렵다고 했다. 해외전시회에서도 한국관에 설치한 전시 부스가 천편일률적이어서 더 헷갈린다고 한다. 상담자가 나를 기억하지 못하는데 무슨 영업이 되겠는가? 영업의 기본은 내가 상대를 기억하고 상대에게 나를 기억하게 하는 것이다. 그래서 한 장소에서 최소한 세 번을 마주치려고 한다.

참고 | 한 행사에서 세 번을 다시 만나는 방법

1. 단체미팅 같은 상담장에서는 한 번에 20분밖에 이야기할 수 없다. 초대한 바이어는 다른 셀러들과 상담을 해야 하기 때문이다. 그는 나를 기억하지 못할 것이다.

2. 상담을 마치기 전에 별도로 차를 마시자고 하거나 식사를 하자고 한다. 시간이 없다면 휴식 시간에 간단한 다과를 같이 한다. 이 두 번째 만남으로도 당신을 기억시키기 쉽지 않다.

3. 차를 마시면서 식사에 초대한다. 당신 회사를 방문하고 싶다고 한다. 그것도 당장 내일! 장소에 따라 "우리 회사에 오세요."라고 한다. 이렇게 하면 기억시킬 수 있다.

상담회장에서 느낌이 오는 상대가 있다면 세 번 이상 분명한 메시지를 던져라. "거래합시다."

또 다른 본선, 나이트 파티

상담은 상담이 전부가 아니다

구매자로서 상담회에 참가하면 아침부터 오후 늦은 시간까지 상담이 이어지게 된다. 낯선 사람들과 한 자리에서 종일 이야기를 한다는 것은 여간 피곤한 일이 아니다. 더구나 나 같은 평범한 외모, 검은 머리, 단조로운 양복으로 통일된 사람을 번갈아 가며 만나서 비슷한 이야기를 하다 보면 누가 누구였는지 구분할 수 없다. 셀러는 열심히 말했지만 가엾게도 바이어는 기억하지 못한다.

그동안 출장에서 기억에 남는 것은 그 지역 사람들과 함께 웃고 즐겼던 일들이다. 스페인 고성에서 맞이한 만찬, 잉글랜드의 작은 수도원에서 촛불 파티는 즐거운 추억이다. 나도 한국을 찾는 바이어들에게 연회를 만들어 이방인의 긴장을 풀어주려 했다.

바이어 초대 파티. 멀리서 벗이 찾아오니 이 또한 기쁘지 아니한가?

한국무역협회가 주최한 수출상담회가 대전 DCC에서 열렸다. 초청 바이어는 온종일 상담을 했고 공식만찬도 마쳤지만, 그다음이 마땅치 않아 보였다. 중년이 되면 아찔한 호기심도 사라져 외국의 밤거리를 헤매기보다는 객실에 들어가서 자는 날이 많아진다. 그날 유성에 있는 민속주점을 통째로 빌렸다. 16명 해외 바이어를 초대했다. 협력사 임직원들도 오시도록 했다. 부침개를 부치고 도토리묵, 두부김치, 수육 등 토속 음식을 내놓았다. 막걸리, 소주, 맥주, 민속주를 마음껏 즐기게 했다. 중국, 일본, 프랑스, 러시아, 우즈베키스탄에서 온 바이어가 돌아가며 자신의 언어로 축사를 하고 건배를 했다. 이 친선잔치의 주관자인 나는 자리를 돌며 한국식으로 술을 권했다. 이런 파티가 여의치 않을 때는 포장마차에 가는데 무엇보다도 외국인이 즐거워한다. 즐거운 그날 새벽, 나는 하바로프스크로 떠났지만, 다음날, 파티에 초대받았던 바이어들이 회사 직원을 찾아와서 고맙다는 인사를 했다. 몇 년 후 홍콩에서 영국인 컨설턴트 토니를 만났다. 그날 밤, 재미있었다고 했다. 객실에서 텔레비전 채널을 돌리다 자는 것보다 좋았던 모양이다.

피자 한 판으로 얻는
아라비안나이트

이란에서 이라크, 아프가니스탄, 투르크메니스탄,
소말리아까지 딸려 나온 포도송이

테헤란 출장을 앞두고 구매자를 찾고 있다. 이란은 가본 적이 없는 나라다. 처녀지에서 거래선을 발굴하는 첫걸음은 현지 통상 기관과 상공회의소에 연락하고, 진출해 있는 한국기업을 찾아 알선을 부탁하는 것이다. 교민단체도 방문 일정에 넣는다. 처음 시장을 개척하는 지역에서는 쌍끌이 어선처럼 현지의 통상 인프라를 모두 섭렵한다는 각오로 파이팅을 한다. 그러나 이란의 시장 정보는 충분하지 않았다. 대전에는 있는 과학기술대학인 카이스트(KAIST)에 이란에서 유학 온 학생들이 있었다. 이들을 회사에 초대했다. 그리고 추진하는 프로젝트를 설명했다.

다니엘 사치, 아욥 살아리, 샤론 나브와이어, 사브 모사비는 전자공학, 항공공학, 기계공학, IT를 공부하는 석사과정 학생이다. 우리는 회사 근처 피자 가게로 자리를 옮겨 식사했다. 그들은 구운 감자와 통새우까지 토핑이 가득한 한국 피자를 맛있게 먹었다. 테헤란에서 한국식 피자 가게를 하면 잘될 것이라고 했다. 며칠 후 모사비에게서 메일이 왔다. 이 속에는 현지 기업에 대한 정보가 담겨있었다. 모사비는 삼성, KIMM과 과제를 수행했던 경험이 있어 '이란과 어떻게 협력해야 하는가?'를 이해하고 있었다.

Dear Mr. Kang

Thank you so much for your warm hospitality and introductory talks. I have become interested to cooperate further with you. In this email, I want to explain my area of research and my past experience to you.

At KAIST, I am a researcher in M*N* laboratory for 2.5 years. At our laboratory we work on MEMS (Micro Electro Mechanical Systems) and nanotechnology area. My research is focused on nano-sensors and nano materials and I worked on Governmental research projects. I have close collaboration with national research institutes in Korea, like Sa*sung, KI*M and so on. I manufacture gas sensors for the applications in monitoring the human environment and health. Please refer to the following webpage if you want to read my most recent publication:

Before joining KAIST, I worked as a mechanical engineer in Solico Food Industries and Iran Heavy Diesel Industries.

(중략)

Thank you again for your warm welcoming meeting today,
I am looking forward to cooperate with you,
With best regards,

이후 모사비와 메일이 몇 번 더 오고 갔다. 이것에 뜻밖의 정보가 있었다. 17개 유통 조직을 가지고 이라크와 아프가니스탄에 의료제품을 수출하고 터키에서 의료기기를 수입하고 있는 회사. (중략) 투르크메니스탄, 소말리아에 철도, 지하철, 도로공사에 참여하는 건설사, 정유사…들이 포도송이처럼 딸려 나왔다. MOU를 하자는 제안이 들어왔다. 신용조사를 해야겠지만 피자 한 판에 재미있는 일이 생겼다.

The K●●●●D Holding consisted of medicine supply and has 17 branches to distribute medicines and medical equipment in Iran, and exporting them to Iraq, and Afghanistan in addition to Turkey medical equipment imports. Also, this firm involved in providing human resources and facilities for health and medical centers throughout the Iran.

K●●●●D Holding has a commercial company in Iran's free zone to export iron, Gasoline, oil, and petroleum as well as importing of goods, commodities, and medical equipment.

It has a sole agency of Turkish construction company (EN-EZ) construction company, which has an outstanding profile such as roads, subways, tunnels in Turkey, Africa, and CIS countries. It also has a sole agency of T●●●●sas, which is a Turkish company working on rail and wagon in IRAN through a perfect relation with Iran's ministries with incorporation with EN-EZ.

Such road and rail constructions are in a MOU with Financing with the Iran's government in order to proceed the civil and construction, road and rail construction made this group able to start projects in Iraq,

Turkmenistan, Somali, and Iran's neighboring countries,

(중략)

According to your preparation to make a possible collaboration, K●●●●D is interested in making appropriate atmosphere and conditions to work on possible trades with South Korean companies with a necessity of MOU (Between K●●●●D and Hwadong) and initial meeting to discuss further.

Kindly Regards
Dr. A●●●s K●z●m Z●d●h

온천욕과
누드비치

러시아는 사우나에서 접대를 한다

타이완 바이어인 샤오지에 장은 우리 일행을 타이베이 외곽 온천으로 데리고 갔다. 그녀는 여탕으로 우리는 남탕으로 들어갔지만, 산속 온천은 운치가 있었다. 온천욕을 마치고 다시 모여 식사를 하고 가라오케 기계를 가져다 노래를 부르며 놀았다. 귀곡산장의 파티였다. 그녀가 한국에 오면 우리는 다시 모여 즐거운 시간을 갖는다. 공자님의 말씀을 적어본다.

"먼 곳에서 친구가 찾아오니 어찌 기쁘지 않겠는가(有朋自遠方來 不亦樂乎)?"

멕시코에서 사업을 하는 쥬디 여사의 여름휴가에 초대받았다. 세계적인 해변 휴양지 칸쿤, 가서야 알게 되었는데 내 숙소는 누드비치가 있는 해안이었다. 러시아인은 자작나무로 불을 지피는 사우나에서 접대한다. 중국인은 풍성한 식탁에서 독한 백주를 내놓는다.

이 밖에도 내 앨범에는 몇 장 사진이 더 있다. 바이어와 피라미드가 있는 아즈텍 여행을 하고 재즈바에서 피로를 푼다. 친구들은 이런 사진을 보고 '팔자 부럽다.'라고 한다. 놀고 오는 줄 안다. 그러나 그 장면들은 비즈니스 출장의 한 단편일 뿐이다. 처음부터 이런 대접을 받는 것도 아니다. 그동안 많은 거래제안을 했고 그만큼 거절당했다. 영업에서 거래로 이어지는 경우는 적었다. 그러나 거래를 위해 성심을 다하고, 문제가 있어도 이해하며 사태를 풀었던 사람이 친구로 남았다.

실리콘 밸리와
가상거래(Imaginary Transaction)

가상거래? 좀 더 구체적인 마인드 쇼핑

해외영업의 상대는 골리앗보다 크다. 세일즈맨으로 다니면 작아지기 쉽다. 영업은 고독한 일이다. 스타트업, 벤처기업, 중견기업…. 어떻게 글로벌기업과 거래를 할 것인가? 마음이 커져야 한다.

출장지에서 며칠 묶다 보면 마음에 드는 호텔이 있다. 이때 지배인을 불러 가격을 물어본다. 객실요금이 아니라 이 호텔을 사려면 얼마가 필요한지를 묻는다. 그래서 싱가포르, 상해, 두바이에 있는 호텔 몇 채 가격을 알게 되었다. 스위트룸 투숙자만이 지배인에게 우대받는 것이 아니다. 인터넷 쿠폰으로 할인받은 싱글룸에서 혼자 컵라면을 먹고 있어도 힐튼호텔의 창업자 콘래드 힐튼과 같은 이런 질문이 대우를 다르게 한다.

종사자의 대우보다는 자신의 마음이 달라진다는 것이다. 젊은 당신이 사업한다면 플라스틱 꽃 장사를 했던 청쿵(長江實業集團, Cheung Kong Holdings, 홍콩 최대의 부동산, 호텔 그룹)그룹의 리카싱 회장처럼 되지 말라는 법은 없다. 뉴스에 인수 · 합병 기사가 나오면 아는 회사 몇 개를 묶어 사고파는 시뮬레이션을 해본다. 구글을 사서 아마존에 판다면? 가상거래로 가능한 일이다.

가상거래가 실거래로 전환하려면 혁신적이어야 한다. 싸거나 좋거나 빨라야 한다. 세상의 판을 바꿀 만큼 새로워야 한다. 어떤 거래도 처음부터 되는 것이 아니다. 그래서 편하게 마음을 키우는 마인드 쇼핑부터 해본다. 열심히 일하고 계약을 따서 세계시장에 입점하는 것을 머릿속에 그린다. 이것이 가상거래다. 이렇게 생생한 상상을 거듭하면 라스베이거스에 있는 벨라지오 같은 건물이 매수할 대상으로 보인다. 사막 석양에 미소 지으며 금빛 건물을 보게 된다. 아무 때나 웃으면 치료를 받아야 한다고 하겠지만, 비전펀드를 운영하는 소프트뱅크의 손 마사요시는 이런 상상의 거래를 실제로 옮기는 사람이다.

당신은 돈을 구하려고, 우아하게 말하자면, 투자유치를 위해 실리콘밸리에 왔다. 순서에 맞게 발표했고 초조히 결과를 기다리고 있겠지만, 심호흡하고 투자자 파티에 들어가라. 이렇게 생각하면 된다. 내가 지금 누구에게 부탁하려고 온 것이 아니다. 이곳에 있는 기업들 Oracle, Facebook, Qualcomm, Cisco, Intel Corporation……. 이 회사를 사는데 얼마가 들까?

에베레스트 원정과 영업 멘토링

동행으로 배우는 실전 노하우

틈틈이 초보기업을 해외출장에 동행시켜 해외영업 마케팅에 대한 코칭을 했다. 며칠씩 같이 다닌다는 것은 특별한 기회이다. 경영에 대한 고민을 털어놓고 마케팅 전략을 토의할 수 있다. 함께 판촉행사를 하기도 했다. 내 코칭 프로그램의 동행자는 스타트업에서부터 중소기업 대표까지 다양했다. 동행자는 프로의 실전경험을 '압축 속성'으로 배우며 출장 노하우를 엿볼 수 있다고 했다. 이것은 등정 경험이 많은 셰르파가 에베레스트에 도전하는 산악 원정대를 지원하는 방식과 같다.

해외출장 동행, 비즈니스 코칭

화장품 유통을 하는 사십 대 초반의 주 대표는 미용실 두 곳과 뷰티 아카데미를 운영하는 회장(?)이다. 중국 진출을 시도하고 있었다. 멋진 외모에 진지한 모습이 인상적이었는데 그 이상으로 태도가 좋았다. 코칭을 하면 반드시 감사하다고 인사를 했고 솔직히 털어놓고 의견을 구했다. 돕고 싶은 생각이 들었다. 그의 소망은 뷰티 한류가 뜨고 있는 시기를 놓치지 않고 세계시장에 진출하는 것이다.

중국 광저우에서 진행하는 창업연수 프로그램에 주 대표를 초대했다. 멘토링 목표는 다음과 같았다.

1. 세계최대 생활용품 전시회인 켄텀페어를 참관하고 전시회전략과 활용팁을 전수한다.
2. 중국 광저우의 섬유, 패션, 화장품 용기 부자재 시장을 탐방하고 외부조달(Out Sourcing)을 익히게 한다.
3. 거래하고 있는 바이어를 소개하여 해외영업의 사례를 볼 수 있게 한다.

국내에서는 시간에 쫓겨 시계를 보면서 상담할 수밖에 없었다. 그러나 한국을 떠나 며칠을 함께 다니니 멘토링 효과는 컸다. 3박 4일 동행을 마치고 그는 귀국했다. 내가 중국의 다른 도시로 이동할 때 주 대표의 문자가 왔다.

"대표님, 이번 코칭을 통해 글로벌 무대로 나가기 위해서 어떤 준비를 해야 하는지 확실하게 알았습니다. 감사합니다."

제12장

선발 이상 지키는
마무리 투구,
영업 팔로우업

감사의 속도가 행운을 부른다.

방문하면 초청해라.

영업은 추적하고 연결하여 목표를 달성하는 것이다.

유리한 홈경기에서 사업의 진수를 보여다오.

선발 이상으로 성과를 굳히는 마무리 투구가 중요하다.

이기는 후속조치,
스리랑카 리포트

해외영업,
연락하고 추적하고 연결하는 것

상담은 본선이지만 또 다른 시작에 불과하다. 성과를 담기 위해서는 사후관리를 해야 한다. 후속조치야말로 진정한 일의 시작이다. 이것을 시스템화해야 한다.

귀국 후 사무실로 돌아와서 출장보고서를 작성했다. 출장 메모를 하루하루 기록했고 현장처리를 통해 회사에 보고했기 때문에 팀원들은 출장내용을 알고 있었다. 출장을 다녀오면 즉시 필요한 견본을 보낸다. 인허가 취득을 위한 행정처리를 한다. 이런 후속조치 역시도 고객과 영업 대상자에게 동시적으로 전달한다. 한 기업 대표는 해외상담회에서 만난 바이어와 골프까지 치고 왔는데 왜 주문이 없느냐고 물었다. 그래서 다음과 같이 물었다.

귀국 후 삼일 안에 전화하거나 메일을 보냈는가?
귀국 후 일주일 안에 견본을 보냈는가?
새로운 제품이 출시되면 알리고 견본을 보내주고 있는가?
SNS를 활용하여 개인 소식도 주고받는 관계를 만들었는가?

그는 현지에서 잠재고객(바이어, 파트너)과 즐겁게 지냈지만, 귀국 이후 아무런 조처를 하지 않았다. 주문은 골프 라운딩으로 받는 것이 아니다. 후속조치가 없으면 애써 했던 영업이 일상에 묻히고 만다. 상대는 나를 잊고 노력은 헛수고가 되는 것이다. 상대에게 집중해야 한다. 해외 활동의 결과는 바로 나오지 않는다. 단기적인 판매에 목메지 말고 규칙적으로 연락하고 신상품이 나오면 보내고 자사의 소식을 규칙적으로 알려야 한다.

(1) 인터시티 호텔에서 한국을 방문한 스리랑카 국회의원인 마라시하(가명) 씨 일행과 조찬을 했다. 그는 자국 국회에서 전력, 재생에너지 위원회를 담당하고 있다. 스리랑카가 공표한 국가계획 2030 태양광사업에 관심이 있어 그를 초청한 주관사에 만나게 해달라고 부탁했다. 구글링을 해 보니 마라시하 의원은 정계로 들어온 공학박사라는 것을 알았다. 페이스북에도 그의 포스트 몇 편이 있어 '좋아요'를 눌렀다. 며칠 후 의원 일행과 충북에 있는 태양광 패널회사를 방문했다. 이때 찍은 사진을 메신저를 통해 그에게 전달했다. 그리고 클라우드에 저장한 영문 회사소개서를 꺼내어 전송했다. 그 속에는 회사의 수출과 투자유치 활동이 정리되어 있다.

의원은 기념품으로 스리랑카 생강차를 주었다. 그 나라에 생강이 유명하다고 했다. 나의 답례는 한국의 대표 에너지 드링크라고 할 수 있는 박카스와 비타 500 두 상자였다. 120mL짜리 10병이 한 상자에 담긴 자양음료 가격은 저렴하지만, 그 부피는 티백으로 된 생강차보다 10배 이상 크다. 오랜 세월 한국인의 사랑을 받았던 그 개성 있고 강력한 맛이 한국을 기억하게 할 것이다.

의원 일행이 출국한 이후 태양광 설비를 제작하는 고객 회사와 통화했다. 그동안 그 회사의 필리핀과 아랍에미리트 진출을 지원했다. 고객이 스리랑카 시장 진출을 원한다면 스리랑카의 현역 의원을 소개할 수 있게 되었다. 내년도 콜롬보에서 열리는 태양광 전시회 일정을 카톡으로 보내주었다. 이 시간, 의원 일행은 고국으로 돌아가는 9시간 비행을 시작했을 것이다. 나는 페이스북을 열어 메시지를 남겼다.

"Mr. Senator. It was an honor to meet you. I hope to see you again. Thanks."

(2) 그로부터 넉 달 후에 스리랑카 수도인 콜롬보를 방문했다. 묵고 있는 호텔로 위원이 찾아왔다. 나는 현지 기업을 만나고 있었다. 현지 진출을 탐색하는 외국인에게 현역 의원의 명함은 힘을 발휘했다. 우리 일행을 맞는 태도가 사뭇 진지하다. 첫 방문자이지만 쉬운 상대로 보이지 않을 것이다. 해외에서는 사업 위험을 예방하는 휴먼네트워크가 필요하다. 시장 정보를 공유하고, 조언을 받을 수 있는 사람이 있어야 한다.

(3) 27년 동안의 내전은 스리랑카 경제를 망가뜨렸다. 스리랑카는 한, 아세안에도 들어가 있지도 않고 한국의 주요 거래국도 아니다. 먼저 통상통계를 살폈다. 통계를 통해 경쟁국과 경쟁사를 파악할 수 있다. 그러나 한국과 거래가 적어서 관세청에서 운영하는 '수출입통계'에도 데이터가 빈약했다. 그래서 다른 경로인 국제무역센터(the International Trade Centre)가 운영하는 'TRADE MAP'을 통해 스리랑카가 거래하는 통계를 확보했다. 이 정보는 내가 싸워야 하는 전략적 상대를 명확하게 했다. 중국, 인도, 일본 기업이 전력기자재 시장을 점유하고 있었다. 전력설비를 수입하는 현지회사 정보를 확보했다. 다음 단계는 공급하는 가격을 알아내야 한다. 프로젝트의 담당에게 거래제안을 보내도록 했다.

Dear B●l● Group,

I am I●y Cao, from HD Trading in South Korea.

We work as a global marketing agency for Korean SMEs. The attached file is the product I would like to introduce to you today. Please kindly read the attached catalog in details, and you will be having more knowledge about it.

If you are interested in this product, or you have any questions further, please
  feel free to contact us.

Looking forward to hearing back from you.

Thank you! Have a great day.

Sincerely

I●y Cao

Assistant Manager

Marketing Department, HD Trading

⑷ 업무를 대행할 수 있는 현지인을 확보하는 것이 중요했다. 현지인
후보자 몇 사람을 만났고 그 가운데 한 사람을 선택했다. 'TRADE MAP'에
서 찾은 수입자정보를 전해주고 방문세일을 하도록 했다. 이것이 신규시
장을 개척하는 조치들이다. 해외프로젝트에는 관계자, 목표 대상자와 나
누는 교신량이 엄청나다. 사업의 기초를 잡는 시장조사, 현지 협력네트워
크, 시스템구축에 시간과 노력, 비용과 열정이 들어간다.

하노이에서 온 메일,
'Unforgettable'

행운을 부르는
감사의 속도

　　　　　　　그날도 코엑스에서 열린 Venture-Startup Festival을 마치고 남산 소월길에 있는 식당을 빌렸다. 행사에 참여한 외국 바이어, 파트너 전원과 관계자, 협력사 모두를 초청했다. 여러 나라 사람이 어울려 마시고 춤추며 하루 저녁을 즐겁게 지냈다. 이후 며칠이 흘렀고 일상으로 돌아와 일 속에 묻혀 지내고 있었는데 'Unforgettable'이라고 표제를 단 메일이 와있었다. 그날 참석한 베트남인 ●● 딘 씨가 보낸 감사 메일이었다.

Dear Mr. Daehoon Kang,

It was my great pleasure to meet you in Seoul, Korea at the Venture-Startup Festival, especially at the unforgettable Dinner Party for Global Buyers and Friendship Night for Gate of Asia organized by HD TRADING COMPANY.

I would like to extend my sincerest and most grateful thanks for your warm hospitality and perfect arrangement for the meetings in Seoul, Korea. Thru the meetings, I found some potential business partners and products that we could go further for the deals and I hope we will get the fruitful goals soon. I personally hope to set up a close relationship with you so that we could have more potential and benefit business chances in the near future with other Korean partners at your kind arrangement.

Thinking for myself that all of what you have contributed is not only a useful bridge for my company but also bringing the new vision for all other participants. Once again, thank you very much for all arrangements to us and please, kindly send my best regards

to all other organizers and individuals who have welcomed all of us during our visit and
stay in Seoul, Korea. I would like to keep in touch closely and hope to see you all
again in the soonest time,

Sincerest and best regards,

N N ●inh
President & CEO
Hanoi, Vietnam

감사를 전하는 속도와 내용을 보면 그 수준을 알 수가 있다. 괜찮은 친구라는 생각이 들었다. 마침 회사가 주관하는 다른 상담회가 있어 그를 초청했다. 바이어 초청에는 항공과 숙박 비용을 제공한다. 감사 메일 한 통으로 그는 다시 한국으로 오게 되었다. 나에게만 이렇게 하는 것이 아닐 것이다. 그는 환대에 감사를 표현했고 감사를 통해 세상을 열고 있었다. 감사에는 힘이 있다.

몇 년 후, 하노이에서 그날 소월길의 딘을 만났다. 그가 한국에 올 때마다 술에 취하게 한 것을 갚아 주려는 것인지 점심부터 와인 한 병씩을 비우게 했다. 그러다가 자신이 먼저 취해서 형님(brother)! 세상에는 돈보다 소중한 것이 있다는 둥 횡설수설했다. 이 낮술로 음주 발동이 걸렸다. 그날 다른 일정에서도 반주를 곁들이게 되었고 밤까지 마시게 되었다. 그런데 호주머니에 지갑이 보이지 않았다. 새벽 두 시가 넘는 시각, 호텔에서 돌아와서 국제전화로 카드사에 분실을 알렸다. 수화기에서 한국어가 들렸다. "카드는 어디에서 분실하셨나요?" 그런데 생각나지 않았다. 도대체 어느 곳에서 잃어버렸는지?

유리한 홈경기,
가면 부르는 초청전략

현해탄을 넘는 길, 환대

한류바람이 일본 열도를 강타했을 때 한방약제로 비누와 샴푸를 만드는 동문 선배가 있었다. 그는 판매 부진에 죽겠다고 만날 때마다 한자리에서 소주 두세 병을 비웠다. 그 모습에 마음을 흔들었다. 그 비누 몇 장을 사서 지인들에게 나누어 주었는데 '괜찮다.'라고 했다. '수출을 해 볼까?' 하는 생각이 들었다. 해외시장 진출을 위해서는 국내시장 반응을 보아야 한다. 서울 명동과 인사동, 대구 약령시장에 있는 관광기념품 상점을 찾아갔다. 그때도 여러 번 찾아가고 여러 번 거절당했지만 몇 집을 발굴했다. 비누를 상자 단위로 맡기고 매장에 진열했다. 그런데 내국인은 거들떠보지 않는 상품을 외국인은 꾸준히 사는 것이 아닌가? 이 반응에 약간의 자신이 생겨 코트라 후쿠오카 무역관에 바이어 발굴을 요청했다. 일본에는 시세이도, 가네보, 카오 같은 굴지의 화장품기업이 있어서 시장개척이 어렵다는 답변을 받았다. 그러나 내 생각은 달랐다. 한류열풍이 기회를 줄 것 같았다.

지금도 무엇인가 풀리지 않을 때는 현장을 간다. 그리고 직접 한다.

부산으로 내려갔다. 여객선을 타고 후쿠오카에 갔다. 이 노선은 한국 일본을 잇는 저렴한 방법이다. 하카타 항에 내려 버스를 타고 두 시간 정도 달려 온천 휴양지인 유후인에 닿았다. 그곳을 일본 세일의 보기로 삼은 것이다. 온천 상가에서는 많은 목욕용품이 팔리고 있었다. 비누도 있었다. 상점 한 곳 한 곳 다니면서 스포츠 가방 불룩이 가져간 견본을 나누어 주었다. 상점 주인, 대부분은 불쑥 찾아온 이방인의 상담을 거절했다. 내

일본어도 어색했을 것이다. 그렇지만 가운데 한 곳, 검은 셔츠를 입은 삼십 대 후반 남자가 견본을 놓고 가도 좋다고 했다.

유휴인에서 후쿠오카로 돌아왔다. 다음날, 나의 요청을 거절한 무역관을 찾아갔다. 무역관은 직접 찾아간 사람을 돌려보내지는 못했다. 바이어가 될 수 있다고 소개한 분이 한방 제약사를 경영하는 키무로 여사였다. 그녀는 약사로서 여러 매스컴에서 활동하는 명사였다. 한류제품이 유명한 약국에서 판매된다면 홍보 효과는 클 것이다. 여사는 고맙게도 가지고 간 견본을 진지하게 검토해 주었다. 이후 우리는 성분 분석, 각종 인증과 데이터 같은 것을 팩스를 주고받았다. 두툼한 노란색 전화번호부 한 권이 넘는 분량이 되었다. 비누 장사도 로마 장군, 카이사르식으로 행동할 수 있다.

'갔다! 만났다! 다음은?'

'부른다.'

여사를 한국에 초대했다. 그녀의 첫 방문이 유익하도록 세심한 준비를 했다. 당연히 고객사에 동행하여 상담했다. 서울에 있는 '한방건강 TV'를 방문했다. 여사는 한방(韓方) 전문 채널이 있다는 것에 놀라워했다. 또한 '허준 기념사업회'에서 '일본 한방의 현황'이라는 강연을 하시도록 했다. "항생제 사용량은 매년 늘지만, 환자 수는 줄지 않고 있다. 부작용이 적은 한방이 대안이다."라는 내용이었다. 여사는 자신을 위해 강연을 만든 것도, 강연장에 걸린 현수막에도 감동했다. 다음날 점심, 블로그 친구인 스티븐이 찾아와서 점심을 샀다. 우리는 따뜻한 햇볕을 맞으며 명동 쪽으로 산책했다. 이후 후생성의 인허가는 여사가 운영하는 회사에서 진행했다. 그 길을 타고 한국의 한방제품이 일본열도에 선을 보였다.

홈경기의 즐거운 프로그램

초청 매뉴얼과 실내 야구장

수출과 해외시장 진출은 기본적으로 나라 사이의 거래이다. 많은 기업이 내 제품, 내 기술이 얼마나 우수한지 설명하면서 끝없이 구매자를 찾아다니지만, 대부분 경기는 그곳에서 끝이 난다. 세상에 유일무이한 것은 많지 않다. 어떤 제품도 대체재가 있다. 제품은 생산 시설, 성분 안전, 디자인, 노동 존중, 환경 태도까지 상품 가치가 된다. 구매 의사가 있는 바이어는 수입 전에 제조사의 생산 시설을 확인하러 온다. 구매자 방문을 계기로 구체적으로 자신의 가치를 알리는 계기로 삼아야 한다. 방문자를 위한 매뉴얼을 만들어 놓으면 누가 와도 당황하지 않는다. 공항에서부터 회사, 숙박, 채식주의자를 위한 식탁, 소고기와 돼지고기에 금기가 있는 힌두교도와 무슬림을 위한 식당, 하루 이틀의 관광 프로그램, 증정 선물, 환영 현수막 등이다.

회사뿐만이 아니라 가동시설과 판매현장까지 보여주면 좋다. 이것이 내 상품과 서비스의 현지 적용을 돕는다. 기업 마케팅을 지원하는 통상진흥원, 테크노파크 같은 기관 관계자가 배석하면 한국정부의 지원을 받는 우수한 기업이라는 인상을 준다. 바이어를 위한 만찬에는 협력사를 초청하여 함께 즐긴다.

소매가 아닌 대량의 무역거래는 누구도 처음 만난 사람과 거래하지 않는다. 수출상담회, 시장개척단, 전시회는 판매가 아니라 사업의 기회로 생각해야 한다. 상담을 해보면, 상품과 나에 대해 호감 여부를 느낄 수 있다. 관심을 보이면 적극적으로 초대하자. 국외로 가서 영업하면 아무래도 주도권이 떨어진다. 바이어가 한국에 오면 자신의 관계 자원을 총동원해서 깊은 인상을 줄 수 있다. 구매자 초대는 필승을 위한 홈경기다.

타이완 백화점 벤더인 왕 선생이 방한했다. 타이완에서 야구는 인기 있는 국민 스포츠이다. 저녁식사를 하면서 이런저런 이야기를 하는데, 그가 소년시절 야구를 했다고 했다. 그래서 식사 후, 실내야구 연습장에 가서 맥주 내기를 하기로 했다. 연습장에서는 만 원에 코인 20개를 준다. 우리는 회사직원들과 어울려 백회 이상의 타격 연습을 하고 승부를 겨루었다. 그러나 둘만의 결승에서 그는 방망이를 들지 못했다. 연습회수를 부추기는 것에 넘어가 그가 몸살이 난 것이다. 왕 선생은 '코리아(Korea)' 하면 아직도 그 연습장이 떠오른다고 한다.

두 번 이상 상담을 이어왔다면 다음 단계는 구체적인 제안을 한다. 협상에는 압박도 필요하다. 세 번 정도 만나는 단계에서 협력의향서(MOU)를 맺는다. 함께 프로젝트에 집중하자는 의식이다. MOU 이후, 주문을 요청하거나 시범설치를 하도록 한다.

외국 손님을 맞이하는 한국적인 유쾌함은 무엇일까?
실내야구장에서 타이완 왕 선생은 뻗었다.

해외영업의 베이스캠프, 현지 거점확보

현지에 정착한 프로에게 도움을 청하자

한국에서도 사업장으로 옮기는 것은 만만치 많다. 하물며 해외사업에서 생각하지도 못한 변수에 재정은 멍이 든다. 해외진출을 위해서는 현지에 정착하고 성공한 선배의 안내를 받는 것이 현명하다. 현지 지도를 받은 이후에 합작하고 투자해도 늦지 않다. 수출기업을 돕는 조직으로는 해외민간네트워크, 세계한인무역협회(OKTA), 세계한인벤처네트워크(INKE), 해외한인경제인협동조합(OK Netwoks) 같은 단체가 있다.

동남아, 대양주, 일본에서 사업을 하는 21개 교민 기업의 '해외민간네트워크' 워크숍이 자카르타 뮬리아 호텔에서 열렸다. 미국, 일본, 유럽, 중국 등 세계 곳곳에는 분야별 컨설팅회사(Agency)들이 있다. 이들 에이전시는 현지에서 산업정보를 수집하고 인적자원을 확보하여 사업자원을 공급한다. 이런 민간 기업은 시간이 갈수록 현지에 밀착되고 전문성이 심화된다. 그래서 삼사 년 일하고 새로운 근무지로 보직을 옮기는 정부기관과는 차이가 있다. 우리는 전체 프로그램에 이어 호텔 수영장 테이블로 자리를 옮겨 조별 토론이 이어갔다. 우리 조의 토론자는 아세안 국가에서 무역과 기술거래를 운영하는 분들이었다.

- 베트남에서는 LG의 인도차이나 본부장, 케냐, 이란 지사장을 역임하고 방송 통신 장비 진출을 지원하는 기업 대표
- 삼성물산 출신으로 에너지 프로젝트 입찰 전문가
- 공군 출신으로 방어 방호 장비를 수출하는 회사 사장

- 말레이시아 에이젠시는 대한전선의 쿠알라룸푸르 지점장을 역임한 사람
- 인도네시아에서는 의료장비와 IT 시스템을 수출하는 회사 경영자
- 일본에서는 아시아와 미국 기업에 일본 진출 컨설팅을 하는 젊고 아름다운 한국계 일본인 여성 경영자
- 캄보디아에서는 무슬림 시장 전문가
- 호주에서는 항공우주공학을 전공한 통신기업 솔루션을 다루는 경영자
- 필리핀에서는 화학제품을 판매하는 젊은 사업가

우리는 공식일정을 마치고 자카르타 시내의 한국식당에서 못다 한 이야기들을 나누었다. 저녁 밥값은 말레이시아 정부를 대상으로 전력 플랜트와 하수처리시스템을 수출하는 'PDS Global sdn.Bhd' 홍병철 사장께서 내셨다. 홍 사장께서는 현역 시절, 제일제당 임원으로서 홍콩과 미주에 근무했다. 뵐 때마다 자상한 집안 아저씨, 큰 형님 같은 정이 느껴진다. 워크숍을 통해 평소 존경하던 선배와 동료를 만나게 되었다. 이분들은 이역만리, 불모지대에서 십 년, 이십 년, 삼십 년 이상 싸우고 겪어내며 생존한 사업가이다. 해외진출을 희망하는 기업은 현지에 정착한 교민 사업가를 멘토로 모시고 배우자.

Odyssey 6

사업의 질적인 변화,
Welcome to my world

3 · 3 · 3 전략,
3년 차에 열리는 글로벌 네트워크

고대로마는 오늘날에 보아도 손색이

없는 글로벌경영을 했다. 군사력을 통해서 속주를 만들고 식민지를 개척했지만, 문화적 다양성을 인정하고 포용하면서 제국을 넓혔다. 세계시장 진출을 위해서는 벤처기업도 해외에 지사를 만들거나 현지 법인을 설립한다. 그러나 제국도 아니고 대기업도 아닌 작은 기업이 어떻게 해외 조직을 만들 수 있을까?

해외사업을 만들려면 지구촌의 주요한 도시를 친숙한 생활권으로 만들어야 한다. 그동안 거래를 위한 여행에서는 한 도시를 세 번 이상 방문을 했다. 세 번 방문하는 동안 한 도시에서 세 곳 이상 다른 채널의 인적 네트워크를 확보하려고 했다. 이렇게 해야 하나의 채널, 몇몇 유력자에게만 의지하지 않게 된다. 사업의 안전과 위험 분산을 위한 전략이었다. 한 사람도 한 장소에서 세 번 이상 만나면 기억시킬 수 있다. 한 제품에 영업도 세 가지 방법을 찾는다. 이것이 나의 해외전략 3·3·3이다. 이 전략을 익히면 당신의 해외사업은 튼튼해진다. 마닐라에서 열린 그린에너지 전시회에 참가하면서 3·3·3을 구현했다.

1. 필리핀 상공회의소를 방문하여 회장을 예방했다.(기관, 사업협조 당부)

2. ASI ACRES를 만났다. EPC 기업인 ASIACREST와는 전시회 기간 나흘 동안 3번 이상 집중적으로 접촉했다.(협상 대상자)

3. JCI 회원인 존슨 올리버와 그 친구들을 만났다.(개인 네트워크)

위와 같이 한 행사를 기점으로 세 채널을 확보했다. ASIACREST는 신재생에너지를 중심으로 태양광, 풍력, 수력, 조력, 바이오매스, 지열 및 폐기물 사업을 하는 EPC(Engineering, Procurement & Construction) 기업이다. 전시회 동안 그들 부스에 찾아갔고 우리 전시관으로 불렀다. 식사 초대를 했다. 마닐라에 가면 다시 만날 수 있다. 이렇게 세 번 이상을 만나면서 후속조치(Follow Up)를 하면, 당신의 비즈니스 지능은 진화한다. 영업 과정을 분석하고 개선하면 회사 마케팅은 강해진다. 만났던 사람을 통해 인맥이 확장된다.

한 나라의 시장을 개척하려면 적어도 3년 이상은 집중하고 밀어붙인다. 이렇게 한 지역, 한 이벤트, 한 기업을 3회 이상 공략하면 해외영업에 힘이 붙는다. 현지정보와 콘텐츠가 튼실해지며 위험은 분산된다. 세 번 해도 안 되는 일은 과정을 개선하고 다시 시도한다. 도시 지도를 펼치고 그동안 정성을 들인 친구, 거래처, 협력사의 위치를 표기해보자. 이것에 주소를 달고 기업명, 품목을 표기하면 사업을 만드는 지도가 입체적으로 펼쳐진다. 이 시스템을 타고 비즈니스가 운행된다. 세계시장의 벽이 높아도 그 벽을 타고 오르는 등나무 같은 견실한 인연들이 사업을 돕는 회로가 된다. 영업의 성과는 대부분이 단계에서 터진다. 거래는 늦어질 수도 있지만 이렇게 만든 인연은 개척한 사람이 누리는 자산이 된다.

싱가포르에서 호텔체인과 거래하는 알프레도는 수출상담회를 통해 사귄 친구이다. 그와도 한 번의 기회에도 세 번 이상 마주치려 했다. 상담회 이후 나이트에 초대했고 막걸리를 마셨다. 세 번을 만났고 다시 만나 발주를 받았다. 지난해 대학에 다니는 조카가 싱가포르에 어학연수를 갔다. 알프레도가 조카를 찾아와 밥을 사고 구경을 시켜주고 조카와 같은 또래의 딸을 소개했다.

그동안 지구촌에서 열심히 일한 당신, 이제는 낯선 도시에서 혼술족처럼 지내지 않아도 된다. 공항에 내리면 누군가가 마중을 오고 호텔로 찾아온다. 친구가 있고 브라더(Brother)가 있다. 당신이 만든 세계, 글로벌 네트워크가 생긴 것이다.

제13장

당신은 대표선수,
몰입과 성장

프로는 입원해도 병실에서 영업을 한다.

4차 산업혁명시대, 영업에 정년은 없다.

영업은 개인기가 아니다. 시스템이다.

체질이 아니어도 영업은 할 수 있다.

명함 한 장으로 시작하는 관계, 성장하는 인맥 나무를 키우자.

한 장의 명함을 받기 위해서

지속성장을 위한 인맥시스템

만나면 기록한다.

기록을 연결한다.

연결을 통해 순환을 지속한다.(발신하고 수신한다.)

직무 관련 강연에 직원과 동행했다.

그는 강의가 끝나자 "저는 이만 가보아도 되겠습니까?"라며 썰물처럼 빠지는 청중과 함께 자리를 떴다. 그러나 나는 아직 할 일이 있었다. 강연에 온 목적은 강의내용을 청취하는 것도 있지만, 강사를 인적자산으로 확보하려는 것이었다. 사람이 나가는 시간을 기다려 강사에게 다가가 인사를 하고 명함을 교환했다. 강사도 자리를 떠났다. 나는 그곳, 강당 복도에서 스마트폰으로 명함을 입력하고 그 번호를 통해 문자를 보냈다.

"선생님 강연은 유익했습니다. 고맙습니다."

이 메시지와 함께 강사의 사진을 첨부하여 보냈다. 이 사진은 강연 사이에 스마트폰으로 찍은 것이다. 사람들은 자신이 활동하는 모습을 보내주면 좋아한다. 강연이나 세미나, 상담회는 새로운 인적자원을 확보할 기회다. 영업의 시작은 명함을 받는 것이다. 사업은 사람으로 시작되고 사람으로 완성된다. 우리는 행사에 참여하고 많은 사람을 만난다. 행사 후 그냥 집으로 가는 사람과 만난 인연을 성실히 관리하는 것은 사업 생태의 차원을 다르게 한다.

고 대표는 저명한 분이다. 두 개의 회사를 경영한다. 전국 단위의 학회도 운영한다. 대학의 겸임교수로서 강의하고 많은 세미나에 초청받는다. 투자 상담회와 전시회도 빠뜨리지 않아 출장도 적지 않다. 이분과 수차례 해외출장에 동행하면서 그의 일상을 보게 되었다. 그는 눈 떠서 이빨을 닦기 전부터 일을 시작하여 잘 때가 돼서야 일을 놓는 세븐일레븐(7-11)형 사업가이다. 늘 스마트폰에 눈을 붙이고 문자로 업무 지시를 하고 전화를 하고 자료를 보낸다. 하루하루가 성실하고 치열해서 존경심이 든다. 그런데 하루는 이런 말을 했다.

"사람을 너무 많이 만나니까 누가 누구인지 모르겠어요."

어느 날 그의 사무실을 방문하게 되었다. 정리하지 않은 명함이 책상 이쪽저쪽에 수북이 쌓여있었다.

"따로 명함 관리할 시간이 없어요."

안타까운 일이다. 사람을 만난다는 것은 시간과 돈을 들인 투자행위였다. 그러나 관리하지 않으면 자신의 인맥, 회사의 자산이 되지 않는다. 인맥은 따로 시간을 확보하여 관리하지 않으면 날아간다.

회사에는 직접 받은 수 천장의 명함이 있다. 원본은 상자에서 피라미드 속 미라처럼 보관되고 있다. 이 한 장 한 장을 만났던 이유, 업종, 국가별로 분류하여 필요할 시점에 부활시키면 영업은 힘을 발휘한다. 해외로 출장을 간다면 그동안 국내외 상담회, 콘퍼런스, 전시회에서 만났던 사람들 명단을 출력하여 현지에 다녀오는 길에 만날 수 있다.

생활용품을 제조하는 회사가 아프리카로 시장을 확대하고 싶어했다. 그 회사 대표는 탄자니아에 출장 계획이 있다고 했다. 회사 인명록을 검색하니 탄자니아 명함이 나왔다. 4년 전에 나이로비의 파라다이스 호텔 아침 식탁에서 만난 사람이었는데, 다르에스살람(Dares Salaam)에 오면 들리라는 메모가 있었다. 영업한다면 적어도 한 달에 하루는 한 달 동안 받았던 명함을 살펴야 한다. 중요하다 싶은 관련자에게 전화하고 분기에 한 번 메시지나 메일을 보내 기억을 유지한다.

오늘은 내가 강연자가 되었다. 제습기를 만드는 회사 임원이 다가와서 인사를 하고 명함을 주었다. 삼사십 명을 대상으로 강의하면, 이 가운데 네다섯 명이 와서 명함을 교환한다. 인연을 소중히 여기는 사람, 만난 사람을 놓치지 않는 사람, 결국 이분들이 사업을 한다.

Odyssey 2
병실에서도 영업은 한다

병원에서 만난 환우(患友),
베트남인 박사

직업선수에게는 때와 장소가 따로 없다. 이번 여름에 예상치 못한 사고가 생겼다. 수술을 받고 열흘 동안 입원 치료를 받았다. 전신마취에서 깨어나고 나흘 동안은 배뇨가 되지 않아 지독히 불편했다. 통증에 잠도 잘 수 없었다. 나흘이 지나자 조금씩 기력이 회복되어 병실 복도를 걷는 것으로 환자 운동을 시작했다. 하루는 복도에서 낯선 언어가 들렸다. 다리에 부목을 한 중년 남자의 통화 소리였다. 크지 않은 병실을 한 바퀴 더 돌아 와보니 그 외국인은 아직도 그 자리에 있었다.

"어쩌다 다치셨나요?"

"어느 나라에서 오셨어요?"

"한국에서 무슨 일을 하고 있습니까?"

그는 대전의 한 국책연구소에서 일하고 있는 베트남 국적의 차우 박사였다. 그 당시 나는 선박용 용접기계에 대한 파트너 발굴에 대한 용역을 받았기 때문에 관련 네트워크가 필요했다. 호찌민 코트라, 베트남 상공회의소, 해외민간네트워크, 호찌민 대학 관계자와 알고 지냈지만, 위탁받은 일은 현지정보에 기술적인 지식이 있어야 가능한 사업이었다. 다음 날에도 병원 복도를 산책하는데 한 무리의 베트남인이 차우 박사를 문병하고 있었다. 그들에게 반갑게 인사를 하며 베트남의 아름다운 자연을 찬양했다. 그리고 함께 사진을 찍자고 했다.

우리가 처음 만난 날, 나는 차우박사에게 바로 들이대지 않았다. 병실 복도를 걷는 동안 얼굴을 익혔으며 두 번째로 복도를 돌 때 인사를 했다. 세 번째 만남에서는 사진을 찍었고 명함을 받아 페이스북으로 연결했다.

이후 영업 프로세스를 가동하여 구체적으로 후속처리를 했다. 클라우드에 저장한 회사소개서를 꺼내어 함께 찍은 사진을 박사에게 전송했다. 이것은 예약과 번거로운 소속 끝에 비행기를 타고 하노이에 내려 호텔에서 상담하는 것을 축약한 것과 같다. 병원 영업으로 비즈니스 비용을 거의 제로에 수렴시켰다.

나에게 들어온 문병용 음료수를 가지고 그의 병실을 찾았다. 같은 병원에 같은 처지의 환자라서 마음을 나누는 것에 어려움이 없었다. 퇴원

이후에 차우 박사의 연구실에 찾아갔다. 그는 베트남 출생으로 독일에서 학위를 하고 한국에서 프로젝트를 하고 있었다. 이런저런 이야기를 들으니 그를 이해할 수 있었다. 다음 날, 차우 박사를 통해 인도차이나 시장을 연결하는 베트남인 코디네이터를 소개받았다.

4차 산업혁명, 영업에 정년 없다

지속해서 일하는 기술

4차 산업혁명의 본질은 노동의 소멸이다. 인공지능이 사물인터넷으로 연결된 빅데이터를 처리한다. 과거 천명, 만 명 단위로 일하던 자동차 공장이 스마트 공장으로 전환하면 공장에 노동은 사라진다. 그동안 나는 몇 번, 몇 개의 펀드에 가입해 보았다. 이십 년이 넘는 투자기간을 정리해 보면 내가 거래했던 증권사의 주식 매니저들은 은행 이상의 수익을 내지 못했다. 아니 손실을 낸 펀드가 더 많아 '돈' 전문가라고 했던 사람을 믿은 것이 바보짓이 되었다. 그래도 그 사람들은 고객손실로도 자신의 수수료를 가져갔으니 이상한 게임에 말려든 것이다. 이런 엉터리없는 주식 브로커는 인공지능(AI)으로 대체된다.

미래에 세 가지 분야에서 사람은 유효할 것 같다.

죽음을 다루는 종교인과 자신들에게 유리하게 법을 만들 수 있는 정치인과 영업직이다. 비즈니스는 사람이 한다. 영업 비즈니스에 절대적인 나이란 없다. 소프트뱅크의 손 마사요시, 일론 머스크는 10대에 사업을 시작해서 부자가 되었지만, 65살에 사업을 다시시작하여 KFC를 일군 커넬

할랜드 샌더스 같은 노익장도 적지 않다.

산업용 펌프를 제조하는 G 사는 퇴직자 S 씨를 비상근 고문으로 채용하였다. S 고문은 현역 시절 외국기업에서 영업을 했다. 그는 산업 동향에 밝았으며 해외기업에서 오는 문의를 즉시 처리했다. 협력 사업을 운영하는 솜씨도 남달랐다. 수행사의 보고를 받고 점검하고 보완을 요구하면서 프로젝트를 다듬어 갔다. S 고문의 공헌으로 내수로 시작했던 이 회사는 수출에 활기가 돈다. 최근, 정유 플랜트를 제작하는 말레이시아 회사로부터 조인트벤처 설립 제안을 받았다.

일본의 JEPIA는 마쓰시타, 소니, 도시바 같은 대기업과 거래하는 전자제품수입사가 구성한 단체이다. 이 단체의 나카가미 회장은 올해 78살이다. 일본개발학회장을 겸하며 스타트업에 투자를 하는 엔젤캐피탈을 운영한다. 그는 전철을 타고 오카치마치 역으로 와서, 나와 사케 한 한 병을 비웠다. 동행한 오노 국장도 74살이다. 그는 자신이 차고 있는 금박 넥타이핀을 보여주었다. 핀 안에는 반도체가 내장되어 있다. 삼성전자가 반도체 개발을 할 때, 자신이 150명 이상의 일본 기술자를 파견했다고 말했다. 그 공로로 이병철 삼성 회장에게서 받는 것이라고 자랑했다.

오노 씨의 이력은 다음과 같다.

- 반도체 전문상사 ㈜실리콘테크놀로지 고문(창업~현재)
- 다수의 반도체 관련 벤처기업 창업지원
- 일본 전자 기계 공업회(EIAJ)(1992~1996)
- EIAJ/UCOM에서 미일 반도체 협정 일본 측 사무 담당

이처럼 한 분야에 정통한 사람에게 정년은 없다. 이들은 퇴역했지만, 다른 현역으로 일한다. 오노 씨를 대구에서 열린 모바일 기술전에서 초대

했다. 그는 한·일 투자전략에 대해 강의했다. 오노 씨를 통해 삶의 비즈니스를 배울 수 있었다. 자신이 몸담았던 부분을 지식으로 만들고 같은 시대에 일했던 사람을 네트워크로 자산화했다. 그 자산을 기업에 제공하여 사회에 이바지한다. 이분들에게 영업은 전문성을 바탕으로 하는 차원 높은 인생 경영이다. 오카치마치 역에서 헤어지는데 그들은 오십이 넘은 나를 보고 '젊고 좋은 나이'라고 했다.

Odyssey 4
지금의 당신, 영업하기 딱 좋은 나이

노인같은 청년과 청년 노인,
나이는 숫자에 불과

겨울 러시아 출장, 블라디보스토크였다. 아침 식사를 하러 PRIMORYE 호텔 식당으로 내려왔는데 동양인으로 보이는 중년부인들이 보였다. 두 사람 다 작은 체구에 고운 인상이었다. 외진 곳으로 관광을 왔다고 생각했지만, 패키지여행으로 보기에는 다른 일행이 없었다. 한국어로 말하는 부인들에 호기심이 생겨 인사를 했다. 한 분은 건설용 중장비, 다른 한 분은 가구 영업을 위해 왔다고 했다. 시베리아 시장을 개척하기 위해 몇 년, 몇 번째 도전하고 있다고 했다. 동토(冬土)의 거친 도시에서 아담한 체구로 분투하는 중년 여성들에 감동했다.

강의를 하면 앞줄에 앉은 몇몇 사람이 무슨 좋은 아이템이 없겠는가? 하고 진지하게 묻는다. 그런 사업은 자신이 찾아야 한다. 가끔 강의 중독자를 만난다. 그들은 많은 세월, 세상의 모든 것을 배우려 하지만, 사업은 실행에 있다. 창업은 가지 않았던 길을 가는 것이다.

　많은 연수생 가운데 현지를 조사하고 거래를 시도하는 사람은 소수였다. 핵심으로 가지 않고 주변만 빙빙 도는 사업자도 있었다. 캐나다에서 유학하고 돌아온 삼십 대 청년이 창업강좌를 수강했다. 동대문 시장에서 의류를 구매해서 옥션이나 G마켓에 올려 파는 셀러였다. 그는 인터넷시장의 박한 중간이윤에 불만이 많았다. 이것을 돌파하려면 생산을 직접 하든지, 세상에서 가장 싼 곳을 찾고 원산지에서 구매해야 한다. 동대문 시장같이 영향력 있는 마켓에 제품을 공급할 수도 있도록 글로벌 채널을 확보해야 한다. 인터넷 단타 같은 것만 하지 말고 중국 도매시장이나 일본의 복장시장 정도는 살펴볼 것을 권했다. 그 사이에 그는 발리로 신혼여행을 다녀왔다. 그 지역은 직무와 아무 관련이 없었다. 나 같으면 일 반절, 허니문 반절 섞어서 복장시장이 있는 광저우나 밀라노 같은 패션도시에서 미래를 그렸을 것이다. 그는 이후에도 생업과 관련된 여행은 하지 않았다. 직업과 삶이 연결되지 않은 것이다.

　젊다고 다 청년은 아니다.

　나이가 많지만 팔팔하게 뛰는 청년도 있다.

　광저우에는 세계최대의 복장시장이 있다. 이 도시로 날아가는 OZ 369에서 좌석 복도를 사이에 두고 76세 김선화 할머니(손주가 있어 할머니)를 만났다. 김 대표는 20년 전 칠레에 이민 갔고, 옷 장사를 시작했다. 서울 평화시장에서 의류를 구매하고 일 년에 서너 번 정도 경쟁력 있는 제품을 찾으러 중국에 간다. 김 대표가 도매로 구매하는 액수는 한 해에 십만 불 정도이지만, 이것들을 산티아고(Santiago) 매장에 가져다 놓으면 이십만 달러 이상의 가치로 변환한다.

　이 차액으로 칠레와 한국, 중국을 잇는 구매와 판매망을 만들고 현지인 5명과 즐겁게 사업을 꾸려간다고 했다. 노년이지만 팔팔한 여사님은 생업의 경로를 찾아 자신의 실크로드를 개척했다. 행복한 돈보다 소중한 것이 있다는데 김 대표의 사례가 그것이다. 자녀는 장성했고 손자 손녀들도 잘 크고 있지만, 자기 일을 발견하고 지속하는 것은 행복한 것이다. 학생창업, 청년창업, 중년과 할머니 사업……. 나이는 숫자에 불과하다.

학력사회 돌파,
세상의 스승과 고수에게 배우자

흙수저와 실사구시(實事求是)

한국과학기술대학(KAIST)에서 특강을 했다. 한국의 과학기술을 대표하는 대학에서 입주 기업의 해외진출을 돕게 되어 기뻤다.

세상은 학교 밖에 있다. 글로벌 마케터 양성과정

한 국립대학에서는 학점 강의를 맡았다. 나는 대학강단에 설 것이라고 생각하지 않았다. 소년 시절 책 읽기는 좋아했어도 주어진 것을 외고 정답을 골라내는 공부에는 가치를 느끼지 못했기 때문이다. 학력은 대학을 졸업한 것으로 충분하다고 생각했다. 이력서의 자격증을 넣는 칸에 운전면허밖에는 적을 것이 없어 난감한 적이 있었지만, 직무와 관련된 협회나 기관에서는 위원으로 초빙되었다. 다품목 수출자였기 때문이었다. 최고위급 위원회 활동도 있었다. 그곳을 채우는 사람은 국내외 유명 대학에서 학위를 했거나 고위관직이나 국회의원이었거나 세계적인 기업에서 중역을 역임한 분이었다. 그러나 나는 박사가 수두룩한 대덕밸리에서 대학 졸업장만을 가지고 활동했다. 시장정보와 마케팅 전략을 제공하는 컨설팅을 하면서도 불편함은 없었다. 세계시장을 개척하고 수출마케팅 회사를 경영하면서 오랫동안 민생의 바닥, 산업현장, 수출 전선에서 해외시장 전문가가 되었기 때문이었다. 호기심과 열정은 많은 품목과 여러 산업을 넘나들었게 했다. 그렇게 획득한 시장의 경험과 지식, 지구촌 네트워크는 삶의 자산이 되었다.

섬유유연제를 생산하는 기업이 해외시장 진출에 대한 자문을 요청했다. 집에 돌아와서 9시 저녁뉴스를 마친 지금, 서재 컴퓨터로 검색을 시작했다. 퇴근 후 제2부의 일을 시작하는 것이다. 사무실에서는 진행하는 프로젝트를 검토하고 찾아오는 손님을 맞고 협력사를 방문하는 것에 하루가 간다. 방해받지 않는 시간을 만들 방법이 없다. 그래서 혼자만의 서재에서 작업을 한다. 나는 인터넷으로 공업용 소프트너, 가정용 세제를 찾아보고 대표적 브랜드 몇 개를 머리에 넣었다. 이어서 한국과 세계시장 현황, 글로벌 경쟁구도를 살펴보고 있다. 이것은 팀과 일의 방향을 정하기 위한 사전 작업이다. 팀장은 팀원에게 일을 주기 전에 먼저 파악해야 한다. 조사를 마친 후에는 시장에 나가 관련 제품을 살핀다. 내일은 퇴근하는 길에 수입 섬유유연제를 판매하는 코스트코에 들르려 한다. 이 같은 조사, 제품 대조, 시장 파악은 국내에서도 해외출장에서도 지속하는 일이다. 오랫동안 퇴근 후, 제2부의 작업을 지속했다. 업무 중에 포착한 정황과 메모를 보며 자료를 찾고 검색하고 관련 도서를 읽으면 자정이 넘는다. 퇴근하고 과외로 평균 세 시간 정도 더 일한 것 같다. 이렇게 일 년, 이 년, 삼 년, 십 년…… 서재의 2부는 생활이 되었다.

한때 학력위조로 한국사회를 떠들썩하게 했던 사건들은 당사자와 우리 모두를 불행하게 만들었다. 세상을 속이며 사는 것은 불편하지만, 학력으로만 평가하는 사회도 병든 것이다. 머리털이 빠지도록 공부한 사람의 노고는 인정받아야 하지만, 그 학식으로 무슨 일을 했는가? 어떤 이바지를 했는지?를 물어야 한다. 평가의 기준은 단선적일 수 없다. 그동안의 성공과 실패, 성과를 다면적으로 반영해야 한다. 고시 같은 한 번의 시험, 학위만으로 인재를 뽑고 학벌로 사람을 재는 사회는 강호의 실력자를 사회 안으로 받아올 수 없다. 현대그룹 창업자 정주영 회장이 경영학과를 나온 것은 아니고 테레사 수녀가 사회복지학을 전공한 것도 아니다.

한 단체의 한국지부가 주최한 국제대회에 참가했다. 귀빈 축사가 이어지는데 사회자가 이들 학력을 나열하는 것을 보고 실소를 금치 못했다. 시장, 국회의원이라면 그 자체가 명예일 텐데 출신대학과 외국에서 공부한 학교명을 일일이 거명했다. 그 장면은 아직도 한국사회가 학력 열등감에 시달린다는 것을 방증하는 것이다.

수출 최전선은 세계적 기업이 즐비한 격전장이다. 그 전장에서 나에게 학력을 묻는 사람은 없었다. 학위와 학벌의 의미도 없었다. 남녀 차이도 없다. 나이도 아니다. 실력만이 드러난다. 나는 무역통상학과 출신은 아니지만 수출을 했고, 대기업 종합상사가 아니었지만 수백 가지 상품을 세계시장에 보냈다.

2002년 노벨화학상 수상자인 시마즈제작소 다나카 고이치 주임은 대학졸업자이다. 왜 석·박사를 하지 않았느냐고 묻는 기자에게 "실험을 하는데 대학 때 배운 것만으로도 충분하다."라고 했다. 해외시장 진출은 그 자체가 MBA(Master of Business Administration) 과정이다. 오늘 밤 학력 때문에, 학벌 때문에 속상한 사람이 있다면 기죽을 것 없다고 말할 수 있다. 장벽을 돌파하는 것은 불편과 위험을 감수하며 도전하는 것이다.

마흔 후반에 대학원에 진학하게 되었다. 가방끈을 늘리려는 것이 아니었다. 회사가 있는 지방에 창업대학원이 생겼고 그곳은 장학금을 지원하는 국책대학원이었다. 야간과정이었기 때문에 일하면서 다닐 수도 있었다. 무엇보다 '수출마케팅'을 하면서 해외에 있는 여러 사업을 보았고, 그 창업생태가 궁금했기 때문이었다. 나는 '해외창업'이라는 용어가 생소했던 시절에 '해외창업프로그램'을 만들고 운영한 사람이었다.

늦깎이 공부로 얻은 것은 기술창업이라는 개념이었다. 담당교수가 권하는 참고도서는 도움이 되었다. 4학기 동안, 고래처럼 마신 술만큼 우정을 나눌 동기가 생겼다. 그러나 강단에서보다 시장에서 더 많은 것을 배우게 되었다. 현장을 모르고 실무경험이 없는 이가 높은 자리에 오르면 조직을 위태롭게 한다. 교육을 많이 받았어도 자신의 궁리가 없으면 산업계에서는 거추장스러운 뿔이 된다. 실업(實業)을 하는 사람이 학교냐 현장이냐를 묻는다면 세계시장에 도전하는 실전이 우선이라고 한다.

학력사회를 돌파하는 법
(1) 읽어라! 길이 열린다

직무 관련서적 10권을 시작으로 해서 30권을 넘기고 100권 이상 읽는다. 어떤 MBA 과정도 참고서적은 100권을 넘지 않는다. 형편상 일하면서 읽는다면 한 달에 세 권, 3년 치 양이다. 3년이면 새로운 영역을 개척할 수 있는 지식이 쌓인다.

⑵ 최고의 고수에게 배운다

세상에는 최고가 있다. 현장에도, 책에도 유튜브에도 최고는 있다. 지금 내 형편이 어찌 되었든 기준점은 최고이다. 영업을 통해 바이어를 찾고, 상품을 구매하게 하며 지속화하는 것이 마케팅이다. 나는 마케팅에 대해 딱히 배운 적이 없다. 멘토도 없었다. 그래서 우선 마케팅 거장인 데이비드 오길비, 앨 리스, 잭 트라우트의 책을 읽기 시작했다. 경쟁이 격심한 소비재 시장에서 100년 이상 마케팅 최정상을 유지하고 있는 기업, Johnson & Johnson과 Procter & Gamble과 같은 회사 홈페이지에 나와 있는 자료와 동영상을 탐색했다. 무술 수련자가 다른 문파의 도장을 깨며 실력을 확인하듯 글로벌 최고 기업의 마케팅 자료를 읽었다. 이 기업들의 홍보 동영상을 몇십 편씩 보니 무엇인가가 움틀 걸렸다. 100편을 넘기니 머릿속이 달라졌고 300편 이상에서는 마케팅의 맥락에 닿는 듯한 느낌이 들었다. 이것들은 세계시장 탐방을 이어가는 회로에 연결되었다. 내 교사는 전설의 그루들과 100년 이상 최정상을 고수하고 있는 기업의 마케팅 천재들이다.

⑶ 현장을 장악해라!

현장은 상품이 고객과 만나는 곳이며 경쟁사와 맞붙는 격전장이다.

현장은 경쟁사와 관련사가 전투를 벌이는 전장이다. 이곳에 답이 있다. 현장을 귀신처럼 알아야 한다. 세상에는 매장을 휙 둘러보아도 미래 트렌드를 예측하고 맛만 보아도 제조 성분을 알아내는 사람들이 있다.

⑷ 일한 것을 기록하라!

충무공은 전쟁을 기록했다. 난중일기는 수려한 초서로 썼지만, 졸음에 겨워 흩어진 글씨도 보인다. 장군은 기록을 통해 성찰했고 기록을 통해 승리했다. 기록이 모이면 콘텐츠가 되고, 콘텐츠가 스토리를 만들며 이것이 마케터의 자산이 된다.

⑸ 실적! 프로의 기준이다

성공만이 실적이 아니다. 실적은 도전으로 얻는다. 지난번보다 개선했다면 실패도 실적이다. 새로운 길을 찾았다면 그것도 실적! 최선을 다했다면 실패도 기록하자.

⑹ 스스로 학습하고 공부하는 방법을 찾아야 한다

산업사회 지식이 4차산업 혁명시대를 이끌 수 없다. 지금까지의 사고방식, 제도 교육, 학교 시스템은 무너질 것이다. 실리콘밸리에서는 '탈(脫)학습(Unlearning)'이 화두다. 지금까지의 방식과 지식을 잊고 새로운 방식과 기술을 받아들여야 한다는 주장이다. 기술창업을 하려면 피터 틸의 저서를 읽어야 한다. 피터 틸은 세계 최초 전자결제 페이팔의 공동창업자이며, 스페이스엑스의 창업자 일론 머스크, 유튜브의 공동 창업자 채드 헐리와 스티브 챈, 링크드인을 만든 리드 호프먼 등 실리콘밸리를 움직이는 '페이팔 마피아'의 '대부(代父)'로 알려진 사람이다. 피터틸이 운영하는 틸 펠로십은 대학을 포기하고 창업을 선택하면 창업자금 10만 달러를 지원한다. 단, 조건은 20세 이하, 2년간 대학 가지 말 것! 오길비도, 빌 게이츠도, 스티브 잡스도 중퇴한 사람이다. 때 묻지 않는 순수한 '골(창의력)'을 원하는 것이다. 그는 인터넷보다 못한 대학은 쓸모가 없다고 주장한다. 학교 교육을 많이 받은 사람, 제도 속에 오래 있었던 사람은 자신도 모르게 익숙한 알고리즘대로 생각하고 행동한다. 4차 혁명시대에 그것은 철이 지나는 산업 사회의 유물인데 말이다.

⑺ 전공? 분류와 분야에 얽매이지 않는다

창업기업을 평가하는 심사위원으로 위촉받을 때가 있다.

심사를 받는 스타트업은 치열한 경쟁을 한다. 등수에 들면 지원금을 받고 해외에 IR(Investor Relations) 할 기회가 오기 때문이다. 일반적으로 너덧 명의 위원들이 창업자의 역량을 평가한다. 심사위원 대부분은 학력과 전공을 보고 관련 학위에 있으면 가점을 준다. 그러나 나는 이런 요소에 관심이 없다.

유튜브에 올려있는 ㈜셀트리온 서정진 회장의 강연(인천경영포럼, 2016)을 몇 차례 돌려 보았다. 그 영상을 볼 때마다 감동한다.

서정진 회장은 약학, 의학사업은 바이오 관련 박사가 한다는 통념을 깨뜨린 사람이다. 그는 전공이 얽매이지 말라고 한다. 전공보다는 정통한 사람이 필요하다. 서 회장은 건국대학교 산업공학과를 졸업하고 같은 대학에서 경영학 석사 학위를 받았다. 그것이 학력 전부다. 삼성전기, 한국생산성본부, 대우자동차를 거치면서 일했지만, IMF 외환위기에 백수가 되었다. 그는 몇 달을 놀면서 미래를 탐색했는데, 세계 제약 시장 규모가 1,000조가 된다는 것을 알고, 바이오사업에 투신하기로 했다. 그는 의학, 생물학, 화학을 전공하지 않았지만, 해당 분야 최고 전문가를 찾아 가르침을 청하고 독학을 통해 제약과 의학계 전반을 파악했다. 시체 14구를 구매하고 해부했다. 한국 제약 바이오의 신기원을 연 셀트리온은 처가에서 투자한 5,000만 원이 그 시작이었다. 서 회장은 인천 송도에서 20년 남짓한 시간에 셀트리온을 세계적 경쟁력을 갖춘 제약바이오기업으로 키웠다. 이 공로로 충북대학교는 명예약학박사 학위를 수여했다. 우상숭배란 자신의 실력 없이 타자가 만든 지위를 추앙하는 것이다. 세상의 장르를 열고 시장을 개척하는 사람에게 전공, 자격증, 학위 같은 것은 부차적이다.

서 회장은 흙수저 자수성가형 사업가로서 수저 논쟁 속에 있는 한국 사회에 뜻하는 바가 많다. 명동 사채 시장에서 신체포기 각서를 쓰고 돈을 빌린 적이 있고, 삶이 힘들어 자살 시도를 한 적도 있다고 한다.

"사업은 일생을 투자하는 것이다. 사업은 목숨을 걸고 하는 것이다. 그렇지 않고서야 어떻게 세계적인 경쟁력을 갖춘 기업을 만들 수 있겠는 가?"라고 말한다.

그의 현장형 영업은 전설처럼 전해지고 있다.

'한국도 약을 만드는가?' 하고 질문하던 시절, 회장인 그는 유럽의 대형병원에 직접 약 세일을 다녔다. 직원들이 시도했지만 성사시키지 못했기 때문이다. 서 회장은 대형병원의 간호사실을 방문했다. 간호사 한 사람 한 사람에게 인사하고, 환자의 링거를 잡아주고, 침대도 밀어주고, 시트 포를 갈았다. 이 모습을 본 간호사들이 마음을 열고 셀트리온이 생산한 제품에 대해 호감이 있는 의사와 의구심을 품은 의사를 알려 주었다. 적대적인 의사에게는 구체적으로 실험실, 동물실험, 임상 데이터를 제공하며 논리적으로 설득했다. 그리고 병원장을 만나 담판을 지었다. 대한민국의 바이오시밀러 수출은 이렇게 이루어졌다. 셀트리온 그룹의 시가총액은 65조 원에 이르렀다(2018년). 코로나19로 인해 셀트리온은 백신을 개발하는 회사로써 세계적인 주목을 받고 있다.

프로페셔널과 아마추어, 몰입의 차이

실크로드, 직무의 아름다움

사무실에 있으면 국내외 없이 손님이 찾아온다. 방문자가 없는 날이면 현장을 방문한다. 출장도 잦다. 생활은 불규칙해질 수밖에 없었다. 집에 들어가는 시간이 늦고 새벽시간에 공항에 갈 때도 많다. 토요일, 일요일도 특별한 것이 아니다. 쉬는 날에도 직무와 연결된 활동이 많다. 그래서 무엇을 제대로 배워본 적이 없고 특별한 취미도 없게 되었다. 골프도 치지 않는다. 퇴직 후 소망은 한가롭게 일주일에 두 번 정도 평생교육원 같은 곳에서 취미강좌를 듣는 것이다. 작가 무라카미 류는 『무취미의 권유』라는 책에서 "모든 것에 돈을 받는 나에게 특별히 시간을 내어서 다루는 별다른 취미가 없다."라고 했다. 공감한다. 프로에게는 일과 노는 것에 구분이 없다. 자기계발 같은 것도 따로 하지 않는다. 생활은 직무와 관련되어 있다. 존 트라볼타가 주연했던 영화 〈Saturday Night Fever〉에 주말이면 디스코텍에서 춤추는 토니가 나온다. 나는 토니에게 전업댄서가 될 것을 권한다. 어떤 일에도 파트타이머로서는 경지에 닿을 수는 없다.

지향이 다르면 라이프 스타일이 달라진다. 세계시장 진출은 국경을 넘는 거래이다. 국경을 넘는 서비스, 기술, 상품은 어떤 것도 세계 선수권 대회에 출전하는 것과 같다. 지구적 경쟁으로 들어가는 것이다. 당신을 기다리는 곳은 유혈이 낭자한 전장이다. 두루마리 화장지부터 맥주, 자동차, 선박, 스마트폰까지 경쟁력이 없는 것은 선택을 받지 못하고 최고가 아닌 것은 도태된다. 해외영업과 마케팅은 세상의 강자와 붙어 싸우는 전투이다.

주말에 부산에서 쾌속선 코비를 타고 대마도에 다녀왔다. 선내에는 바다낚시꾼, 역사 탐방객, 가족 단위의 관광객이 행복한 항해를 즐기고 있었다. 나도 여행객이었지만 192톤 선체에 222명을 태우고 수면 30cm 떠서 83km/h의 속도를 내게 하는 엔진에 집중했다. 이 배에 달린 두 세트 가스터빈은 항공기를 제작하는 보잉사가 만든 것이다. 엔진은 바다를 달리며 선창이 터질 듯 힘찬 소리를 내고 있었다. 그 엔진이 RPM에 따라 어떤 소리가 나는지? 구동음에 주의를 기울였다. 승무원에게 그동안 이 엔진에 무슨 이상이 있었는지? 물었다. 선박 제작사로부터 자문을 요청받은 때이어서 관심을 놓지 않고 있었던 것이다. 보잉은 항공, 선박뿐 아니라 우주선도 제작한다. 현대자동차는 자체 개발한 엔진을 사용하고 있다. 현대 · 기아그룹이 쾌속선 코비 같은 선박, 항공, 우주선 엔진 회사를 인수했다면 새로운 시장을 열었을 것이다. 이런 생각이 전략이다. 나의 상상은 고객을 돕는다.

혼자 있는 것을 좋아한다. 잘 나서지 않는다. 이른바 영업 체질이 아니다. 그러나 영업을 했다. 억지 습관이 아니라 시스템을 만들면 영업을 할 수 있다고 생각한다. 일을 시작하고 지금까지 기계부품, ICT, 바이오, 농식품, 건축재, 화학소재를 다루었다. 스타트업, 벤처, 중견, 대기업, 지자체, 정부부서를 고객으로 일했다. 이런 일은 혼자할 수 없다. 동료와 시스템을 만들어 조직이 하는 것이다.

성과는 특별한 재주보다는 불편함을 감수하는 성실에서 나온다. 감정에는 기복이, 사업에는 부침이 있다. 현업에 있으면서 팔자 편한 사업가를 보지 못했다. 그러나 일은 꾸준히 하는 것이다. 우울을 다스리고 불안 속에서도 지탱하는 것이다. 지속과 집중은 평범한 삶을 귀하게 만든다. 수고로움을 통해 세상은 이로워진다. 우리가 하는 일, 직업(職業)은 베틀로 옷감을 짜는 직업(織業)과 같다. 실크로드에 있는 어느 사막 마을에서 양탄자를 짜는 작업을 지켜보았다. 한 올을 건너뛰고 베를 짜는 방법은 없었다. 벽 걸게 한 장 완성하는데 20년, 30년도 더 걸렸다고 했다. 엄숙하고 아름다웠다.

제14장

당신을 노리는
해외사업의 저격수

사업의 적은 무지와 두려움이다.

빚과 협박의 무간지옥에서 빠져나오지 못한 사업자가 있다.

알지 못하는 분야에서 벌이는 사업은 인생을 늪에 빠트리게 한다.

절벽에서 노래하는 아름다운 세인렌, 테러와 납치도 당신을 노린다.

현란한 유혹에서 사업을 지키는 것은 조사하고 확인하며 원칙 중심으로 거래하는 것이다.

해외영업의 그림자, 불안과 고독

야간 비행과 닭발수프

처음 만나는 사람과 거래를 위해 열 시간 이상을 날아왔다. 그러나 이 도시에 혈연, 학연, 종교… 아무 인연이 없다. 모르는 문자로 씌어 진 거리 표지판이 생경한데, 『이방인』에서 뮈르소가 살인을 저지른 그날처럼 태양은 강렬했다. 상담은 마쳤지만 바이어는 다음 일정을 말해주지 않았다. 이 출장으로 계약은 할 수 있을까? 이번 달 실적으로 다음 달 회사를 돌릴 수 있을지? 불안이 엄습한다. 지난달 선적한 상품에 이상은 없을지? 걱정이 숨 속에 들어온다.

부산에서 선적한 화물이 적도를 지나 부에노스아이레스까지 가는 데 45일이 걸린다. 해외항구에서는 상상도 못 하는 일들이 발생했다. 냉동 컨테이너에 전기가 들어오지 않아 얼린 제품이 죽이 되어 버렸다. 열대(熱帶)를 지나는 화물선의 철제 컨테이너가 달아올라 안에 있는 파우치가 터져 모든 상품을 소각해야 했다. 해외에 있는 물류창고가 회사와 관계없는 사건으로 압류되었다. 압류된 제품은 유통기간이 지나버렸고 분쟁에 휘말렸다. 이런 사건이 터지면 수출자로서 소송당하고 배상하고, 처리를 위한 스트레스에 몸과 마음은 걸레가 된다.

처음 들어온 도시에서 몇 시간 동안 차량 이동을 했기 때문에 허기가 졌다. 거리에서 눈에 보이는 식당에 들어갔다. 여기까지 오면서 먹은 것이라고는 난기류에 시달리면서 하늘에서 먹다 만 빵이 오늘 식사의 전부였다.

"맥주부터 주세요."

종업원 대답이 돌아왔다.

"술은 없어요."

아, 이곳은 무슬림의 나라이지. 그래도 술 비슷한 것을 달라고 했다. 잠시 후 간장에 콜라를 탄 것 같은 음료가 나왔는데 맛과 향이 오묘했다. 비리기도 하고 달기도 한 것에 적응이 어려웠다. 식단표가 있었다. 그러나 이 나라 글을 읽을 수 없었다. 몇 가지 언어로 먹고 싶은 것을 말해 보았지만 통하지 않았다. 할 수 없이 카지노에서 룰렛을 돌리듯 그림 없는 메뉴를 찍었다. 잠시 후, 닭발수프와 배추절임이 올려진 덮밥이 나왔다. 국에 불어버린 닭발껍질이 괴기해 보였다. 몇 점 먹다가 그만 수저를 놓았다. 탑승시간에 쫓겨 공항에서 고추장과 소주를 사지 못한 것이, 분할 정도가 되었다. 그러나 식사를 그만둔 이유가 입에 맞지 않은 음식에 있었던 것만은 아니었다. 피로에 심란한 생각이 목에 걸렸기 때문이었다.

황해를 건너 중국으로 가는 화물선에서, 시모노세키와 도쿄를 잇는 신간선에서, 어둠이 내린 네바다 내륙을 달리는 버스에서도 혼자였다. 난간을 잡고 바다를 볼 때도, 어둠 속 차창에 비친 모습도 막막한 표정의 한 사람이었다. 나는 신분이 보장되는 공무원도, 출장비와 팀의 지원을 받는 대기업 직원도 아니었다. 밤이면 만나게 되는 낯선 객실, 침묵의 공간에 있는 흰색 시트에 마음이 시렸다.

가끔 생택쥐베리의 『야간비행』을 읽는다. 야간항로 개척을 위해 칠흑같은 하늘을 나는 조종사와 동체수리공, 항로감독관의 이야기다. 하늘은 고요하지만, 폭풍우로 비행체를 앗아 버리기도 한다. 이들은 비정한 자연과 투쟁하고 실패하며 묵묵히 나아간다. 모래처럼 건조한 그들 이야기가 아름다운 것은 자신의 일, 하늘길을 여는 것에 목숨을 걸기 때문이다.

1971년 산레모가요제에서 니콜라 디 바리가 불렀던 Il Cuore E Uno Zingaro 〈내 마음의 집시〉라는 노래가 있다. 지금도 그 노래가 나오면 소주 한 병을 비운다.

"Nada Avevo una ferita in fondo al cuore, Soffrivo, soffrivo Le dissi non e niente, ma mentivo, Piangevo, piangevo⋯." (마음 깊은 곳에 상처를 입었습니다. 슬프고 슬펐답니다. 당신에게는 아무것도 아니라고 말했지만 거짓말이었어요. 울고 울었습니다.)

시장개척으로 만난 세상은 경이로웠지만, 해외사업은 예측하기 어려웠다. 해외시장으로 가는 사람은 자신의 상품과 서비스를 자국의 울타리 밖으로 쳐내야 하며 시시포스 같은 여로로 걷는다. 시장개척은 행복한 일이 있었지만, 시행착오와 실패가 몇 번의 성과를 바닥으로 떨어뜨렸다.

외로운 사람의 치명적인 적은 불안이다. 두려움에 휩싸이면 아무것도 할 수 없다. 낯선 시장에 도전하는 사람은 나침판과 시계, 육감만으로 밤하늘을 날아야 하는 비행사와 같다. 기체가 불시착한다면 모든 것을 스스로 해결해야 한다. 관제탑과 멀어졌고 본부와 교신도 끊어졌다. 비용과 위험 감수는 난파한 당신 몫이다. 스스로에 묻고 판단하고 행동할 수밖에 없다. 영업이라는 것은 몸을 도구로 삼는다는 것이다. 여러 도시에서, 많은 이들에게 거절당했고, 마르고 정 없는 거리를 걸었다. 귀국은 무거운 일이 되었지만, 이방인에게 준 제안서와 견본으로 사업을 만들어야 했다.

해외사업가가
귀국하지 못하는 이유

빚과 무간지옥(無間地獄)

김 사장과 함께 있는 공항 대기실은 발 디딜 틈이 없었다. 아이슬란드 화산 폭발로 모스크바에서 출항하는 항공기들이 결항하였기 때문에 이 변방의 공항으로 사람들이 몰리는 까닭이다. 김 사장은 대출받은 자금을 상환해야 하는 압박에 시달리고 있다. 40년 동안 사업을 하고 국제기준에 맞는 GMP 공장을 완공했지만, 그만큼 대출을 받고 빚이 늘었다. 수출기업으로써 성장한 것은 정부의 지원 덕분이었지만, 수십 명을 고용하며 세금을 내고 정작 자신의 가계는 엉망이 되었다. 회사에 매출이 줄면 사장, 본인은 벼랑으로 간다. 중소기업의 이번 달 매출은 다음 달 회사경영에 사용된다. 귀국을 앞둔 이 60대 남자는 경영의 고달픔을 숨기지 못했다. 사업은 하나를 해결하면 또 다른 문제를 이겨내야 하는 긴 전투이다. 기술개발을 하고 나면 설비를 늘려야 하고, 새로운 인력을 보충해야 한다. 돈이 또 필요하고 다시 비용이 들어간다. 얼마 후에 인천행 탑승이 시작된다는 표식이 떴다. 캄차카 상공을 지나면서 맞게 되는 난기류에 동체는 또 얼마나 흔들릴까.

사업은 동토에 불어대는 거친 바람 속에 있다. 북경에서, 알마티에서 또 다른 지구촌 도시에서 돌아오지 못하고 있는 사업가는 한두 사람이 아니다. 그들이 원하지 않는 체류와 더는 지탱할 수 없는 사업을 계속하는 이유는 빚 때문이다. 소망을 위해서가 아니라, 빚을 갚기 위해 사업을 한다. 주재국에서 채무소송의 당사자가 되거나 임금을 체납하면 출국이 금지된다. 이것을 푸는 것은 매출을 만들어 빚을 갚거나, 새로운 빚을 만들어 그전의 빚을 갚는 것이다. 그 빚 돌리기를 하다 보면 무리를 하게 되고 그 무리수가 심지어 그 경계를 넘는다. 이것을 예감하는 사람은 모든 것을 던지고 군사분계선을 넘는 사람처럼 야반도주한다. 어느 나라이든지 창업보다 어려운 것은 사업을 정리하는 '청산'이다. 오늘날 한류 확산에는 교민 사업가의 수고와 희생이 절대적이었다. 해외 사업자에게는 한국의 수출보험같이 파산을 대비한 정책이나 제도의 수혜가 없다. 낯선 환경에서 벌리는 사업에는 특별한 강단과 지혜, 행운이 필요하다. 해외 사업가가 어려움에 닥쳐 회사청산을 못 하면 고국에 돌아오지 못하고 그 나라에 갇히게 된다. 대한민국 경제영토를 넓히는 해외교포 사업자에 대한 지원제도가 필요하다.

비상사태, 식중독과 뇌졸중, 심근경색

자카르타 육회, 문제는 날고기였다

한국의 환경 플랜트기업들을 인도네시아에 연결하고 있었다. 한국 측 코디네이터인 장 박사와 한·인도네시아 상담을 마치고 자카르타의 한 식당에서 뒤풀이했다. 호텔로 돌아온 밤 시각, 사무국으로 사용하는 객실 1605호에서 평가회를 했다. 그런데 장 박사는 배가 아프다며 자신의 방으로 올라갔다. 평소 건강하고 성실한 사람인데 하던 회의를 그만둔 것이 이상했다. 그의 객실로 올라가 보았다. 장 박사는 몸을 부들부들 떨며 시트를 뒤집어쓰고 누워 있었다.

그날의 행사를 마치고 저녁식사가 늦어졌다. 일행 중 누군가가 육회를 시켰다. 갈증에 찬 맥주를 마시며 육회를 먹는데 역한 느낌이 났다. 그래서 나는 소주로 바꾸어 마셨다. 출장 중에 열이나 복통이 나면 비상하게 관찰해야 한다. 맹장 쪽에 통증이 오면 즉시 병원으로 가야 한다. 처치할 수 있는 골든타임을 놓치면, 장이 터져 심각한 후유증에 시달리게 된다. 장 박사와 있으니 회의를 마친 몇몇 사람이 올라왔다. 현지에서 사업하는 김 사장이 '야간에 이 지역 병원을 가면 설익은 인턴들이 아무 약이나 주사해서 산 사람 죽이는 것을 보았다.'라고 말했다. 그는 따뜻한 물에 설탕을 타서 마시면 좋아질 것이라고 했다. 우리는 확신에 찬 그의 처방을 믿을 수밖에 없었다. 설탕물 효과가 있었는지 장 박사는 잠이 들었다.

하루가 주마등처럼 지나갔다. 자정이 넘은 시각, 샤워하고 침대에 누웠는데 아무래도 느낌이 좋지 않았다. 다시 그의 방으로 갔다. 그는 더 고통스러워했다. 얼굴이 백지장같이 창백했다. 즉시 차를 불러 병원으로 직행했다.

달리는 차 안에서 장 박사는 몸을 가누지 못하고 내 무릎으로 털썩 쓰러져 버렸다. 그의 눈은 뒤집혀 나올 것 같이 부었다. 그를 한국으로 돌려보내야 한다. 큰일이 나지 않기를 빌었다. 응급실 의사에게 내가 본 증상과 먹었던 음식을 이야기했다. 간호사가 와서 체온과 혈압을 재고 피를 뽑아 검사실로 보냈다. 의사는 진통제와 진정제를 처방하고 링거를 달았다. 그는 잠이 들었다. 의사는 급성식중독 같다고 했다. 몇 시간 곁에서 간병하는데 그가 죽을병에 걸린 것은 아니라는 생각이 들었다. 그 환자는 자신의 침상에 간호사가 오면 감았던 눈을 겨우 뜨면서 신음처럼 "이쁘네!"라고 했다.

사업을 하다 보면 해외에서 불행한 일이 생기기도 한다. 송 사장은 광통신 중계기를 생산했다. 그는 중국 공장에 갔다가 생선회 대접을 받고 급성 식중독으로 죽었다. 위생을 보장할 수 없는 지역에서, 그것도 여름철에 날음식은 위험하다. 사망 후 임원과 가족이 뭉쳐 회사를 살리려 했지만, 사장의 빈자리를 끝내 메우지 못하고 파산했다. 백여 명 직원은 일자리를 잃었으며 사장 가족의 삶은 무너졌다.

나는 6년 동안 한국무역협회(KITA)의 컨설턴트로서 현장을 누볐던 일이 자랑스럽다. 7만 회원사의 수출지원을 위해 열정을 다했던 현장지원단 동기 열두 가운데 한 분은 폐암으로 고인이 되었고, 한 사람은 뇌졸중으로 쓰러졌으며 또 한 사람은 암과 싸우고 있다. 해외에서 오랫동안 사업을 하면서 받았던 불안, 두려움, 피로 같은 것이 심장에 바늘처럼 꽂혔던 것이다. 올해도 해외에서 사업을 하는 친구 한 사람이 심근경색으로 세상을 떠났다.

나도 걱정이 되었다. 피 검사와 CT, MRI를 찍으며 검진을 했다. 혈당이 기준을 넘고, 높은 수치의 고지혈에 무릎과 손목에 퇴행성 관절염이 진행되고 있었다. 월말이 다가오거나 클레임을 처리할 때는 혈압이 올라 고통받는다.

생명보험의 설계는 사망에 기초한다. 죽는 것은 확실한 것이다. 질병과 사고도 일어나는 일이다. 그래서 단체출장에서는 병원 위치를 눈여겨 놓는다. 찬 맥주, 익히지 않은 음식에 주의한다. 거리 음식을 즐기지만 팔팔 끓인 것을 먹는다. 가방에 지사제, 진통제, 심장약을 챙겨놓는다. 치료 중에는 해외출장을 삼가는 것이 좋다.

한번은 어금니 치료 중에 출장이 잡혔다. 비행기가 울란바토르 상공 24,000피트 위로 올라가는데 갑자기 못으로 치는 강력한 통증이 턱에 왔다. 청양고추 수십 개를 한꺼번에 씹는 것 같았다. 눈물이 핑 돌았다. 머리 전체가 흔들린다.

"아이고 어머니!"

영업 실탄과 비용으로
무너지는 해외사업

죽느냐 사느냐? 햄릿과는 다른 문제

사업초기, 일을 주는 고객은 자동차 부품을 다루는 사람들이었다. 그들은 매출이 천억, 조 단위를 넘는 현대기아그룹의 1차 공급자가 아니었다. 몇백억 매출을 올리는 2차 협력사도 아니었다. 폐차장에서 해체된 부품을 재생품으로 만들어 파는 비품업자였다.

신차를 취급하는 영업사원은 말끔한 양복을 입고 있지만, 중고품을 취급하는 사장은 점퍼를 입고 다닌다. 버려진 자체를 분해하고 부품에 기름을 벗겨내는 일로 그들의 손과 바지에는 기름이 절어있다. 이 재생제품을 수입하는 바이어 역시도 이런 쇳덩어리와 기름 속에 사는 사람들이었다. 나는 호텔 상담을 한 것이 아니었다. 돈을 내고 바이어를 소개받을 수 있는 형편도 아니었다. 비용을 아끼기 위해 직접 시장조사를 하고 구매자를 찾아 나섰다. 자동차가 굴러다니는 도시에는 재생부품을 취급하는 시장이 있다. 캄보디아의 러시안 마켓부터 베트남, 카자흐스탄, 우즈베키스탄 등지의 부품시장을 탐문했다.

방글라데시 수도 다카에는 중고 자동차부품 시장 올드다카가 있다. 인구 일억 육천만 명의 운송을 지탱하는 거대한 재생시장이 구도심에 있다. 한국, 일본, 독일의 폐차장에서 버려진 것들이 돼지 내장처럼 철저하게 해체되어 진열되어 있었다. 이것들은 30만에서 100만 킬로미터까지 달려야 하는 차량에 장착되어 새로운 생명을 얻는다.

중고자동차 부품시장, 방글라데시의 올드다카

자동차 생산국인 한국에는 이 같은 자동차 애프터 마켓(After Market)에 제품을 공급하는 재생공장들이 있다. 나에게 부품을 공급했던 사장은 구속되었다. 당시 법에서는 완성차의 정품정책으로 폐차에서 부품을 빼서 재생하는 것은 불법이고 사용하는 것도 불법이며 유통하는 것도 불법이었다. 그 이후 타이어 영업을 했는데, 중고로 시작한 사업이 중고로 이어져 중고타이어를 취급하게 되었다. 이 분야의 구매시스템은 제품납품을 받고, 6개월 정도 사용하여 안전성이 검증되면 주문한다. 이 제품의 수요자들은 장거리 운행을 하는 버스와 트럭 회사들이었다. 이렇게 재생타이어 영업을 하는데, 시장조사에 반년, 찾아낸 구매자의 마음을 얻는데 반년, 제품 안정성을 검증하는데 반년… 가다가 그만 영업비가 떨어져 버렸다. 출장 자체도 비용 때문에 버거웠다. 영업의 힘은 지갑에서 나오는데 바이어가 저녁을 먹자고 할까 봐 겁부터 났다. 비즈니스 실탄, 돈이 떨어졌으니 기운이 나지 않고 막막해졌다.

무역대행과 중개는 고객위탁으로 해외영업을 한다. 중소기업이 상대할 목표는 의뢰인보다 몇십 배, 몇백 배 큰 곳이다. 그래서 제조기업이 엄두가 나지 않아 나 같은 무역상사를 찾은 것이다. 그러나 빈약한 주머니로 해외기업을 표적 삼아 일하러 갈 때면 큰 회사에 다니는 직원들의 여유로운 모습이 부러웠다. 그날 프랑크푸르트의 한 식당에서 혼자 식사를 하고 있었다. 점심시간에 쏟아져 내려온 도이치뱅크 직원들의 활기찬 모습에 눈이 부셨다. 스테이크와 튀긴 감자가 맛이 없어졌다. 찬 맥주만 들어갔다.

해외영업은 비용과 싸우는 전투이다. 항공, 숙박, 이동, 식대, 관계자 선물, 접대에 비용이 들어간다. 자금이 어려울 때는 내일 밥값을 끌어다 오늘 연료로 사용하는 느낌이 든다. 회사도 개인도 수입보다 지출이 많다면 구원받을 방법이 없다.

들어오는 것 > 나가는 것 = 남는 것이 있다 = 사업을 지속할 수 있다
들어오는 것 < 나가는 것 = 남는 것이 없다 = 빚이 는다 = 망한다

문제는 미래에 대한 투자다. 미래수익을 당겨쓰는 대표적인 행위가 영업비용이다. 영업이 매출을 만든다. 불안한 것은 이 도식도 가정이라는 것이다. 영업은 하지만 당장 판매로 전환된다는 보장이 없다. 주문이 와도 제품 승인과 통관, 검역을 위한 인허가들이 선행되어야 한다. 기업은 숨만 쉬어도 비용이 들어간다. 인건비와 4대보험, 공장가동, 회사운영에 고정적인 지출이 발생한다. 출장은 여기에 또 새로운 비용을 추가하는 것이다.

사장은 비용을 사용하는 데 있어 회삿돈을 쓰는 직원과 차원이 다르다. 매출에 효과가 있다면 몇백 명의 밥값도 지급하지만, 선물용 인삼차도 바이어에게 정확히 전달할 수 있는 수를 가늠한다. 해외영업에 드는 비용을 줄이기 위해서는 출장 전에 최선을 다해 조사해야 한다. 국내에서 할 수 있는 것은 국내에서 처리해버린다. 출장은 불가피한 경우에 선택하는 경영 행위이다. 출장지에서는 최대한으로 활동하고 효용적으로 비용을 지출한다. 고객과는 별 다섯 특급 호텔에 투숙하지만 혼자 가는 출장은

저비용으로 운영한다. 사우나에서 자고, 일인 캡슐 호텔에서도 묵고 민박을 이용한다. 어제까지 묵었던 3급 호텔에서 공항에 가는데 택시보다 버스가 저렴하다면 '걷는 것이 좋아.'라고 말하며 걷는다. 이렇게 캐리어를 끌고 버스정류장까지 걷는데 4~5킬로미터는 일도 아니다.

해외도시에서 특급호텔에 투숙하는 것은 영업에 유리하다. 알려진 장소로 와 달라고 할 수 있으므로 빈궁해 보이지도 않고 상담 시 효율적이다. 제국호텔에서도 묵고 힐튼을 예약한다. 그러나 식사비는 절약한다. 조식 불포함으로 예약을 하고 아침마다 거리에 나가 식당을 찾는다. '거리 음식이 맛있어.'라고 했지만, 머릿속에는 이 호텔 아침식사는 현지식 6끼 비용이라고 계산하고 있었다.

Odyssey 5

현지 경찰, 제복도 믿을 수 없다

한국인 피살과 지프니 투어

업계 선배인 김 사장과 가끔 만났다. 그는 한약재를 수입하는 것으로 무역에 입문했지만, 모직 원단을 수출하면서 바빠졌고 어느 날 소식이 끊겼다. 궁금한 시간이 일 년 하고도 반년이 더 흘렀다. 어느 날 하루, 운전하면서 라디오 뉴스를 듣는데 중국의 한 변방에서 피사체로 발견되었다고 했다. 지금까지 누가 죽였는지 밝혀진 것이 없다. 아마도 거래와 관련된 이유가 있었을 것이다. 대륙의 외진 곳에서 죽음에 이르기까지 그가 겪었을 공포를 생각하면 가슴이 아프다.

혼자서 변을 당하면 대책이 없다. 사람들은 이라크나 파키스탄같이 테러가 잦은 나라에 가면 긴장을 한다. 보안 대책을 마련하고 신변안전에 주의한다. 해적 산업으로 유명한 소말리아 같은 곳은 가려고도 하지 않는다. 그러나 정작 당하는 곳은 현지인 인상은 유순해 보이지만, 얼치기 외국인을 많이 상대하는 타이완, 태국, 필리핀 같은 나라들이다. 택시를 탄 한국인 여성 여행자에 수면제를 탄 음료를 주고 강간한 사건이 타이베이에서 발생했다. 피해자들은 무리 지어 여행했지만, 여자들에게 위험한 것은 밤거리가 아니었고 친절한 택시드라이버였다.

필리핀 산페르난도의 도로변에서 한국인 시체가 발견되었다. 총상을 입었고, 또 한 사람은 손발이 결박된 채로 발견되었다(2016년). 지난 5월에는 장 모, 심 모 목사가 사흘 간격으로 살해되었다. 교민 피살자 가운데 41%가 필리핀에서 발생하고 있다. 2017년 필리핀 앙헬레스에서 한국인 사업가 지 씨에게 충격적인 일이 벌어졌다. 전·현직 경찰이 포함된 범인 일당이 지 씨를 납치해 경찰청 주차장에서 목 졸라 죽이고, 시신을 소각해 화장실에 버린 것이다. 외국에서는 제복도, 경찰도 믿어서는 안 된다.

마닐라에서 열리는 태양광 전시회에 미리 와서 지프니(미군이 사용하고 남긴 군용 트럭을 개조해 만든 차량)를 타고 다니며 시장조사를 했다. 내가 밤늦게 타고 다니는 이런 지프니는 7페소(한국 원으로 200원)이지만 마카티에서 숙소가 있는 파사이까지 택시를 이용한다면 140페소(한국 돈 3,200원) 정도가 된다. 16배 차이다. 비용만으로 지프니를 타는 것은 아니었다. 이 차량을 이용하는 서민들의 행동양식, 이들이 사용하는 휴대전화와 사양들, 이런 것을 확인하는 것이다.

나는 마지막에 하차하는 손님이 되어 지프니 정비소까지 갔다. 그곳에서 중고부품이 들어오는 경로와 가격을 파악했다. 이 정도 해야 자동차 유지보수 시장(After Market)에 대해 구글 검색과 통계를 넘는 생생한 정보를 고객에게 전달 수 있다. 이런 현장에 대한 집착(?)으로 혼자 출장을 다니면서 여러 도시에서 감금, 협박, 픽치기를 당했다. 원인은 현장주의와 몰입, 호기심에 있었다. 누가 보아도 외국인으로 보이는 피부가 허연 사람이 혼자 지프니를 타고 늦은 밤까지 시 외곽, 슬럼가 매장에 들어가는 것은 할 일이 아니다.

Odyssey 6

마닐라 묘지 투어와 마약,
세트업 범죄

쉿, 아직도 호객꾼을 따라가세요?

남자들이 조심할 것이 몇 가지 있다. 당신이 노점에서 테킬라를 마시는 것까지는 사건은 생기지 않는다. 보는 사람이 많기 때문이다. 그러나 인상 좋은 청년이 안내를 한 곳이 으슥한 골목이라면 문제가 된다. 이런 호객꾼은 도발적인 아가씨 사진을 보여주며 후미진 가게로 유인을 한다. 안내받은 업소에서는 여성들이 나체쇼를 하고 있고 출입문은 하나밖에 없다. 당신이 그 가게에서 버드와이저를 마시는 순간, 그 집 독거미에게 딱 걸리는 것이다. 출장지에서 호객꾼을 따라갔다가 폭행과 협박을 당하고 몇백, 몇천만 원씩 털리는 사례는 오늘 밤에도 있다. 섹스와 마약으로 덫을 놓고 함정에 빠뜨려 금품을 빼앗는 '세트업(Set up) 범죄'가 얼간이를 환영하고 있다.

마닐라에서는 공동묘지에서 시비가 붙었다. 장례와 묘지는 산업이다. 죽음 비즈니스를 살피고 싶었다. 이곳 상권을 장악한 화교의 묘지를 보려

304

고 습하고 찬 기운이 드는 시 외곽으로 갔다. 묘지 입구에 있던 사람들은 친절한 태도로 안내를 해주겠다고 했다. 나는 이들 호의를 고마운 마음으로 받아들였다. 묘지 종류는 다양했다. 죽은 자를 위한 빌라부터 개인 무덤을 위한 사당, 귀신을 위한 수영장 등 두 시간 정도 무덤 투어를 마쳤다. 그리고 그만 돌아가려고 할 때 정문에 철문이 닫혔다. 들어갈 때는 보이지 않았던 사람이 몰려들었다. 묘지 안내가 공공시설에 있는 문화 해설사 같은 자원봉사라고 생각했으나, 그들은 막대한(?) 금액을 요구했다. 그동안 지구촌에서 이상한 전투를 겪은 사람으로서 이런 엉터리없는 요구는 자존심이 허락할 수 없었다. 터무니없는 요구를 거부하자 이상한 사람들이 험악한 표정으로 나를 에워 쌌았다.

그날 나는 묘지 구경을 온 유일한 외국인이었다. 해외여행에서 현금을 많이 가지고 다니지는 않지만, 강도들 약 올릴 정도로 적은 금액만을 넣고 다니지도 않는다. 예의 없는 손님을 맞이했을 때, 불청객 일당으로 100달러 정도가 적절하다고 생각한다. 이 정도 금액을 바지 지갑과 셔츠 윗주머니에 나누어 넣는다. 그러나 협박에 눌려 내놓고 싶지는 않았다. 거북이 꾐에 빠져 용궁에 끌려간 토끼(별주부전)가 생각났다. 어떻게 하면 좋을까? 함께 호텔로 가면 세이프티 박스에 들어있는 달러를 줄 수 있다고 할까? 이 무리를 빠져 큰길로 가면 따라오는 두세 명은 처리할 수 있는데······.

지금 생각하면 그 100달러를 줄 걸 그랬다. 그들은 불쾌한 방식으로 하루를 사는 사람이었을 뿐이다. 현지에서는 아슬한 모험을 하지 마시기를 권한다. 현지인과 시비를 피해야 한다. 크거나 작거나 체구를 보고 판단하면 실수를 하게 된다. 총과 실탄은 구하기 쉬운 작업 도구이다. 관계의 기본은 존중이며, 그 태도가 사고를 예방한다. 치안이 확보되지 않은 외곽 여행에는 현지인 동행이 필요하다. 혼자서 낯선 사람을 따라가서 무슨 문제가 생길지 생각할 일이다.

파탄에 이르는 길,
무지(無知)와 무모함

트로이 유적발굴과 하인리히 슐리만

자신이 모르는 분야, 계획서가 없는 프로젝트, 조사 없이 감으로 하는 사업은 판을 주도할 수 없다. 허황한 생각으로 애매한 위치에서 거간꾼에 끌려다니다가 언제 지옥으로 떨어질지 모를 일이다. 지옥을 보았는가? 사업에 망가져 몇 년 낮술을 마셔본 사람은 그 맛을 안다.

(1) 목재업으로 크게 성공한 사장님이 계셨다. 그의 합판 야적장은 영화 자이언트에 나오는 농장처럼 광활했다. 한 시절, 이십 년 이상 계속되었던 건설 호황은 그를 큰 부자로 만들어 주었다. 어느 날 광산을 샀고, 노다지를 캐는 것으로 업종을 바꾸었다. 그러나 금이 나온다는 산에서 돌이 나왔다. 전 재산이 무너지는 것을 견디다 못한 그의 심장은 터져 고인이 되었다. 누가 그 사업을 권했다고 했는데 자신이 모르는 분야에 뛰어든 것이다.

(2) 인도네시아 바닷가에 엄청난 양의 규석이 있어 사업에 뛰어들겠다고 광분하는 사람이 자문요청을 했다. 나는 차분하게 물었다.

"모래를 다루었거나 이 업계에서 일해 본 적이 있으신가요?"
"규석의 국제시세와 정제 비용을 계산해 보았습니까?"
"투자에 대한 권리를 법적으로 보장받았습니까?"

그의 어떤 답변도 분명하지 못했다. 그렇지만 그는 투자했다. 돈이 모래 속에 새는 것을 보고서야 그 사업에서 손을 뗐다.

(3) 비가 내리는 오전, 한 통의 전화를 받았다. 러시아 정부가 시베리아에 새로운 철도를 깔면서 지난 궤도를 뜯어내는데, 이것을 사고파는 사업을 하겠다고 했다. 사업 규모는 3,000억 원이 넘는데 권리는 미국 회사가 가지고 있고 구매자는 중국과 대만에 있다. 전직 권력자 인척이 미국 정계를 통해서 이 권리를 양도할 수 있도록 다리를 놓았고, 중국에서도 권력자와 가까운 사람이 이 사업을 돕는다는 것이다. 그는 인생 대박이 될지 모른다는 상상에 흥분해 있었다. 그들이 주고받은 대학 노트 한 권 분량의 메일을 보여 주었다. 발신처는 홍콩이었고 위임을 요구하는 곳은 대만이었다. 그런데 사업의 본질이라고 할 수 있는 실재 물건이 어디에 있는지? 법적 소유는 누구인지? 매매될 수 있는 성질인지? 대부분이 애매했다. 발신자에 관한 신용조사가 없었다. 실체가 없는 물권에 대해 서로 주고받는 내용 자체가 이상했다.

사업의 흐름도를 그려 보니 공작(?) 내용이 어느 정도 파악되었다. 난 각 주체에 대해 한 회사씩 신용조사를 하고 미국 회사에 물건 확보에 대한 증서를 요구하라고 했다. 그는 걱정스러운 눈치로 권력 측근이라고 주장하는 그들에게 그렇게 해도 되느냐고 물었다. 그러나 냉장고를 한 대 사더라도 제조사에 필요한 정보를 묻는다. 거래는 규모와 관계없이 양자가 주제적이고 대등해야 한다. 거래선이 발굴되면 신용조사를 해야 한다. 필요한 정보를 확인하지 않고 하는 사업은 유령과 하는 놀이와 같다.

무모(?)한 도전이었지만 성공한 사례도 있다. 그 한 사람이 독일인 하인리히 슐리만(1822~1891)이다. 그는 7살 때 호메로스의 일리아드를 듣고 3,000년 전의 이야기를 되찾겠다고 결심했다. 어려운 가정 형편 때문에

14살에 학교를 그만둘 수밖에 없었지만, 스스로 공부를 시작했다. 식품점원, 여객선 심부름꾼으로 일하다가 암스테르담에 있는 무역회사에 취업하게 되었다. 이때 2년 동안 영어, 프랑스어, 네덜란드어, 스페인어, 포르투갈어, 이탈리아어를 통달했다. 이후 그리스어와 아라비아어로 소통했고 9개 나라 언어에 능통했으며 일리아드를 고대어로 읽었다. 슐리만은 상단을 이끄는 무역으로 큰 성공을 했다. 많은 재산은 꿈을 이루기 위한 도구였다. 어린 시절부터 품었던 꿈을 실현할 자본을 확보한 그는 늦깎이로 고고학에 입문했다. 46살부터는 트로이 유적 발굴에 모든 것을 걸었다. 그는 신화를 현실에 불러오려는 몽상가였지만 사업과 여행, 독서를 통해 얻은 통찰로 세간의 세세한 시비를 뛰어넘었다. 중년 이전에는 제대로 배우지 못했지만, 사업을 통해 세계를 여행했고, 발굴 대상지를 수차례 답사했다. 그는 마침내 흙 속에 묻힌 트로이성과 왕들의 보물을 찾았다. 그 덕분에 고대 에게해 문명이 현대인의 인식 속으로 들어왔다. 나는 슐리만이 1876년에 발굴한 미케네 유적지에 입을 맞추었다. 트로이 성벽을 걸으면서 한 실업가가 빚었던 삶의 증거를 마주하며 감동하지 않을 수 없었다.

Odyssey 8

달콤한 러브레터,
국제사기를 예방하려면

유령과 거래하지 않는다

인생역전을 꿈꾸게 하는 제안은 아름다운 문장으로 구성되어 있다. 발신지는 중국, 나이지리아, 호주, 인도,

미국…. 특정한 국가를 가리지 않는다. 업종 역시도 석유, 곡물, 금, 비자금, 플랜트 등 다양하다. 사기에 당하는 이유는 자신이 알지 못하는 분야에서 눈이 어두워지기 때문이다. 당하는 사람의 공통점은 전문가와 일하지 않고 아는 사람과 일하는 것이다.

해외사기에서 등장하는 소재는 '비자금', '망명자금', '상원의원의 친구', '왕자의 사촌', '올림픽 메달리스트와 가족'과 같은 이야기들이다. '우리의 거래는 은밀하게 이루어져야 한다.'라는 조건을 단다. 그런데 생각해보자. 그렇게 중요하다면 왜! 메일의 수신자를 불특정한 다수에게 보내는 Dear Sir로 시작하는 걸까?

알루미늄 수천 톤을 러시아에서 수입하겠다는 사람을 상담했다. 그는 글로벌기업의 한국지사에서 근무하고 있었다. 러시아에 거주하는 형 같은 사람에게 제안받았다고 했다. 나는 상담자의 위험을 직감했다. 그가 무역해본 적도, 현물을 다루어본 경험도 없기 때문이었다. 그날 IT 전문가도 흥분한다는 것을 알았다. 그는 마치 큰 행운을 잡은 것처럼 들떠있었다. 당연히 말렸다. 그러나 그는 잘 다녔던 직장을 그만두고, 창업을 했다가 일 년 후 파산했다.

내 메일함에도 나이지리아 추장 아들부터 마르코스 전 필리핀 대통령 비서라고 주장하는 사람까지 돈세탁을 해주면 커미션을 준다는 제안이 들어온다. 메일주소가 이베이나 알리바바 같은 사이트에 노출되어 있기 때문이다. 전자상거래 사이트를 활용하는 것은 필요하지만, 사이버 세상에는 견본을 따먹는 먹튀와 기획사기단과 기상천외한 잡범이 우글우글거린다. 그동안 조사와 확인, 보험이라는 시스템을 통해 지옥 문턱까지 간 사람들을 데리고 나올 때가 있었다. 해외 일은 '믿을 수 없다.'를 가정으로 시작해야 한다. 그래야 안전장치를 하기 때문이다. 그동안 열심히 몇 억, 몇십 억을 모은 사람이 국제사기에 걸려 재산을 탕진하고 무너지는 것을 보았다.

국제거래는 해적이 날뛰는 말라카 해역과 같다. 알루미늄을 실은 선박은 나포되고 선원은 피살되었으며 화물은 현물시장에서 흔적 없이 녹는다. 범인은? '오리무중' 그래서 해외거래에 다음 사항을 살피자.

· 아는 분야에서 사업한다.
· 모르는 분야에 도전하려면 적어도 1년 이상 체험하고 학습한다.
· 이해관계자의 신용을 조사한다. 신용정보회사, 수출보험공사를 통하면 거래 상대의 재정 신용도를 알 수 있다.
· 첩보를 확인해서 거래 상대의 규모를 파악한다. 신용도가 있는 기업이라도 첫 해외사업은 업계와 협업해서 위험을 나눈다.
· 거래에 권력자와 유명인의 친인척이 끼었다고 하는 주장에는 당사자를 확인이 필요하다.

Odyssey 9

사업을 공황으로 몰아넣는 사기피해

당하는 것이 죄, 안전을 위한 원칙중심

해외 각처에서 사업하는 중국인의 화상 네트워크, 세계 금융을 좌지우지하는 유대인의 영향력은 대단하다. 지구촌 곳곳에 사는 750만 재외동포는 다양한 일을 하고 있다. 교민 가운데 한 지역을 움직이는 실업가, 정치인, 세계적인 학자가 탄생하고 있다. 교민의 조국 사랑은 뜨겁고 한국경제에 이바지하는 부분이 커지고 있다. 그러나 어느 집단에도 문제는 있다.

늦은 밤 LA, 교민식당에서 소주를 한잔하고 있었는데 이런저런 이야기가 들렸다. 이민 온 중년 남자였는데 얼큰히 취했다.

"여기에 와서 투자했는데 사기를 당했어요."

자신이 한국인이면서도 해외에서 보이는 한국인은 믿지 말라고 말했다. 그에게 현지인은 도적놈이고 교민은 사기꾼이었다. 그러나 그의 사연을 자세히 들어보면 허황한 생각으로 누구에게도 당하기 위한 절차를 이행한 사람이었다.

그러나 세상일은 모르는 것이다. 한국무역협회에서 7만 여 회원사를 대상으로 무역사기 예방교육을 한 내가 교육한 사례 그대로 당했다.

나를 넘긴 자들은 중국, 싱가포르, 일본에서 어느 정도 사업을 한 업체였다. 그들의 특징은 초기에는 결재를 잘하다가 결정적인 주문 이후 선적한 상품을 받고 잠적해 버린다. 그럴듯한 프로젝트에 끌어들였다가 문제가 생기면 발이 뺀다. 한 선수(?)는 현지 유명대학에서 학위를 마치고 대기업의 현지 지사장을 한 사람이었다. 행동과 말에 교양이 넘쳤다. 난, 이 아저씨에게 딱 걸려들었다. 여러 매장을 운영하는 여성 사업가도 있었다. 그녀는 몇 번 거래한 이후에 악의적으로 지급을 회피했다. 신용회사에 추심을 의뢰했지만, 그 회사와 창고는 문을 내리고 대표는 잠적했다. 신용도가 높은 싱가포르에서 받은 선물이었다.

지금까지 경험으로 볼 때, 상대가 전화를 받지 않고 메일에 답변이 없으면 문제가 발생한 것이다. 연락을 끊으면 사기가 되고 전화를 받으면 분쟁이 된다. 거래에 상대도 사정이 있고, 내 잘못도 있을 수 있고, 견해가 다를 수 있다. 그 부분을 서로 인정하면 불완전한 수준이지만 합의에 수렴할 수 있다. 사업에는 불가피한 이해충돌과 손실이 발생한다. 불편하지만 대면을 회피하지 말고, 한 테이블에 마주 앉아 눈을 보고 해결방법을 찾아야 한다.

합의에 이르지 못하는 것을 분쟁이라고 한다. 분쟁에서 소송으로 간다면, 시간과 비용, 분노로 생기는 손실까지 심각한 후유증을 동반한다. 그래서 해외거래는 원칙대로 해야 한다. 그 누구든지 신용조사를 한 다음, 계약서를 써야 하며, 수출보험을 반드시 들어야 한다. 거래원칙은 사안 하나하나를 독립적으로 보고 진행하는 것이다. 상대의 사회적 지위와 배경은 거래와 분리한다.

영업은 팀워크로 하는 것

사업은 전력투구, 전사적으로 완성한다

해외사업은 전사적인 활동을 통해 완성된다. 진출 국가 목표가 정해지면 마케팅팀은 시장조사에 들어간다. 세계시장을 대상으로 글로벌 환경을 분석하고 경쟁사의 자료를 모은다. 조사를 바탕으로 제안서를 만든다. 제안에는 거래선 발굴. 마케팅 전략, 목표달성을 위한 지표들을 넣는다. 제안이 수용되면 해외조직을 통해 구체적인 현지 조사를 한다. 대상 국가의 기관, 협회, 에이전시를 통해 협력 네트워크를 구축한다. 발굴한 잠재 구매자에게 메일을 보내고 통화를 한다. 방문 일정을 잡는다. 견본과 시설물을 현지에 보내면서 국가 사이의 시스템을 점검한다. 현장을 방문하고 상대의 시설과 설비를 확인한다. 가격과 거래조건에 대해 협상한다. 관세사, 물류회사와 함께 모여서 예상되는 위험에 대해 검토하고 전문변호사에 법적 자문을 구한다. 신용장을 수령하고 선적한다. 이것이 수출마케팅 회사가 하는 일이다. 이처럼 글로벌 마케팅, 해외영업은 한 사람이 하는 것이 아니다. 팀워크로 한다. 승리하는 조직은 개인의 똑똑함을 넘어 집단의 투지와 지능이 높다. 이 책에서 '나'라고 말한 것은 '팀' 또는 '회사'라는 단어로 돌려놓아야 한다. 팀과 한 것이고 동료 덕분이었으며 회사의 성패였다. 조직원의 실패와 성공은 사장이 받는 성적표이다. 회사는 감독, 코치, 운동장을 누비는 플레이어와 예비 선수들로 구성된 축구단과 같다. 영업사원은 공격수이며 승리에는 투자를 지속해준 주주와 스폰서, 팬들의 성원이 있다.

Odyssey 11
밟고 지나가도, 인재가 전부

글로벌 마케터,
로마는 하루 아침에 이루어지지 않는다

수출마케팅 회사에서 바이어 발굴 이상으로 정성을 들이는 것이 인력확보, 인재양성이다. 경력자가 들어온다고 해도 일 년에 수십 가지 품목을 의뢰받고 해외 도시들에서 마케팅 프로그램을 운영한다는 것은 쉽지 않다. 새로 온 경력자가 회사 프로그램을 한 가지씩만 수행한다고 해도 삼사 년이 걸린다. 외국과 교신하고 잦은 출장에 화려해 보여도 수출마케팅은 높은 집중을 요구하는 노동집약적인 일이다. 이런 조직에서 세계를 상대하는 글로벌 마케터는 하루아침에 길러지지 않는다. 본인과 회사 모두 단단히 마음먹어야 한다.

상해에 있는 동안 기가 막힐 일이 일어났다. 예비역 육군 대위 남 과장이 일 처리에 따른 견해 차이로 상사를 들이받고 회사를 나가 버린 것이다. 후임자를 지도하지 못하고 보내 버린 임원, 그 밑에서 일 년도 못 버티는 한심한 인간, 사장이 없는 사이에 일어난 일로 이런 콩가루 회사도 없었다.

해병대 출신 주 대리가 입사를 했을 때도 기뻤다. 해병 정신으로 끝까지 버틸 줄 알았다. 끝까지 한다는 것은 자신이 발굴한 아이템으로 구매자를 찾고 상품을 컨테이너를 채워서 해외시장에서 판매하고 대금을 회수하는 것이다. 이렇게 한 과정을 완성할 때까지 분투해야 자신이 설 수 있으며 팀원을 이끌 수 있고 협력사를 도울 수 있다. 이렇게 끝을 보려는 사람이 팀장이 되어야 회사는 강해진다. 당연히 교육에 최선을 다했다. 오랜 경험을 압축적으로 전달하려 했다. 오사카, 홍콩, 광저우에서 프로젝트를 진행하면서 미래를 그리는 많은 이야기를 했다. 형제에게도 쏟지 못한 정성이었다. 한편 주 대리는 업무를 마치면 댄스클럽에 몸을 던졌다. 클럽생활 삼 년이 되자 불현듯 사표를 던졌다. 남미로 떠나기 위해서였다. 함께 사업을 만들고자 했던 소망이 무너지는 순간이었다. 동료들도 상처받았다. 기대가 컸던 만큼 회사 분위기는 한동안 멍해졌다. 조직 노하우를 흡수하고 프로젝트를 중단하고 가버린 야속함… 그러나 그의 행운을 빌 수밖에 없었다.

사장에게 한계가 있었고 회사는 완전하지 않다. 이 가운데 많은 사람이 오고 갔다. 육군장교, 해병대원뿐이 아니라 원어민 이상으로 빠른 영어를 구사하는 사모님과 해외 명문대를 졸업한 미국시민, 한국에서 유학한 외국인도 회사를 경력의 징검다리 삼아 떠났다.

귀국을 기다리는 푸동공항에서 식은 커피를 마시며 생각한다.

해외사업은 단순하지 않다. 이번 투자유치 행사에서 말할 수 없이 속이 썩었다. 손발이 맞는 않는 것을 보는 것은 괴로운 일이었다. 본사와 지사, 팀장과 팀원, 주관사와 수행사, 고객과 바이어…. 이른바 미스매치(Miss math) 문제… 나는 3군으로 떨어진 축구팀 감독과 같았다. 그러나 경기결과에 어찌 선수 탓을 하겠는가? 과제는 넓은 세계를 보여주고 스스로 높은 비전을 만들도록 해야 한다. 역량강화를 위한 프로그램을 만들고 같이 뛰면서 성장해야 한다.

그동안 우리는 밤새 술을 마시고 다시 새벽 공항으로 갔다. 고객이 수출기업이 되도록 도왔다. 제품을 만든 자신들도 팔지 못하는 상품을 해외시장으로 보냈다. 시장에 진입시켰지만, 재고로 남는 것에, 망연자실한 적이 많았다. 글로벌시장에서는 가격, 품질, 브랜드… 어떤 것이든 일등이 팔린다. 일등과 일류와 싸우는 고객과 회사는 한 팀이다. 그러나 실수가 있었고 본의 아닌 민폐를 끼쳤다. 사랑할 때는 이별을 생각하지 않는다. 누가 와도 최선을 다해야 한다. 내 경험과 지식을 다 주어야 한다. 부하가 똑똑하고 후배가 뛰어나지 않으면, 협객이 드글거리는 강호에서 살아남을 수 없다. 식은 커피를 마시며 생각한다. 그래, 또 사랑하자. 떠난 자들이 잘 된다면, 회사가 사관학교가 되었다면 다행이다.

Odyssey 12
몽유병과 호텔 한 바퀴

안전을 위한 탈출진단

지진과 쓰나미 같은 자연재해, 방사선누출 같은 대형재난, 교통사고, 화재 같은 안전사고는 만나고 싶지 않다. 2011년, 동일본대지진 사망자는 1만 5,829명, 실종자는 3,724명으로 달했으며 5,943명이 부상했다. 한순간에 일어난 일이다. 천재지변은 어쩔 수 없다 해도 피할 방법이 있다면 적극적으로 대처해야 한다.

고층빌딩에 투숙했을 때는 피난경로를 살핀다. 투숙객을 치명적인 위험에 빠뜨리는 것은 복도와 객실에 깔린 카펫과 시트, 가연성 침대와 외장재들이다. 이것에 불이 붙으면 종이처럼 쉽게 번지고 지독한 유독 물질을 내뿜어 무서운 사태를 만든다.

2017년 영국 런던 24층 아파트 그렌펠타워에 화재가 발생했다. 한 시간 동안 80여 명이 죽었다. 이 건물에는 600~800여 명이 살고 있었는데 주민들은 불길을 피해 고층에서 뛰어내렸으며, 아이를 살리기 위해 건물 밖으로 던졌다. 끔찍한 일이었다.

같은 해, 아랍에미리트(UAE) 두바이에 있는 86층짜리 초고층 아파트 '토치타워'에서 대형화재가 발생했지만, 사상자는 발생하지 않았다. 토치 타워 거주민들은 불길이 닿지 않은 한쪽의 비상계단을 이용해 대피했다. 50층에서 대피하는 데 10분밖에 걸리지 않았다. (연합뉴스 2017.08.04 한상용 특파원, 기사 일부 인용) 평소의 방호연습, 신속한 대피가 인명 피해를 막은 것이다.

마케팅 주관사로서 종종 단체를 인솔해서 해외 행사에 참가할 때가 있다. 투숙 체크인을 하면 한 호텔 투어를 시작한다. 화재를 가정하고 피난을 상상하며 이곳저곳을 돌아본다. 고층 건물에 사고가 나면 대형 참사로 이어질 수 있다. 비상벨이 울리면 뛰쳐나가 단체의 안전을 챙겨야 한다. 그래서 곤드레만드레 술에 취해 있는 것은 위험하다.

홍콩 침사추이 인근에서 협력사와 반주를 곁들여 저녁 식사를 했다. 숙소에 들어와서 술도 깰 겸 안전진단을 하기로 했다. 호텔 계단 비상구를 여닫으며 작동을 확인했다. 객실과 복도의 탈출 도구와 소화기 위치도 확인했다. 이것은 어려운 일도 번거로운 일도 아니었다. 비상계단을 타고 내려오면서 비상구 손잡이를 돌려 보고 당겨 보았다. 옥외 계단을 통해서 별관으로도 건너가 거대한 환풍기가 돌아가는 옥상에 올라갔다. 옥상 헬기 착륙장에서 마천루의 야경을 내려다보니 술기운이 가시는 것 같았다. 이렇게 객실 가운을 걸치고 슬리퍼 차림으로 다니는데 이 모습을 CCTV

로 보았는지 경비 직원이 달려나왔다.

"아 아니야 몽유병 (Sleepwalking)이……. 아 이 이것은…. 안전 진단이라고."

분쟁지역과 테러, 안전지대는 없다

CIA 탐색,
테러는 예상할 수도 있고 예측할 수도 없다

카라치에 도착하기 하루 전에 내가 묵는 호텔 근처에서 폭탄이 터져서 15명이 죽었다. 오토바이에 장착한 폭탄을 무선 리모컨으로 작동시킨 것이다. 카라치에서 사업을 하는 다니엘은 좋은 일거리가 있다고 했지만, 당분간 다시 파키스탄에 가고 싶지 않다. 안전해야 사업도 있는 것이다. 파키스탄의 〈Karachi daily times〉의 기사에 의하면 이 나라에는 표적 살인(Target killing, 저격살인)이 일 년에 2,500여 건 정도 일어나고 있다고 보도했다. 도대체 상상이 가는가?

위험한 지역은 확대되고 있으며 무차별 테러는 끊이지 않는다. 직업적으로 여행하는 사람에게 중요한 것은 재미도 아니고 시차와 피로도 아니다. 안전이다. 그러나 세상은 점점 더 위험해지고 있다.

2001년 9월 11일. 무장 테러단체인 알 카에다가 4대의 여객기를 미국 뉴욕세계무역센터와 워싱턴 DC 국방부 청사 펜타곤에 충돌시켜 2,978명 사망했다. 이 충격적인 사태 이후에도 수백 건의 테러가 곳곳에서 끊이지 않고 발생하고 있다. 왜 테러를 하는 것일까? 강대국의 단어가 침략이라면 약자가 대응하는 행동이 테러이다. 소통의 도구를 가지지 못한 정치, 종교, 이익 집단은 자신의 견해를 알리려 극단적인 방법을 사용한다. 테러는 광고보다 효과가 크다. 테러사건은 CNN부터 연합뉴스까지 전 세계 언론이 보도한다. CNN 15초 광고비용을 1만 달러로만 잡아도 한 번의 테러는 1,000만 불이 넘는 광고효과가 있다. 열차, 항공, 건물을 폭파하는 고성능 폭탄 C4(Composition-4)의 원료 RDX(Royal Demolition Explosive)는 그다지 비싼 물질도 아니다. 문제는 고래싸움에 새우 등 터지는 격으로 이해의 당사자가 아닌 선량한 시민과 여행자가 죽거나 다친다는 것이다.

(1) 테러 예방을 위한 시뮬레이션

카타르로 날아오기 전 도하에서 묵을 호텔을 지명했다. 여행사에 준 조건은 미국, 사우디 대사관이 있는 지역과 떨어져야 한다고 했다. 최근 사우디아라비아와 중동 6개국이 카타르와 단교를 선언하여 긴장이 높아졌다. 시리아전쟁과 보복테러로 나 같은 여행자나 보안당국의 긴장도는 최고도에 달했다. 서방국가와 갈등이 높은 지역에서는 서구인 투숙이 많은 힐튼, 하얏트, 메리어트 같은 호텔보다는 로컬의 호텔을 이용하는 것이 좋겠다. 예를 들어 내가 테러 수뇌부라면 테러 기획을 위해 구글 검색을 할 것인데 '리츠칼튼' vs '신라호텔' 가운데 어떤 이름이 더 익숙할까? 해외도시에서 주관하는 행사가 있으면 테러집단으로 가정하여 시뮬레이션한다. '어디를 때려야 정치적 영향력이 커지고 카메라들이 신속하게 몰려들까?' 브랜드 상징성이 뛰어나고 세계인의 이목을 집중시킬 수 있는 표적을 겨냥할 것이다. 유명한 관광지, 랜드마크, 공항, 기차역, 미국과 영국, 프랑스 등 서방 국가의 군기지, 대사관, 문화원은 표적이 된다.

한·인도네시아 비즈포럼을 주관하게 되어 현지답사를 했다. 본부 호텔로 사용할 자카르타 술탄호텔은 미국대사관과 떨어져 있었다. 그러나 행사 당일에는 예정했던 8명의 바이어가 오지 않았다. 8명씩이나! 미 대사관이 있는 글로독 지역, 가루다 항공사에 폭탄테러 용의가 포착되어 경찰이 도로를 통제했기 때문이었다. 이렇게 되면 정상적으로 사업을 운영하기 어렵다.

대규모 공연과 나이트클럽은 주의대상이다. 2017년 10월 1일 미국 라스베이거스에서 열린 루트 91 하비스트 축제는 아수라장이 되었다. 콘서트장을 내려보는 만달레이 베이호텔 32층에서 괴한이 무차별 총격을 퍼부어 59명이 사망하였고 530명이 부상했기 때문이다. 2017년 1월 1일 터키 이스탄불 레이나(Reina) 클럽에서는 새해맞이를 하는 700명에게 AK-47 소총을 난사하여 39명이 사망하고 69명이 부상했다. 2002년 10월 12일 인도네시아 발리의 한 클럽에서 폭탄테러가 발행하여 202명 사망했다. 테러기획자로서는 대사관이나 특급호텔의 보안검색을 뚫는 것보다는 술에 취해 흔들리는 나이트클럽에 시한폭탄을 붙여넣는 것이 쉬울 것이다. 어둡고 소란하여 범인 식별이 어렵고 총성은 음악에 섞인다. 나이트클럽은 테러가 아니더라도 사건·사고가 잦은 곳이다.

⑵ 해외출장의 안전대책

- 출장지의 현지정보를 숙지한다.
- 전쟁, 내전, 분쟁지역 출장은 고려한다.
- 레지던스, 빌라에 장기 투숙할 경우 건물을 방호하는 경보기, CCTV, 방범 창살 여부를 확인한다.
- 현지 경찰서, 소방서, 병원 위치를 숙지하고 전화번호를 저장한다. 사태를

대비하여 도움을 요청하는 현지어를 적어 놓는다.

- 상파울루, 멕시코시티, 나이로비 같이 치안이 불안한 도시에서는 차량 이동 시 차장을 닫아 총기강도를 예방해야 한다.
- 히틀러가 죽은 4월에 스킨헤드를 주의한다. 이들의 난폭성은 유명하다. 경제가 어려운 러시아, 동유럽, 남유럽 일부에서 아시아인이 자신의 일자리를 빼앗고 있다고 생각한다.
- 위험지역에 입국하기 전 사고에 대비한 보험을 평소의 두 배로 든다. 그런데 국내 보험사는 이런 지역의 여행자보험 가입을 거부했다.

출장을 가면 일을 마치고 주점에서 한잔하면서 긴장을 푸는 것은 일상적인 일이다. 그러나 나라별로 도시에 따라 상황은 다르다. 저녁 식사를 하고 산책을 하는 습관이 문제가 되었다. 미국, LA 밤거리를 걷다가 한 무리의 불량스러운 히스패닉 청소년들을 만났다. 욕지기 같은 소리가 들리고 병과 돌멩이가 날아왔다. 난감한 상황이었다. 맞상대해주고 싶었지만, 패거리를 자극해서는 안 될 것 같았다. 뒤를 돌아보지 않고 같은 속도로 똑바로 걸어서 그 거리를 빠져나왔다. 등에 식은땀이 흘렀다.

- 분쟁이 있고 치안이 좋지 않은 지역을 여행할 때는 미 중앙정보국(CIA)의 국가 핵심 정보 사전인 'THE WORLD FACTBOOK'을 참고한다. 이 사이트는 세계 267개 국가의 군사, 분쟁, 테러 정보를 제공한다.

납치방어를 위한
개인방호

인신매매는 성장산업,
한국인 안전하지 않다

　　　　　　　세상에는 돈이 필요하고 누군가는 돈이 되는 사람을 노린다. 한국은 경제를 키워드로 마케팅을 해왔다. 한강의 기적, 경제발전, 세계 6위의 수출국가⋯⋯. 삼성, 현대, LG 광고는 지구촌 공항과 도심을 도배하고 있다. 이 덕분에도 한국인은 돈이 많다고 생각한다. 그날 만난 베두인 남자도, 우간다 여자도 나를 부자로 알고 있었다.

　　혈기왕성할 때는 성배를 찾는 인디아나 존스 박사처럼 일반 모험 반식으로 탐험 같은 출장을 다녔다. 시장조사 하다가 여러 도시에서 아슬아슬한 위험에 빠지기도 했다. 대부분 혼자 낯선 곳을 이동할 때, 후미진 곳에서 사고가 생겼지만, 대낮에도 어이없는 일이 있었다. 지금 이 글을 쓸 수 있다는 것이 감사할 따름이다.

인종, 종족, 종교, 정치 갈등지역에서는 신변안전에 유의해야 한다. (케냐)

오늘날 납치는 성장사업이다. 해적질에 몰두하는 소말리아에 선박 납치는 산업 활동이다. 해적 거점인 하라드헤레에 인질이 들어오면 3백 킬로미터 떨어진 수도 모가디슈의 부동산이 오르고 물류, 운송, 소비매출이 활성화된다고 한다.

세계 시민을 노리는 납치범들은 첨단 IT 기기와 지식으로 무장하고 하이에나같이 영민하고 도발적으로 범죄를 결행한다. 외국인 납치는 범인도 목숨을 거는 생업으로, 부가가치가 높은 비즈니스이다. 그들은 IMF, World bank에서 나오는 통계를 통해 한국인의 소득을 파악하여 몸값 기준을 매긴다. 그동안 한국인 인질 값은 꾸준히 올랐다. 몇 년 전만 해도 두(頭)당 몇만 달러 하던 것이 삼십만을 돌파하고 최근에는 100만 달러 이상으로 거래하려는 것 같다.

유엔 환경기구(UNEP)가 있는 UN 오피스를 방문하기 위해 케냐 나이로비에 왔다. 아침 조간 〈Daily Nation〉에 밤사이 소식이 있었다. 학교에 폭탄이 터졌다. 같은 날 교회에도 폭탄이 터져 소년이 죽었다. 남수단에서 케냐인 15명이 피살되었다. 인종과 종족, 나라별로 갈등이 심한 곳에 와 있는 것을 실감했다. 그날 케냐 주재 한국대사관 홈페이지에 다음과 같은 주의사항이 떴다.

'교민 및 여행객 여러분 나이로비 응가라 지역의 교회에서 폭탄 및 기관총 난사 테러, 북동부(소말리 접경지대) 수류탄 및 지뢰 테러 3건을 거쳐 '대낮'에, 나이로비 '도심'에서 폭탄테러가 있었습니다. 앞으로 테러 시도가 교회, 도심 등 장소를 가리지 않고 시간도 해질녘이 아니라고 안심할 수 없는 사정이 되었습니다.'

(1) 소말리 국경 60km 이내의 여행제한구역은 접근을 삼가세요.

⑵ 현지인들이 몰리는 쇼핑몰, 버스터미널, 현지 교회 등 다중운집시설도 특별한 용무가 아니시면 나가지 마시기 바랍니다.

- 나이로비 교외지역은 슬럼가로 이루어진 우범지역이 많으므로 여행을 삼가해야 합니다.
- 나이로비 시내 중심지 역도 야간에는 외출을 삼가해야 한다.
- 주재국의 불안한 치안상태를 감안하여 배낭여행보다는 여행사를 통한 안전한 관광을 권장합니다.
- 일출 전 일몰 후 호텔 밖으로 도보 외출을 절대 자제할 것(사고사례가 많음).
- 가능하면 혼자 다니지 말고, 2인 이상이 함께 다니는 것이 안전.
- 시내에 도보 시 가게 창문 등을 통해서 뒤를 따르는 사람이 없는지 수시로 확인하고, 누군가 따라온다고 느껴지면 먼저 지나가도록 잠시 멈추어 설 것.
- 여행자 시선을 한쪽으로 쏠리게 하거나 주의를 분산시키는 사람이 있으면 반드시 공범이 있을 수 있으므로 주의하고 즉시 그 자리를 벗어날 것.

이 같은 주의대로만 한다면 하루 종일 날아와서 안전한 호텔에서만 있어야 했다. 상담도 식사도 호텔에서만 한다? 그러나 저녁 시간부터 호텔 바에서 술병이나 빨고 있을 수만은 없었다. 호텔 밖으로 나갔다. 버스 기종을 확인하기 위해 터미널에 갔으며, 우범지역을 통과하여 쇼핑몰에서 상품조사를 했다. 그런데 며칠 후 바로 그곳에서 폭탄이 터졌다. 그러나 그날, 혼자 출장을 와서 겁 없이 그냥 다닌 것만은 아니었다. 나름대로 안전대책을 만들고 호텔 지배인에게 안전 요원을 소개받았다. 내가 제시한 보디가드의 채용조건은 다음 같았다.

- 케냐 국적으로 이곳 지리와 사정에 밝은 거주자일 것.
- 호텔 고용인이거나 계약관계에 있는 자일 것(문제가 생겼을 때 호텔에 책임을 물

을 수 있다.).

• 운전하고 영어를 할 것.

• 인상은 험악할수록 좋다.

지배인은 네 사람을 추천했고 이 가운데 칸야무 씨와 구두로 계약했다.
'당신에게 식사를 제공한다. 경호비용은 반을 먼저 지급하고 나머지
는 조사를 마치고 돌아와 호텔에서 지급한다. 이동 동선은 외국인을 위한
곳이 아니라 현지인 중심으로 잡아야 한다.'

이렇게 했다고 내 신변을 칸야무에게만 맡긴 것은 아니었다. 벨트에 카
메라 케이스를 결합해 허리에 찼다. 어둠에서 볼록이 나온 허리춤은 총을
휴대한 것으로 보일 것이다. 휴대전화의 '위치 및 보안'을 눌러 구글(Google)
에서 나의 위치 정보를 수집할 수 있도록 동의했다. 하루하루의 동선과 목
적지를 호텔 매니저에게 알려 "혹시 내일 아침까지 돌아오지 않으면 한국
대사관에 연락하세요."라고 주지시켰다. 팁을 건네는 것도 잊지 않았다.

참고 | 납치 방호수칙

• 복장, 소지품을 현지인처럼 차린다.
• 외국인임을 알리는 국기, 회사 로고가 부착된 차량을 이용하지 않는다.
• 동행자에 대한 일정수준의 소재파악이 안 될 경우, 즉시 현지공관과 경찰에 알린다.
• 될 수 있으면 혼자 여행하지 않는다.
• 현지인과 시비를 피한다. 현지인과 다툴 때 외국인 편을 드는 사람은 없다.
• 단독출장에서는 로컬 여행사를 통해 이동하고 근거를 남긴다.
• 자신의 일정을 집과 회사에 알려 놓는다.
• SNS에 하루하루 여행 일지를 남기면 지구 반대편에서도 당신을 추적할 수 있다.
• 휴대전화에 위성 GPS를 허용해서 위치를 노출한다.

귀향 오디세이, 당신의 승리

오디세우스가 생환했다. 고향 이타케로 돌아왔다. 전장으로 떠날 때 항구에서 손 흔들던 아버지, 포대기에 싸였던 아들, 현숙한 아내를 다시 만났다. 주인을 기다리며 늙어버린 개, 아르거스는 꼬리를 흔들며 산 자의 귀향을 반겼다. 오디세우스가 이전보다 재산을 불린 것도 불로초를 먹고 젊어진 것도 아니었지만 살아 돌아가겠다는 삶의 소망을 이루었다.

오디세우스가 전쟁을 마치고 돌아오는 귀향은 고난의 연속이었다. 배는 침몰했고 부하들은 죽었다. 고통스러운 상황이 이어졌다. 그러나 자신에게 덮친 문제를 해결할 수밖에 없었다. 슬기를 최대로 끌어내어 방향을 찾았다. 죽음이 닥치는 순간에도 그리운 사람을 만나겠다는 집념을 포기하지 않았다. 바다의 신, 포세이돈은 분노했지만 여신 아테나는 스스로 돕는 그를 도왔다.

사업하는 사람은 회사를 상장시켜서 주가를 수십 배, 수백 배 끌어 올릴 수 있다면 좋겠다고 생각한다. 돈이 주는 혜택은 최고의 인재를 모을 수 있는 것이다. 최상은 일류와 일하는 것이지만 경영의 보람은 삼류와 만나도 이류로 수준을 높이고 일등을 지향하는 것이다. 또 다른 성공은 충실함으로 하루를 채우면서 자신의 길을 여는 것이다. 노동을 귀하게 여기고 동료와 성장하는 것이다. 기업은 경영활동을 통해 세상에 편익과 재화를 제공한다. 기업이 만든 상품과 서비스를 세상에 연결하려는 시도는 생식과 확산이라는 생명 본원의 행위이다. 기업은 생명체이며 영업과 마케팅은 비즈니스 전쟁에서 필수불가결한 생존기술이다.

청년시절, 모터와 콤프레셔, 필터를 조립해서 여러 종류의 정수기를 만들었다. 정수시설이 필요한 곳에 장치를 공급하고 가구와 건설사를 대상으로 영업을 하고 있는데 나라 전체가 외환위기, IMF 사태라는 거대한 폭풍을 맞았다. 한보, 삼미, 대우가 쓰러졌다. 노동자는 직장을 잃고, 고통에 못 견딘 사장들은 목숨을 끊었다. 회사가 기울 때 오너 경영자가 극단적인 선택을 하는 이유는, 빚 감당이 안 되어도 회사 유지비는 나가고 세금과 빚 연체에 할증이 붙어 부채가 불어난다는 것이다. 나 역시 미수가 늘고 부채가 증가했다. 엎친 데 덮친다고 사람이 다치는 안전사고가 발생했고, 창고에 불이 났다. 그때 각자도생에 처한 회사 사람들이 보여주는 적나라한 인간상이 드러났다. 그것은 말할 수 없는 상처가 되었다. 그러나 한계치까지 어려움을 견디어주던 직원, 조건 없이 보증을 서준 친구, 가족의 지원 덕분에 이겨낼 수 있었다. 난리를 겪으며 울화통에 몇 달, 술을 마셨다. 그리고 국가부도 말고 지옥에 떨어진 자신의 문제에 대해 생각하게 되었다.

원천기술과 R&D 기반 없이 제조를 했던 것이 문제였다. 조립 생산에는 한계가 있었다. 또 한 원인은 철학자 니체였다. 청소년기에 읽었던 몇 권의 니체가 내 속에 있었다. 초인이 몰고 가는 특별한 인생, 만인의 삶을 한 인생으로 응축해 내는 니체 해석이 대박 아이템, 한 방 사업으로 왜곡되어 손실로 돌아왔다. 큰 것을 노렸고 이상적인 모델을 추구했다. 소소하게 들어가는 비용을 무시했고 작은 것을 챙기지 않았다. 작은 것으로서 큰일을 이루는 것(以小成大)이 천리(天理)지만 내적 공력이 허술했다.

어려운 상황이 계속되었고 시간이 흐를수록 더 나빠졌다. 나는 선택해야 했다. 회사를 날리거나, 업종을 바꾸어 다시 시작하는 것이었다. 어느 날, 복사기 사용법을 모른다는 것을 알았다. 오랜 기간 비서를 두고 사장으로 살았기 때문에 문서를 스캔하고 PDF 파일로 바꾸어 본 적이 없었다. 누구든 다시 인생을 시작하겠다고 한다면 그동안 해 왔던 일을 살펴보아야 한다. 잘했던 것, 잘할 수 있는 것, 하고 싶은 것이 중첩되는 부분을 찾아야 한다. 실패가 반복되었던 것은 버려야 한다. 과거의 지식은 쓸모없다. 현재가 되어 다가오는 미래 학습이 필요하다. 생활과 사업에 필요한 실용적인 기능을 익혀야 했다. 복사기 사용법을 배웠다. 그동안 받았던 명함을 쏟아 보았다. 라면 상자를 채우는 이름표 수 천장이 나왔다. 그렇지만 기억에 남는 이름은 적었다. 그들도 날 기억하지 못할 것이다. 관계에 허술했던 것이었다. 그러나 그 명함 뭉치가 재활에 실마리를 주었다. 특별한 기술도, 자격증도 없었기 때문에 영업 말고는 딱히 할 수 있는 것이 떠오르지 않았다. 명함 속에 있는 기업명을 살폈다. 해외진출 이야기가 떠올랐다. 그들은 자신의 제품을 해외시장에 판매하고 싶어했다. 내가 고객을 대신하여 영업과 마케팅을 한다면 할 수 있을 것 같았다. 그동안 사용했던 부품은 수입한 것이니 반대로 하면 수출 아닌가? 무역 서비스는 자본 부담이 덜하고 몸으로 할 수 있어 좋겠다고 생각했다. 새로운 일을 위해서는 지식이 필요했다. 방송통신대학교에서 출간한 국제무역론, 관세론, 무역실무 교재를 구입했다.

무역학? 독학을 시작했지만 빨리 배우고 확실히 익히는 것은 직접 하는 것이다. 시장조사, 바이어 발굴, 통관검역 등 수출 전 과정을 몸으로 익히기로 했다. 그날 오후, 도착한 곳은 화물선이 출항하는 평택항이었다. 부두에는 여객수송이 가능하도록 개조한 낡은 화물선이 있었다. 선체 페인트가 벗겨진 그 고물선을 타고 중국 산동반도 일조항으로 갔다. 인생 중반에 시작한 해외마케터, 수출전문가는 이렇게 시작되었다.

출항 전, 평택항 부두에서 얼마 품삯을 받는 짐 두세 덩어리를 어깨에 지고 화물선 난간을 올랐다. 육안(肉眼)에 보이는 배는 바다에 떠 있는 높고 거대한 성벽 같았다. 몸보다 무거운 것을 어깨에 부리는 힘겨움보다 새로운 일을 시작하는 두려움이 컸다.

부두에서 화물여객선을 타던 시절

짐을 싣고 항해하고 낯선 항구에 내려 다른 상품으로 바꾸었다. 중국 변방 구석에 있는 시장과 공장을 찾아 나섰다. 내가 탄 승합차는 하루에 예닐곱 시간씩 달렸다. 비포장도로에 자갈이 튀고 흙먼지가 일었다. 그 승합차에서 신체를 지탱한 의자는 기울어 있었고 방석은 찢어져 속이 튀어나와 있었다. 길 요철, 기울어짐을 타고 들어오는 진동들이 등뼈에 전달되었다. 이렇게 며칠 다녔는데 하루는 허리가 뻐근해지면서 심한 통증이 왔다. 내일은 귀국해야 하는데 허름한 객실에서 꼼짝할 수 없었다. 고열에 식은땀이 나고 온몸이 부들부들 떨렸다. 그 길은 해상왕 장보고가 오고 갔던 뱃길이었다. 그 몸살은 무역왕의 혼령이 깃든 바다에서 치른 호된 신고식이었다. 돌아오는 길에서도 일렁이는 파도는 귀향자를 그냥 보내지 않았다. 멀미가 덮쳤다. 허약해진 심신은 3등 선실 바닥에서 뒹굴어지고 토악질을 하다가 뻗어버렸다. 다음 날, 며칠 전 출발했던 그 항구로 입항을 했다. 시체 같은 몰골, 창백한 얼굴로 배 난간을 간신히 내려왔다. 탈진상태였지만 발이 땅에 닿자 이상한 자신감 같은 것이 생겼다. 펼쳐질 앞날은 막막했지만, 피식 웃음이 나왔다.

해외시장을 겨냥하여 대책 없는 수출 영업을 시작했다. 어느 날

운행을 하다가 고속도로 휴게소를 들렀는데 야외 판매장에서 시식하는 마죽이 있었다. 순수하고 깔끔한 맛이 좋았다. 포장 표기를 보니 제조원은 강원도에 있었다. 며칠 후 그 회사를 찾아 한계령을 넘었다. 일 년 하고 몇 달 후, 그날 우연히 맛보았던 그 제품을 수출 컨테이너에 실었다. 그렇게 원시적으로 고객을 확보했다. 도로를 달리다 눈에 뜨이는 입 간판이 보이면 제안서를 만들고 컨베이어가 돌아가는 공장에 들어갔다.

"수출합시다."

몇 번을 더 찾아가고 거절당하고 그렇게 반복하여 수출 대행 계약서에 서명을 받았다. 가방에는 언제나 견본과 카탈로그, 제안서가 들어있었다. 이렇게 위탁받은 제품을 들고 또 다른 항구와 공항으로 떠나는 시간이 이어졌다. 언어도 문화도 다른 해외 도시에서 처음 만난 기업과 상담했다. 나는 제안했고 그들은 거절했다. 거절보다 차가운 외면과 마주할 때는 힘이 빠지고 우울해졌다. 이때 절망한 오디세우스에게 말을 거는 아테나의 음성같은 것이 떠올랐다.

"포기하지 않는 것이 소망을 이루는 것이다."

다시 출항했다. 폐차장에서 분리한 자동차부품, 이것들이 생명을 이어가는 타슈켄트와 올드다카의 자동차 시장을 뒤졌다. 다양한 품목의 농수산식품을 위탁받았다. 홍콩, 타이베이, 싱가포르를 돌며 시식회를 했다. 몸으로 받은 주문을 선적한 컨테이너는 45일 항해를 하고 해발 2,236m의 도시, 멕시코시티에 올랐다. 고객이 맡기는 품목은 화학소재, 전자부품, 플랜트 등으로 확대되었다. 이렇게 수백 가지가 넘은 상품을 해외로 보냈다. 함께 일한 동료, 직원 덕분이었다. 천 개 이상의 기업을 만났으며 시장 개척을 위한 국제행사와 투자 유치를 주관하게 되었다. 창업자의 해외진출을 돕는 프로그램을 운영했다. 이렇게 정리해 보니 많은 일을 했지만,

행복한 성과만 있었던 것은 아니었다. 고객에 민폐를 끼쳤고, 수출 실패, 거래처 파산, 계약파기, 반품, 미수, 소송 같은 암초를 만났다. 회사는 이런 암초에 깨졌다. 그러나 살려야 했고 살아야 했다. 죽으면 생환(生還)할 수 없다. 세계시장을 대상으로 사업하면서 받아낸 기쁨과 고통이 일의 온전함을 채우는 경험과 지식이 되었다.

해외영업은 세계시장이라는 무림에서 생면부지의 존재와 겨루는 진검승부이다. 세상으로 나가는 사람, 사업을 시작하는 사람, 인생을 다시 설계하는 재창업자에게 영업을 추천한다. 영업은 복사기를 사용하는 것 같은 기본적인 경영 행위이다. 글로벌 마케팅은 스타트업, 벤처기업, 대기업, 정부 가릴 수 없이 세상과 소통하는 필수 과목이다. 한국은 자원을 사서 가공해서 세계시장에 팔아야 먹고살 수 있는 나라다. 기업은 수출해야 하고, 젊은이는 지구촌에서 일자리를 찾아야 하며, 지자체는 투자유치를 해야 한다.

그동안 세계를 다니며 국운(國運)이 개인의 삶에 얼마나 큰 영향을 주는지 알게 되었다. 전쟁이 벌어지는 나라에서는 행복하게 살 수 없다. 도심에 폭탄이 날아들고 총탄이 빗발치는 거리에서는 사람을 죽이는 직업 말고는 별다른 일자리가 없기 때문이다. 이러한 환경에서도 적극적인 행동은 운명을 바꾼다. 바다에 뛰어들어 선상난민(Boat People)이 돼 국경을 넘어 탈출하는 사람들이 있다. 목숨을 건 시리아인의 탈출보도는 눈시울을 뜨겁게 했다. 코로나19 이후 붕괴된 산업, 거리로 내몰리는 영세사업자들인 우리의 뼈는 시리다. 그러나 몸을 던지면 비극도 행운도 시작할 수 있다. 이 책은 세상을 향해 나선 당신과 함께 섰던 일기였다. 우리는 생환(生還)하는 오디세우스이다.

대흥동, 새벽

330

참고도서

1.『피터 드러커 일의 철학』피터 드러커 저, 청림출판

2.『매니징』헤럴드 제닌 저, 센시오

3.『잭 웰치, 위대한 승리』잭 웰치 저, 청림출판

4.『나는 광고로 세상을 움직였다』데이비드 오길비 저, 다산북스

5.『마케팅 불변의 법칙』알 리스, 잭 트라우트 저, 비즈니스맵

6.『누구에게나 최고의 하루가 있다』조 지라드 저, 다산북스

7.『스티브 잡스』월터 아이작슨 저, 민음사

8.『일론 머스크 미래의 설계자』애슐리 반스 저, 김영사

9.『손정의 300년 왕국의 야망』스기모토 다카시 저, 서울문화사

10.『짐 로저스의 스트리트 스마트』짐 로저스 저, 이레미디어

11.『피터 틸의 벤처 학교』알렉산드라 울프 저, 처음북스(CheomBooks)

12.『맥킨지 문제 해결의 기술』오마에 겐이치 저, 일빛

13.『세계는 넓고 할 일은 많다』김우중 저, 북스코프

14.『사람의 힘』윤석금 저, 리더스북

15.『이금룡의 고수는 확신으로 승부한다』이금룡 저, 물푸레

16.『최강 영업대표』김용기 저, 한스미디어

17.『디지털 마케팅 레볼루션』은종성 저, 책길

18.『트리거』김태균 저, 지식과감성#

19.『세계 비즈니스 문화기행』한국무역협회 편, 두남

20.『Kotra와 함께 하는 이것이 협상이다』이서정 편, kotra아카데미 기획, 형설라이프

21.『Don't Speak English 글로비쉬로 말하자!』장 폴 네리에르 저, 다락원

제9요일　이봉호 지음 | 280쪽 | 15,000원

4차원 문화중독자의 창조에너지 발산법　창조능력을 끌어올리는 '세상에서 가장 쉽고 가장 즐거운 방법들'을 소개했다. 제시한 음악, 영화, 미술, 도서, 공연 등의 문화콘텐츠를 즐기기만 하면 된다. 파격적인 삶뿐 아니라 업무력까지 저절로 향상되는 특급비결을 얻을 수 있다. 무한대의 창조에너지가 비수처럼 숨어 있는 책이다.

광화문역에는 좀비가 산다　이봉호 지음 | 240쪽 | 15,000원

4차원 문화중독자의 탈진사회 탈출법　대한민국의 현주소는 좀비사회 1번지! 천편일률적인 탈진사회의 감옥으로부터 유쾌하게 탈출하는 방법을 담고 있다. 무한속도와 무한자본, 무한경쟁에 함몰된 채 주도권을 제도와 규율 속에 저당 잡힌 우리들의 심장을 향해 날카로운 일침도 날린다.

나는 독신이다　이봉호 지음 | 260쪽 | 15,000원

자유로운 영혼의 독신자들, 독신에 반대하다!　치열한 삶의 궤적을 남긴 28인의 독신이야기! 자신만의 행복한 삶을 창조한 독신남녀 28人을 소개한다. 외로움과 사회의 터울 속에서 평생을 씨름하면서도 유명한 작품과 뒷이야기를 남긴 그들의 스토리는 우리의 심장을 울린다.

H502 이야기　박수진 지음 | 284쪽 | 15,000원

희로애락 풍뎅이들의 흥미진진한 이야기　인간이 만든 투전판에서 전사로 키워지며, 낙오하는 즉시 까마귀밥이 되는 끔찍한 삶을 사는 장수풍뎅이들. 주인공인 H502는 매일 살벌한 싸움을 하는 상자 속에서 힘을 키우며 강해지고 단단해지는 비법을 전수받는다. 그러던 어느 날 상자 밖으로 탈출할 절호의 기회가 찾아와 목숨을 거는데 과연 성공할 수 있을까.

나쁜 생각　이봉호 지음 | 268쪽 | 15,000원

자신만의 생각으로 세상을 재단한 특급 문화중독자들　세상이 외쳐대는 온갖 유혹과 정보를 자기식으로 해석, 재단하는 방법을 담았다. 피카소, 아인슈타인, 메시앙, 르코르뷔지에, 밥 딜런, 시몬 볼리바르, 전태일, 황병기, 비틀스, 리영희, 마일스 데이비스, 에두아르도 갈레아노, 뤼미에르 형제, 하워드 진, 미셸 푸코, 마르크스, 프로이트, 다윈 등은 모두 '나쁜 생각'으로 세상을 재편한 특급 문화중독자들이다. 이들과 더불어 세상에 저항했고 재편집한 수많은 이들의 핵 펀치 같은 이야기가 펼쳐진다.

그는 대한민국의 과학자입니다　노광준 지음 | 616쪽 | 20,000원

황우석 미스터리 10년 취재기　세계를 발칵 뒤집은 황우석 사건의 실체와 그 후 황 박사의 행보에 대한 기록. 10년간 연구를 둘러싸고 처절하게 전개된 법정취재, 연구인터뷰, 줄기세포의 진실과 기술력의 실체, 죽은 개복제와 매머드복제 시도에 이르는 황 박사의 최근근황까지 빼곡히 적어놓았다.

대지사용권 완전정복　신창용 지음 | 508쪽 | 48,000원

고급경매, 판례독법의 모든 것! 대지사용권의 기본개념부터 유기적으로 얽힌 공유지분, 공유물분할, 법정지상권 및 관련실체법과 소송법의 모든 문제를 꼼꼼히 수록. 판례원문을 통한 주요판례분석 및 해설, 하급심과 상고심 대법원 차이, 서면작성 및 제출방법, 민사소송법 총정리도 제공했다.

음악을 읽다　이봉호 지음 | 221쪽 | 15,000원

4차원 음악광의 전방위적인 음악도서 서평집 40 음악중독자의 음악 읽는 방법을 세세하게 소개한다. 40권의 책으로 '가요, 록, 재즈, 클래식' 문턱을 넘나들며, 음악의 신세계를 탐방한다. 신해철, 밥 딜런, 마일스 데이비스, 빌 에반스, 말러, 신중현, 이석원을 비롯한 수많은 국내외 뮤지션의 음악이야기가 담겨있다.

남편의 반성문　김용원 지음 | 221쪽 | 15,000원

"나는 슈퍼우먼이 아니다" 소통 없이 사는 부부, 결혼생활을 병들게 하는 배우자, 술과 도박, 종교에 빠진 배우자, 왕처럼 군림하고 지시하는 남편, 생활비로 치사하게 굴고 고부간 갈등 유발하는 남편. 결혼에 실패한 이들의 판례사례를 통해 잘못된 결혼습관을 대놓고 파헤친다. 결혼생활을 지키기 위해 알아야 할 기본내용까지 촘촘히 담았다. 기본 인격마저 무너지는 비참한 상황에 놓인 부부들, 막막함 속에서 가족을 위해 몸부림치는 부부들 이야기까지 허투루 볼 게 하나 없다.

몸여인　오미경 지음 | 서재화 감수 | 239쪽 | 14,800원

자녀와 함께 걷는 몸여행 길! 동의보감과 음양오행 시선으로 오장육부를 월화수목금토일, 7개의 요일로 나누어 몸여행을 떠난다. 몸 중에서도 오장(간, 심, 비, 폐, 신)과 육부(담, 소장, 위장, 대장, 방광, 삼초)가 마음과 어떻게 연결되고 작용하는지 인문학 여행으로 자세히 탐험한다. 큰 글씨와 삽화로 인해 인체에 대해 궁금해하는 자녀에게 쉽고 재미있게 설명해줄 수 있다.

대통령의 소풍　김용원 지음 | 205쪽 | 12,800원

인간 노무현을 다시 만나다! 우리 시대를 위한 진혼곡 노무현 대통령을 모델로 삶과 죽음의 갈림길에 선 인간의 고뇌와 소회를 그렸다. 대통령 탄핵의 실체를 들여다보고 우리의 정치현실을 보면서 인간 노무현을 현재로 불러들인다. 작금의 현실과 가정을 들이대며 역사 비틀기와 작가적 상상력으로 탄생한 정치소설이다.

어떻게 할 것인가　김무식 지음 | 237쪽 | 12,800원

나를 포기하지 않는 자들의 자문법 절대 포기하지 않고 끈질기게 도전하면서 인생을 바꾼 이들의 자문자답 노하우로 구성하였다! 정상에 오르기 위해 스스로를 연마하고 자기와의 싸움에서 승리한 자들의 인생지침을 담은 것 포기하지 않는 한 당신에게도 기회가 있다. 공부하고 인내하면서 기회를 낚아챌 준비를 하면 된다. 당신에게도 신의 한 수는 남아 있다! 이 책에 그 방법이 담겨있다.

탈출 　신창용 지음 ┃ 221쪽 ┃ 12,800원

자본과 시대, 역사의 횡포로 얼룩진 삶과 투쟁하는 상황소설 　자본의 유령에 지배당하는 나라 '파스란'에서 신분이 지배하는 나라인 '로만'에 침투해, 로만의 절대신분인 관리가 되고자 진력하는 'M'. 하지만 현실은 그에게 등을 돌리고 그를 비롯한 인물들은 저마다 가진 존재의 조건으로부터 탈출하려고 온몸으로 발버둥치는데… . 그들은 과연 후세의 영광을 위한 존재로서 역사의 시간을 왔다가는 자들인가 아닌가…

흔들리지 않는 삶은 없습니다 　김용원 지음 ┃ 187쪽 ┃ 12,800원

나의 삶을 지탱해주는 것들 100 　삶을 끝까지 지속하게 하는 100가지 이야기! 세상으로부터 상처받고 좌절하며 심하게 흔들렸지만, 그 흔들림으로부터 얻은 소소한 깨달음을 기록했다. 몸부림치며 노력했던 발자취를 짧고 간결한 글과 사진으로 옮겼다. 세상을 돌아가게 하는 공공연하면서도 은밀한 암호들에 대해 해독하는 방법도 깨칠 수 있다.

하노이 소녀 나나 　초이 지음 ┃ 173쪽 ┃ 11,800원

한국청년 초이와 베트남소녀 나나의 달달한 사랑 실화! 　평범한 가정에서 평범하게 자라 평범한 30대 중반의 직장인, 평범한 생활, 평범한 스펙, 평범한 회사에 다니다가 우연히 국가지원 프로젝트를 맡으면서 베트남 생활을 하게 된다. 아이 같은 아저씨와 어른 같은 소녀의 조금은 특별한 이야기. 서울과 하노이… 서른여섯, 스물셋…. '그들 사랑해도 될까요?'

아내를 쏘다 　김용원 지음 ┃ 179쪽 ┃ 11,800원

잔인한 세월을 향해 쏘아 올린 에피소드 67 　젖먹이 아이와 아내를 홀로 두고 뜻하지 않게 군에 간 남자가 아내에게 쓴 손편지들을 모아 엮었다. 단혀버린 시간 속에서의 애절함이 깃든 이야기들은 넉넉한 쉼과 위로를 안겨줄 것이다. 편지가 주는 그리움의 바다에 빠져볼 것을 강력히 권해본다.

탈출, 99%을 　신창용 지음 ┃ 331쪽 ┃ 14,800원

언제까지 1%갑에게 찢길 것인가? 　예민한 현실의 정치, 권력, 경제 속 깊이 들어간다. 세상을 지배하는 영역인 정치·권력·경제 세계에 눈을 감거나 지나친 방론에 머무는 자는 누구일까? 주인공 'M'과 이야기를 이끄는 '파비안', 그들은 자본권력과 '1%갑'의 폭력에 순치되거나 살아남으려 무던히도 애쓰는데….

조물주위에건물주 　신창용 지음 ┃ 95쪽 ┃ 4,800원

우리나라를 뒤흔드는 뜨거운 이슈들 　정치무관심·외면, 재벌지배자, 권력자 팟캐스트, 일자리·일거리, 비정규직·영세자영업, 기회·결과의 평등, 사회안전망, 세월호, 미투, 촛불혁명, 김광석, 선거, 남북, 미국, 1가구1주택·감면, 헌법, 법언까지 우리나라에서 큰 이슈였던 주제를 재료로 소환했다. '1%갑 : 99%을'의 삶을 구속하고 이 땅을 지배하는 것들에 대한 단상들이 냉정한 논조로 펼쳐진다.

나는 강사다
한경옥 지음 | 219쪽 | 14,800원

주부 한경옥의 강사도전 꿈도 비전도 없던 주부가 쉰이 넘어 강사가 되겠다고 꿈을 꾸면서 겪은 좌충우돌 경험을 엮었다. 늦깎이 만학도의 길을 걸으며 강사의 꿈을 갖게 된 계기부터, 절대 긍정녀가 된 사연, 인생의 터닝포인트가 된 사건, 대중 앞에 서는 매력을 안겨준 사건들, 그리고 강사로서 두려움을 극복하는 법, 강의력을 끌어올리는 법, 청중과 호흡하는 법, 프로강사가 갖춰야 할 자세, 강사로 사는 삶까지 풍성한 이야기들로 가득하다.

나는 더 이상 끌려다니지 않기로 했다
김종삼 지음 | 227쪽 | 14,800원

내 주머니에 꽂은 빨대처리법 '옛날보다 살기가 더 어려워!' 삶은 더 풍요로워졌는데 사는 게 힘에 부친다. 지난 30년간 우리는 무슨 일을 한 걸까? 인터넷과 스마트폰, 자본주의 독주, 지방자치단체 등장은 우리를 성장시켰지만 힘들게 한 주범이다. 혁신이 준 편리함과 기득권 정치인의 달콤한 말에 끌려다니면서 목줄이 채워졌다. 우리에게 채워진 목줄과 꽂은 빨대를 제거할 때다. 그 비밀이 담겨있다. 무작정 끌려다니는 사람이 없는 세상을 꿈꾼다.

청와대로 간 착한 농부
최재관 지음 | 202쪽 | 15,000원

청와대 비서관 출신 농민운동가의 맛있는 수필집 청와대 농어업비서관 시절, 문재인 대통령을 도와 쌀값안정, 대통령 직속 농특위 출범, 우리밀 전량수매와 공공급식 확대, 직불제 개편 등 굵직한 현안들을 결과로 풀어낸 '착한 농부', 최재관 전 청와대 농어업비서관이 쓴 수필집. 문재인 대통령과의 일화들도 보는 재미를 더한다.

이 책을 읽을
당신과 함께
하고 싶습니다!

blog.naver.com/stickbond

stickbond@naver.com

이 책을 읽은
당신과 함께
하고 싶습니다!